対話的憲法理論の展開

憲法理論研究会編

敬文堂

〈目次〉

第一部　立憲主義をめぐるトランスナショナルな対話

イギリス憲法における政治的立憲主義者の格闘　成澤　孝人　3

「立憲主義」の日独比較——憲政史の観点から　赤坂　幸一　21

アメリカにおける「立憲主義」の現在　大河内美紀　41

世界のグローバル化と立憲主義の変容　山元　一　57

第二部　ヘイトスピーチ問題における『対話』の可能性

京都朝鮮第一初級学校威力業務妨害事件
——ヘイト『クライム』からの教訓——　冨増　四季　71

ドイツ憲法から考えるヘイトスピーチ規制　毛利　透　87

アメリカにおけるヘイト・スピーチ規制の歴史と現状
——「特殊」なモデルの形成と変容——　奈須　祐治　101

第三部　メディアをめぐる対話的憲法理論の展開

討議空間の均一化と「プレス」の「内部規律」
——ロバート・ポストとその周辺の議論を参考に——　水谷瑛嗣郎　115

「サイバーパトロール」の法的性質　實原　隆志　131

第四部　統治機構における対話的憲法理論の展開

トランスナショナル憲法の構造
——「民間憲法」論を素材にして——　西土彰一郎　145

法律制定後における立法者の憲法上の義務
——事後的是正義務を中心に——　入井　凡乃　159

フランス財政法制の転回と国家像　岩垣　真人　175

フランスにおける執行権の政治責任原理とその「刑事化」　三上　佳佑　189

イタリア共和国憲法における「地域国家」と連邦制　芦田　淳　203

ベルギーの第六次国家改革（二〇一二—一四）と
連邦化のゆくえ　武居　一正　217

神奈川県臨時特例企業税条例事件について　松本　賢人　231

第五部　人権における対話的憲法理論の展開

憲法二四条によるジェンダー差別是正の可能性
——最高裁夫婦別氏訴訟の検討を通して——　川口かしみ　241

生殖補助医療における法の役割
——「権利」と「公序」の選択——　建石真公子　257

対テロ戦争における手続的デュー・プロセス保障
——ポスト九・一一のアメリカ連邦最高裁判決における「裁判所へのアクセス」——　今井健太郎　273

第六部　憲法学の先達との対話

憲法構成権力の概念
——トゥシュネットとネグリ——　浦田賢治　287

憲法と教育法の研究五〇年　永井憲一　303

書評

岡田順太『関係性の憲法理論　現代市民社会と結社の自由』（丸善プラネット、二〇一五年）　小沢　隆一　321
茂木洋平『Affirmative Action 正当化の法理論　アメリカ合衆国の判例と学説の検討を中心に』（商事法務、二〇一五年）　吉田　仁美　327
活動記録　大津　浩　331
編集後記　山元　一　344

第一部　立憲主義をめぐるトランスナショナルな対話

イギリス憲法における政治的立憲主義者の格闘

成澤孝人
（信州大学）

はじめに

不文のイギリス憲法において、国会制定法とコモン・ローのどちらが優先するかの議論が前世紀末以来続いていることは、日本でもすでに紹介されている[1]。本稿は、この論争の一翼を占めるアダム・トムキンスの学説を検討し、国会による立憲主義というモデルの可能性について考察したいと思う。

一　イギリスにおける政治的憲法とは何か

「政治的憲法（Political Constitution）」という特殊イギリス的な憲法構想は、一九七九年のグリフィス（J.A.G. Griffith）の論文に由来する[2]。グリフィスは、その当時、主張されつつあった成文憲法制定および裁判官による違憲審査制の構想に対し、裁判官の政治性を指摘し、裁判官に最終的な判断を委ねることの危険性を指摘した。裁判官が財産権を擁護し、制定法による実質的平等のための国家介入を妨げることが懸念されたのである。

世の中は、その後、サッチャーの長期政権となり、グリフィスの論敵であったヘイルシャムが指摘した「選挙独裁」という言葉は、彼女の統治にこそあてはまるようになった。[3] 一九九〇年代に入り、そのような政治状況を背景に、違憲立法審査権の導入が公法学者や裁判官によって強力に主張されるようになる。こうして、イギリスの公法学においては、従来の国会主権を支持する立場と違憲立法審査権の導入を支持する立場の二つの潮流がみられるようになるのである。

トムキンスは、この二つの立場を、政治的憲法（political constitution）と法的憲法（legal constitution）として整理した。注目すべきは、憲法の目的を政府に対して説明責任（accountability）を求めることと定義したことである。[4] そのうえで、トムキンスは、従来の国会による説明責任の追及（政治的憲法）から裁判所によるそれ（法的憲法）へと移行することは人権保障にとって望ましくないと主張したのである。民主的正統性のない裁判官が、市民の権利を保障することは現実的にはなかなか困難である。それよりも、民主的な仕組みの中で国会が政府を統制するための仕組みが存在しているし、それを強化すべきだというのが、彼の主張である。[5]

そのような認識に立つトムキンスの課題は、台頭してきている法的憲法に対して、従来の政治的憲法を魅力あるものとして提示することである。指摘しておきたいのは、法的憲法論は、リベラリズムという政治哲学理論に基づいて規範的な主張をしているということである。[6] 法的憲法論が、リベラリズムに依拠して裁判官による国会制定法の審査を主張するのに対して、トムキンスは、リベラリズムに対抗する規範的主張によって従来の憲法論を擁護したのである。彼が援用した規範的主張は、ペティットの共和主義であった。[7]

トムキンスと同様に共和主義によって政治的憲法を規範的に擁護した論者にベラミーがいる。[8] 二人が支持する共和主義とは、市民の平等な地位を保障する国家の仕組みを構想する政治哲学である。共和主義の自由は、干渉からの自由ではなく、他者から自律しているという従属からの自由である。リベラリズムに基づく干渉からの自由は、国家干渉がなければないほど自由だと考えるが、共和主義の従属からの自由は、他者からの従属を除去する条件を構想するため、国家による干渉を必要とする。その国家干渉を、従属から解放された市民が民主的に統制するというのが共和主義の思想である。(9)

ただし、二人の共和主義の利用の仕方は異なる。ベラミーは、民主的正統性を持たない裁判官が違憲立法審査権を行使して国会制定法を否定するのは、従属からの自由に反すると論ずる。そうした上で、自由は政党間のバランスに立脚した通常の政権交代のプロセスの中で漸次実現されていくという展望を示すのである。(10)

それに対してトムキンスは、ペティットとスキナーの主張が一七世紀イングランドの憲法闘争から導かれることから、イギリスの歴史の中に共和主義が埋め込まれていたとみる。その歴史は、従属からの自由を保障する「国土の法」が国王大権によって否定され、国会によって回復されるというものである。こうして、政府が国会に説明責任を負うという責任政府の原理が共和主義から導かれるのである。(11)

以上のように、トムキンスとベラミーは、双方とも共和主義に依拠して、国会主権を正当化した。一九七九年のグリフィスは、イギリス憲法が「the 政治的憲法」であると指摘するだけでよかった。しかしながら、多くの公法学者が法的憲法論を支持し、人権法が制定されている状況で、従来の「政治的憲法」を擁護するためには、グリフィスのように記述的な手法に頼ることはできない。(12) 彼らは、共和主義という政治哲学に依拠し、意識的に規範的な主張をおこなったのである。ベラミーの著書の題名が示しているように、彼らの主張は、政治的立憲主義（political constitutionalism）と評してよいであろう。

このような政治的憲法の「規範論的転回[13]」について、わたしは肯定的な評価に立つ。イギリス公法の理論と実践がリベラリズムという規範論をともなって法的憲法に移行しつつあるときに、トムキンスとベラミーは、政治的憲法の内容を規範的に論じることで、その流れに対抗したのである。イギリスの裁判官の政治性という問題が解消されたわけではなく、民主的な回路によって人権を保障する方が望ましいという立場は当然あり得る。ジーとウェーバーが指摘しているように、グリフィスの議論において規範的な観点が弱かったことは事実であり、トムキンスとベラミーは、それを共和主義という規範論で正当化することによって、政治的憲法がイギリスの憲法実践においてなお保持している魅力を説明することに成功したといえるだろう[14]。

同じ共和主義に依拠しながら、二人の政治的立憲主義は、究極的には緊張関係にある。トムキンスが、個々の国会議員の自律によって政府を統制しようとしているのに対して、ベラミーは政権交代による支持者獲得の過程に、人権が実現されていく過程をみようとするからである。しかし、わたしは、両者の主張は両立するし、両立してはじめて政治的立憲主義の十分な展開を展望しうるのだと考えている。ベラミーの政権交代論は、社会の多元的要求を政党政治が汲み上げていくはずだという想定に立っているが、政党のリーダーが、メディアや人的資源を最大限利用し、その個人的な人気を増幅させることによって強大な権力を握る危険性についてはそれほど意識されていない。この点、トムキンスの議論では、与党平議員の独立を強調することで、政府を抑制するという機能に注目するが、政権交代については十分に論じていないように思われる。わたしは、トムキンスの主張する政府の抑制の先にベラミーが指摘する政権交代を位置づけることで、市民、国会議員、政党、政府の関係を考慮に入れた動的な政治的立憲主義を展望できると考えている。

二　トムキンスの政治的立憲主義

イギリスにおける政治的立憲主義の主張について、イギリス特殊の議論であるという見方がある。確かに、違憲審査を主張する法的憲法の台頭に対して、伝統的な国会主権を擁護しようという試みであることからして、イギリス特有の事情を反映してなされている議論であることは疑いない。しかし、わたしが注目したいのは、政治的憲法論が、民主過程を通じた「立憲主義」のあり方を具体的に示した点である。この民主的な立憲主義のあり方は、イギリス特有の議論を超えた意義をもっているとわたしは考える。政治的立憲主義者の示した規範は、違憲審査制の是非の議論とは切り離したうえで、立憲的な議会制民主主義のあるべき姿の議論として通用すると思うのである。

以上の視点から、トムキンスの議論を紹介する。

（一）大臣責任制の復活？

トムキンスが注目するのが、責任政府の原理である。責任政府の原理とは、政府の存立が庶民院の支持に依拠し、政府が国会に対して責任を負うという議院内閣制の中核的なルールである[15]。すべての大臣は、国会において、政府の政策、決定行為について支持しなければならない。これが連帯責任である[16]。大臣は、通常、何らかの省の担当大臣であり、その管轄について国会に対し責任を負う。これが個別責任である[17]。この二つの責任は、大臣責任制として憲法習律上の規範となる[18]。合議体としての内閣は、担当大臣の集合体であり、その会議の中心に内閣総理大臣が存在している。個別責任と連帯責任は、いずれも国会に対する責任であり、国会という結節点を経由することによって内閣の構成そのものに関係しているのである。

しかし、九〇年代以降、イギリスの公法学において、大臣責任制は憲法上の原理ではなくなったという見解が主流となる。[19] だから裁判所が違憲審査権を行使しなければならないというわけである。この理解に異を唱えたのが、トムキンスであった。彼は、メージャー政権下のスコット報告書（一九九六年）以降の国会と内閣との関係に注目し、大臣責任制の規範は活性化していると主張したのである。

禁止されていたイラクに対する武器輸出について、国会に十分説明することなく政府の方針が変更されていたことが問題となり、スコットを長とする調査委員会が調査を開始した。スコット報告書は、何人もの大臣が、不正確でミスリーディングな答弁を国会で繰り返し、意図的に情報を隠したと指摘した。[20] 当時の内閣の一員で、報告書が出されたときにも大臣だったのは一人だけであった。彼の責任について、メージャー政権は、大臣が国会を誤らせることを知っていたなら辞任しなければならないが、そうでなければ辞任を免れると主張した。つまり、説明責任（accountability）に反していても、即、辞任という責任（responsibility）が発生するわけではないというわけである。[21]

それに対して、庶民院公的サービス委員会の報告書は、責任と説明責任の区別を批判した。そのうえで、大臣責任について、次の二つのルールを掲げる。①執行権は、その活動について十分な情報を与え、適切な民主的統制を受けなければならない。それと知りながら国会を誤らせた大臣は辞任すべきである。②執行権は、国会で提起された関心、批判に対して適切な説明をしなければならない。もし、情報の開示を拒否するならば、その理由と法的な正当化理由を説明しなければならない。[22]

政府は、委員会の提案を受け入れた。問題は、ルール作成の主体が政府であったことである。大臣責任制は、メージャー内閣の「大臣の手続に係る諸問題（Questions of Procedure for Ministers）」に書かれていた。それにも拘らず、政府は、「説明責任と責任」の区別や「誤らせることを知っていたかどうか」といった新しい理由を立てて、問題の大臣を守ろうとしたのである。とすれば、政府がルールを作る限りにおいて、大臣を守るために再びルールを変更する恐れがあった(23)。

トムキンスは、一九九七年の両院の決議（三月一九日庶民院、二〇日貴族院）に注目する。

①大臣は、その管轄する省とネクスト・ステップ・エージェンシーの政策、決定、行為について国会に対して説明する義務がある。

②大臣が国会に対し正確で誠実な情報を与えること、また、不注意な間違いはすぐに訂正することがなによりも重要である。間違いと知って国会の判断を誤らせた大臣は辞任しなければならない。

③大臣は、国会に可能な限り情報を開示すべきであり、開示を拒否できるのは、それが公益に反するときのみである。…

④大臣は、大臣に代わって、また、大臣の指示で国会の委員会で証拠を提示する公務員に対して、可能な限り正確で誠実で十分な情報の提供に努めるよう要求するべきである。…

この決議は、ブレア内閣の大臣規範（Ministerial Code）に取り入れられ、その後の内閣も踏襲し、現在に至っている(24)。スコット報告書に端を発した大臣責任制の復活は、両院の決議を経て、大臣規範へと結実したのである。

（二）大臣責任制を有効に機能させるための制度

以上のようにトムキンスは、イギリス憲法の中核的原理として大臣責任制の原理が生きていることを示したのだが、重要なのはそれが発揮される仕組みである。トムキンスは、質問および特別委員会に注目する(25)。

政府に対する質問には、クエスチョンタイムと紙での質問がある。イギリス国会のクエスチョンタイムが、有効に機能していることは有名であろう。ただし、紙での質問も大事である。スコット報告書で指摘された不十分で不正確な答弁は、主に紙による質問に対する答弁であったのである。[26]

トムキンスが特に注目するのは、特別委員会の制度である。一九七九年に庶民院に導入された省ごとの特別委員会制度は、省ごとに作られた委員会が行政活動を監視するための制度である。特別委員会のメンバーは、野党議員と与党のバックベンチャーである。重要なことは、委員会の報告書は、通常全員一致で作成されるということである。つまり、特別委員会は、与野党議員が党派を超えて協力し、政府活動を批判的に検討する場所なのである。ここでは、与党対野党ではなく、政府対国会という大臣責任制の規範が有効に機能している。[27]

問題は、特別委員会の委員および委員長の人選に関し、政府が党を通じて実質的に影響力を行使してきたということである。[28] この点、二〇〇〇年の連絡調整委員会（主要な特別委員会の長で組織された委員会）の報告書は、委員会の構成員の任命と推薦は政党の拘束から自由であるべきこと、委員長には報酬が出されるべきことを提案した。その後、ハンサード協会がこの提案に賛成し、二〇〇一年の総選挙後の内閣改造で庶民院院内総務となったロビン・クックが受入れを決めた。[29] それにも拘わらず、委員会構成員の政党からの自由はすぐには実現しなかったが、二〇〇九年に起きた庶民院議員経費スキャンダルを経て、二〇〇九年のライト委員会の報告書（『庶民院の再建』）がだされ、それにしたがって、二〇一〇年に、委員長の本会議での秘密投票および委員の政党ごとの秘密投票による選出が実現したのである。[30]

（三）政治的立憲主義の規範

トムキンスは、「国会は、執行権に説明させるという仕事の重要性と中心性をよく理解している」と述べる。[31]彼が明らかにしたように、メージャー政権以来、個別責任のルールの明確化、特別委員会の活性化という形で、国会による政府の統制は強化されている。その中核概念は、アカウンタビリティである。政府は、国会に対して説明責任を負う。つまり、選挙で信任を得ることは政権に対する白紙委任を意味するわけではなく、権力の行使について日々のチェックを受けなければならない。これが、トムキンスのいう開かれた政府（open government）である。[32]行政権が国会によって日々チェックを受けるという憲法モデルは、ペティットの主張する「挑戦民主主義」から導かれる。従属からの自由は、従属から解放される市民を創出するため国家権力を必要とするが、その権力は日々異論に晒されなければならず、そうしてはじめて多くの市民にとって利益となる善き決定ができるのである。[33]

こうして、従属からの自由としての共和主義に基礎づけられた国会による政府の統制という「政治的立憲主義」のモデルが示された。わたしは、大臣責任制の規範を「立憲主義」として明確化したトムキンスの視角は、非常に魅力的だと感じている。民主主義を多数決による決定と同視し、それが国会に体現されていると考えるのが憲法学における主流的見解といえようが、このような捉え方だと立憲主義の担い手は裁判所にならざるをえない。しかし、民主的正統性のない裁判所が政治部門の決定を覆すことは、それほど簡単なことではないし、その権限が適切に使われる保障もない。そうであるとすれば、国会を通じた立憲主義が議院内閣制に埋め込まれているというモデルは、違憲審査制の有無にかかわらず、現実的な人権保障にとって有益なのではないだろうか。

三　政治的立憲主義の憲法構造

（一）議院内閣制と政治的立憲主義

トムキンスは、国王政府の権力行使を国会（両院）が統制することで、国民に情報が十分にいきわたり、適正な国家権力の行使が実現するというモデルを立てた。わたしの見解では、この議論は、議院内閣制のあり方にも射程が広がるものである。

トムキンスのモデルにおいては、大臣の個別責任と内閣の連帯責任が重視されるのであるから、行政権の主体は内閣になるはずである。それに対して、現実には、サッチャーやブレアのように、「大統領的首相」と評されるような人物が選挙民と直接的に結びついて、国会と内閣によるコントロールを実質的にのがれて強大な権力を振るう場合もある。[34]

同じ議院内閣制でありながら、二つの議院内閣制像は大きく異なる。前者を内閣中心構想、後者を首相中心構想としよう。内閣中心構想は、行政権の担い手は内閣であり、首相の権限はあくまでも内閣の議長であることに由来すると考える。それに対し首相中心構想は、首相を中心とする内閣に、一定期間の間、立法権と行政権を担う強大な権力を与えると考えるのである。[35]

この二つの議院内閣制像は、権力分立の理解が決定的に異なっている。後者においては、立法府と行政府は分離しておらず融合している。そう理解することによって、立法府の過半数の議員を確保した政党の党首が首相となって立法府と行政府を同時に支配することが可能になるのである。それに対して、内閣中心構想では、行政府と立法府は分離しており、そう捉えるからこそ、行政府を立法府が統制するという構造になっている。[36]与党バックベンチャーに注目するトムキンスのモデルが、後者であることは明らかであろう。

（二）議院内閣制の成立史

以下では、イギリスの議院内閣制を歴史的に素描することによって、政治的立憲主義の意義を浮かび上がらせてみよう。

一七世紀の憲法闘争の結果生み出された憲法的取り決めが権利章典である。ここで確立したのは、「国会における国王」が最高の立法権をもつことであった。この「国会主権」は、大権を有する国王、司法権を有する貴族院、財政における決定権を有する庶民院という三つの機関で構成される国会が最高の立法権をもつことを意味し、中世の混合政体論を外見上引き継ぐものであった。しかし、一七世紀の経験は、国王が国会から独立して権限を行使できないことを確立した。こうして成立した一八世紀の憲法をヴァイルは「均衡した憲法（the balanced constitution）」と呼ぶ。彼によると、この均衡憲法から議院内閣制と大統領制が生まれてくるのである(37)。

ヴァイルによるこの対比は非常に興味深い。イギリスにおいては、国王、貴族院、庶民院が一つの国会＝最高の立法権を形成するのに対して、アメリカ合衆国においては、大統領、連邦最高裁、連邦議会が、それぞれ行政権、司法権、立法権を担う。大統領制と議院内閣制の淵源が同じであるということは、議院内閣制が権力分立から生まれてきたことを意味する。すなわち、イギリスの議院内閣制は、均衡憲法における国王大権と国会との間をつなぐものとして、発生したのである。

均衡憲法から内閣制度が導き出されていくには、いくつかの条件があった。

まず、権利章典では、国王による法律の停止権、適用免除権が「違法」とされたが、国王の法律裁可権は可能性としては残っていたはずである。しかしながら、革命を越したイギリスの統治機構において、両院が通過させた法案を国王が拒否するのは、事実上不可能であった。国王が裁可を拒否したのは、一七〇八年のスコットランド民兵法に対するアンの拒否が最後であった[38]。

また、庶民院の国王からの独立は均衡憲法の本質的な要素であった。したがって、国王が庶民院を支配するために提供する官職と年金の付与は、その理念に反する。そのために、一七〇一年の王位継承法には庶民院議員の官職保有を禁じる規定があった。しかし、この規定は一七〇五年と一七〇七年の制定法によって、一定の官職を任命された庶民院議員はいったん辞任し、再選されなければならないというやり方に変更された。もし、このような変更がなければ、議院内閣制の展開はありえなかったであろう[39]。

このように、イギリスの議院内閣制は、国会主権のイギリス固有の定式から生まれてくる。重要なのは、内閣が出現しつつあるそのとき、庶民院の宮廷からの独立という革命の原理から異論が出されたことである。その代表的論者がボーリングブルックであった[40]。かれは、名誉革命の原理を「憲法」と考え、それに反する行為を「違憲」と主張して、ウォルポールを批判した。ここに、国会から宮廷にリクルートされた勢力と両院（特に庶民院）をベースに国王に対抗していく勢力との対抗関係の中に議院内閣制が展開していることがみてとれるだろう。

一八世紀後半に、批判的な世論が出現し、その結果、内閣の連帯責任制が確立し、近代的な議院内閣制が成立する。一九世紀中葉は、議院内閣制の黄金期である。政党は出現しているが、まだ全国的な組織にはなっていない。この時代、庶民院の支持を失えば内閣は総辞職したのである[41]。

一九世紀後半に、全国的な組織政党が整備され、また、選挙権が改大されることで議員が政党に依存する結果、内閣の権力は強大になった[42]。そして、混乱の二〇世紀前半を経験した後、福祉国家をコンセンサスとした労働党と保守党の二大政党制が展開するのである[43]。政権交代は、強大な権力を抑制する機能を果たした。

この議院内閣制において、内閣は政策の決定機関であった。それを、首相中心の議院内閣制へと決定的に変質させたのは、サッチャーであった。[44]一九七九年のサッチャー政権によって、戦後のコンセンサス政治が掘り崩され、「大統領的首相」が選挙民と結びついて強大な権力を行使するようになる。保守党政権は一九九七年まで存続し、一八年間、政権交代は機能しなかった。そして、一九九七年に成立したブレア内閣は、サッチャーの手法を引き継ぎ、閣議や閣僚委員会も無視して、自己の決定を強行したのである。[45]

しかし、ブレアは、イラク戦争への参加によって国民の信頼を失い、二〇〇五年の総選挙で労働党は大幅に議席を減らした。そして、ブレアの後を継いだブラウンは、ブレアの官邸主導型政治を批判し、従来の内閣重視に戻ったのである。また、二〇一〇年に成立した連立政権におけるキャメロンの権力は、政権内の自民党勢力と保守党バックベンチャーの存在によって、大幅に制約されていた。トムキンスの「政治的立憲主義」が効果を発揮しつつあるのである。[46]

トムキンスが、大臣と内閣の国会に対する責任規範を見出したのは、伝統的な国会主権が有している権力抑制の機能に着目し、それを理論的に抽出することに成功したからである。トムキンスは、国会の主たる役割を政府に対するチェック機関として考えるべきだと主張しているが、国会に最高の立法権があるからこそ、行政権を効果的に抑制できるということは確認しておくべきだろう。[47]

おわりに　日本の改革と政治的立憲主義

以上の考察に照らして考えるならば、九〇年代日本の「改革」が想定していた「イギリス型」は、首相中心構想であったことが理解できよう。[48]そして、五五年体制の統治構造を首相中心型議院内閣制に変更しようという試みは、見事に成功したといわなければならない。

しかし、五五年体制においては、内閣の国会に対する責任という政治的立憲主義の規範は機能していたのではないだろうか。イギリスとの決定的な違いは、日本の場合には、政権交代の不可能性を暗黙の前提として、野党が成文憲法を盾に、内閣に対して憲法に照らして説明を要求するという憲法実践であったということである。

イギリス憲法学の政治的立憲主義は、議院内閣制の仕組みに埋め込まれている権力抑制の規範を明らかにした。日本の「改革」がその側面を犠牲にしてなされたとすれば、なぜ、現在、日本の「立憲主義」が危機的状況にあるかも理解することができよう。イギリスの政治的立憲主義の考え方は、日本の議院内閣制のあり方に有益な示唆を与えてくれるようにわたしには思われる。[49]

（1）愛敬浩二『立憲主義の復権と憲法理論』（日本評論社、二〇一二）第三章。また、憲法改革をめぐるイギリス公法学の全体像のなかで二つの潮流を位置づける、木下和朗「イギリスにおける憲法改革―ウェストミンスター・モデルと政治的憲法をめぐって―」比較憲法学研究二五号（二〇一三）。立憲主義という視点から、二つの潮流を位置づける原田一明「イギリスにおける「立憲主義」」法学教室四二八号（二〇一六）など。

（2）J.A.G. Griffith, "The Political Constitution", Modern Law Review, vol. 42（1979）, pp. 1–21.

（3）Lord Hailsham, *The Dilemma of Democracy: Diagnosis and Prescription*（Collins, 1978）, pp. 125–132.

（4）Adam Tomkins, *Public Law*（Oxford U.P., 2003）, pp. 18–19.

（5）Adam Tomkins, *Our Republican Constitution*（Hart Publishing, 2005）, p. 10.

（6）*Ibid.*, pp. 15–16.

（7）*Ibid.*, pp. 46–56. ペティットの共和主義について、成澤孝人「共和主義の憲法論・序説」三重法経一二九号（二〇〇六）八八－一〇五頁。
（8）Richard Bellamy, *Political Constitutionalism: A Republican Defence of the Constitutionality of Democracy*（Cambridge U.P., 2007）.
（9）成澤孝人「共和主義とイギリス憲法」信州大学法学論集第一九号（二〇一二）一〇九－一一〇頁。
（10）同上、一三六－一四六頁。
（11）同上、一二二－一二七頁。
（12）グリフィスの議論が純粋に記述的かについては争いがある。愛敬・前掲（1）六二頁。
（13）Graham Gee and Grégoire C. N. Webber, “What Is a Political Constitution?”, Oxford Journal of Legal Studies, vol. 30（2010）, p. 281.
（14）*Ibid.*, pp. 281, 285. ジーとウェバーは、二人の政治的憲法論を、記述と規範をつなぐ一つのモデルとしてとらえている。*Ibid.*, pp. 290–294.
（15）Tomkins, *supra* note 5, p. 1.
（16）Tomkins, *supra* note 4, p. 135.
（17）*Ibid.*, 140.
（18）*Ibid.*, 133.
（19）Jeffrey Jowell and Dawn Oliver（eds.）, *The Changing Constitution*（4th ed., Oxford U.P., 2000）, p. viii.
（20）Tomkins, *supra* note 4, p. 152.
（21）*Ibid.*, p. 153.
（22）*Ibid.*, pp. 155–157.
（23）*Ibid.*, pp. 153–154.
（24）*Ibid.*, pp. 158–159. 二〇一五年のキャメロン内閣まで確認。https://www.gov.vk/government/publications/

ministerial-code（最終閲覧　二〇一六年八月二日）。
（25）Tomkins, *supra* note 4, p. 160.
（26）*Ibid*., pp. 160-161.
（27）*Ibid*., pp. 162-165. この特別委員会については、木下和朗の労作が参照されるべきである。「イギリス庶民院における調査委員会制度（一）～（三・完）―国政調査権に関する制度考察―」北大法学論集四四巻五号、四四巻六号、四五巻一＝二号（一九九四）。
（28）Tomkins, *supra* note 4, p. 163.
（29）*Ibid*., pp. 166-168. また、藤田達朗「ニュー・レイバーと庶民院改革―ブレア労働党政権下の庶民院改革の動向―」松井幸夫編『変化するイギリス憲法』（敬文堂、二〇〇五）を参照。
（30）奥村牧人「英国下院の省別特別委員会」レファレンス平成二二年一一月号（二〇一〇）、藤田達朗「庶民院改革の動向―ブラウン労働党政権下の改革から保守党・自由民主党連立政権下の改革へ」倉持孝司、松井幸夫、元山健編著『憲法の「現代化」―ウェストミンスター型憲法の変動―』（敬文堂、二〇一六）。
（31）Tomkins, *supra* note 4, p. 168.
（32）Tomkins, *supra* note 5, pp. 61-62.
（33）*Ibid*., pp. 51-52, 134-135.
（34）リチャード・ヘファーナン、ポール・ウェブ「イギリスの首相―もやは「同輩中の首席」ではない」T・ポグントケ／P・ウェブ編『民主政治はなぜ「大統領制化」するのか―現代民主主義国家の比較研究―』（ミネルヴァ書房、二〇一四）三七‐九三頁。
（35）成澤孝人「憲法改革と議院内閣制」松井編・前掲（29）一三九頁。
（36）ヴァイルは、権力融合を主張するバジョットのイギリス憲法論を厳しく批判し、権力分立から議院内閣制を説明した。成澤孝人「イギリス型議院内閣制の憲法的基盤と連立内閣」倉持、松井、元山編・前掲（30）一六〇‐一六二頁。

（37）詳しくは、同上を参照。M. J. C. Vile, *Constitutionalism and the Separation of Powers*（2nd ed., Liberty Fund, 1998), pp. 19–22.

（38）A W Bradley, K D Ewing and CJS Knight, *Constitutional and Administrative Law*（16th ed., Pearson, 2015), p. 19.

（39）Tomkins, *supra* note 5, p. 106. この経緯について、占部百太郎『英国憲政史』（岩波書店、一九二七）六〇五‐六〇六頁にすでに指摘がある。また、浜林正夫『イギリス名誉革命史（下）』（未来社、一九八三）二七〇頁。

（40）ボーリングブルックの思想について、高濱俊幸『言語慣習と政治―ボーリングブルックの時代―』（木鐸社、一九九六）を参照。

（41）John P. Mackintosh, *The British Cabinet*（3rd ed., Stevens & Sons Ltd, 1977), p. 80.

（42）*Ibid.*, pp. 201–209.

（43）梅川正美、阪野智一、力久昌幸編著『イギリス現代政治史』（ミネルヴァ書房、二〇一〇）を参照。

（44）成澤・前掲（35）一五三‐一五五頁。

（45）同上、一五五‐一五六頁。

（46）近藤康史「ひび割れていく「大統領型」首相」梅川、阪野、力久編・前掲（43）。Anthony Seldon, "David Cameron as Prime Minister, 2010–2015", in Anthony Seldon and Mike Finn (eds.), *The Coalition Effect, 2010–2015*（Cambridge U.P., 2015).

（47）Adam Tomkins, "What is Parliament for?", in Nicholas Bamforth and Peter Leyland (eds.), *Public Law in a Multi-Layered Constitution*（Hart Publishing, 2003), p. 74. ブレア政権下における庶民院改革に大臣責任制の復活を見て、「広義の政治的憲法」の可能性を論じる元山健「政治的憲法論（political constitution）再訪―イギリスにおける民主主義的憲法論の現在―」広渡清吾、大出良知、川崎英明、福島至編『民主主義法学・刑事法学の展望　下巻―刑法・民主主義と法』（日本評論社、二〇〇五）は、トムキンスを高く評価しながらも、立法者としての地位を放棄すべきという彼の主張については懐疑的である。同論文四一七‐四一八頁。

（48）参照、飯尾潤『日本の統治構造—官僚内閣制から議院内閣制へ』（中央公論新社、二〇〇七）。また、川人貞史『シリーズ日本の政治1　議院内閣制』（東京大学出版会、二〇一五）。

（49）木下和朗は、日本における「ウェストミンスター・モデル」の理解において「政府の政治責任の確保」という側面が十分に評価されていないことを指摘する。木下・前掲（1）七一頁。

「立憲主義」の日独比較——憲政史の観点から

赤坂幸一
（九州大学）

一　プロトタイプとしてのフランス人権宣言

（一）立憲思想の淵源

ドイツにおける立憲思想は、アメリカ・フランス両革命期に生成した独特の憲法概念が曲折を経ながら受容されたもので、そのプロトタイプからの偏差を見ることで、ドイツ型立憲思想の特質を窺うことができる。またそもそも、英米仏で発展してきた憲法概念はそれ自体多義的であることにも注意しなくてはなるまい。ここでは、現代ドイツ公法学を牽引するHorst Dreierの描く見取り図を参照しながら、憲法概念の変遷、および立憲思想のドイツへの受容の特質について概観することにしたい(1)。

Dreierによれば、フランス革命は広範な社会的・経済的・法的変革を伴ったが、憲法改革という観点から見た場合のポイントは、普遍的妥当性を主張する哲学的真理の上に、あるべき社会制度を構築しようとした点にある。従来の歴史においては、「慣習的な歴史的権利」の総体や、数百年の間に政治的・社会的権力者の間で構築されてきた「棲み分けのあり方」としての根本法（*leges fundamentales*）が主要な関心事であった。ある人間に特定の権利が認められるのも、その者が一定の地縁的・身分制的・職業的団体に所属するが故であって（身分に対応する「特権」）、「人間がただ人間であることに基づいて」一定の権利を与えられていたわけではない。しかし、フランス革命時には、自由・平等な個人を基点とする政治哲学に依拠しつつ、旧体制《アンシャン・レジーム》の錯綜した特権の世界を一掃して、地位、身分、所属団体など一の切の軛を取り払おうとしたのである。

このような構成的・解析的な個人主義（個人を基点にして社会組織を捉えようとする考え方）は、したがって、歴史を根拠とするものではなく、人間理性の産物たる自然法を基盤とするものであった。人権宣言は、常に妥当すべき社会哲学的認識の表明なのであって、実定憲法の指導理念となり、かつ、宣言という形式を採用することで、後の改正を受ける可能性を排除した。こうして、人権宣言の段階では、あくまで永遠の（その意味で宗教的な）哲学的真理の表明たることが目指されたのである。人権宣言が、シナイ山でモーセが神から与えられた二枚の石板に似せた形で描きこまれたのは、その一つの表れである。

（二）憲法概念の変遷——状態・規範存立・規範内容

それでは、憲法も人権宣言と同じように、永続的な性格を持ちうるだろうか。これは憲法改正の限界にかかわる議論につながるが、その際まず、「憲法」という概念自体が、アメリカ・フランスの両革命期を経て、次第にその概念を固着させてきたということに留意しなくてはならない。

それまでは、領土・気候・政治情勢・国民・政治制度など、ある政治的公共体を取り巻くもろもろの総合的状態を指して、それが「憲法」だと観念されていた。この意味において、すべての国は特定の憲法（＝状態）であり、それは、ある人間が特定の健康状態にあるのと同様である（「国のかたち」としての憲法)。しかし、近代に入ると、そこから非規範的な要素を排除して、ある国家にとって基本的なもろもろの法準則・法文書のみを意味するようになった[2]。これは諸々の規範の存在に着目した記述的な意味をもつものであり、この場合、いかなる政治的支配の形式であれ、結局のところ、憲法を有している、ということになる(存在している諸々の基本的規範としての憲法(=固有の意味の憲法))。

この場合、憲法の内容をなす政治的支配の形式の如何は問われなかった。極論すれば、専制・独裁制であっても、固有の意味の憲法は存在しているのである。しかし一八世紀末、すなわちアメリカ・フランス両革命時に、憲法は規範的概念となった。すなわち、憲法は、ある基本的規範の存在ではなく、ある国家の内部において最上位におかれるべき一定内容の規範プログラムを意味することになったのである(=いかなる憲法を有するべきか)。その内容を最もよく示すのが著名なフランス人権宣言の第一六条であり、それによれば、「権利の保障が確保されず、権力の分立が確立されていない社会は、いかなる憲法も有していない」とされる。ここにいう憲法とは、個人の権利保障を確保するために統治組織の権力分立を確保すべし、という特定の規範内容を指している(立憲的意味の憲法)。

(二)「立憲的意味の憲法」の実定化——真理と意思の間[3]

このように、「立憲的意味の憲法」においては、歴史的・政治的に形成された諸状態ではなく、理念的に構想された一定内容の規範がポイントとなっている。このような内容の規範は、一つの文書・法典(=憲法典：形式的意味の憲法)に集約されるのが通常であるが、それは、国民主権理念に立脚しつつ人為的に制定される憲法典によって、旧来の多様な支配主体やもろもろの基本的法秩序を打破することに、主眼が置かれたからである。そして、破壊の後に新たに構築されるべきモデルとして構想されたのは、「権力主体を国家という公的存在に一元化し、身分制団体・血縁団体の桎梏を脱した『個人』がこれに対峙する」、という図式であった。

このように憲法典を制定することの核心的意義は、人権宣言・独立宣言の基本理念を背景にもつ「立憲的意味の憲法」（としての規範内容）を、国民主権理念に基づく実定憲法典（形式的意味の憲法）に取り込むという点にあった。そうである以上、憲法典の制定に際しても、時・所を問わず妥当する哲学的真理の表明が目指されていたはずであって、たとえば、フランス人権宣言においては、人権のみならず、「権力分立」や「代表」「法律」などの統治組織にかかわる諸概念も政治哲学的真理の表明だと考えられていたことに留意する必要がある。これらの概念が「立憲的意味の憲法」の内実として実定憲法典に取り込まれたのである。

しかし他方で、具体的な権力分立のあり方については、各国各様の政治的考慮も必要となる。近代的意味の憲法が確定的に要請しているのは、権力分立原理に基づく国家構造の採用にとどまり、例えば議院内閣制／大統領制の選択や、直接民主制／間接民主制のバランスについて、権力分立原理から一義的な回答を引き出すことはできないだろう。ここでは真理の宣言ではなく、政治的決断がポイントになるのである。

二　ドイツ型立憲君主制

（一）主権原理の拮抗

赤坂正浩論文が指摘するように、[4] ドイツにおける Konstitutionalismus は本来、一八一五年〜一九一八年におけるドイツ的な立憲君主制を指す憲法史学上の用語であって、上述の立憲思想とは異なる。それでは、このドイツ型立憲君主制は、先の意味での立憲思想とどのような形で切り結んだのだろうか。

フランス・アメリカの両革命を契機として浸透した立憲思想は、ドイツ各邦の君主もこれを完全に無視することはできなかったが、しかしそこには大きな修正が加えられ、半立憲主義ないし外見的立憲主義（Semi-/Scheinkonstitutionalismus）などと揶揄されることになる。そのモデルはナポレオン支配下の諸邦の憲法典（例、ヴェストファーレン王国憲法（一八〇七年））であるが、さらに一八一五年のドイツ同盟規約一三条は、「同盟国家（Bundesstaat）においてはすべて、等族制憲法（landständische Verfassung）が行われるものとする」と定めていた。このように、ドイツ型立憲君主制の時代は、諸侯の君主制原理（一八二〇年のウィーン最終議定書五七条）を前提としながら――したがって憲法典の制定も、君主により授けられるという形をとる――それに国民主権原理が次第に拮抗してゆくというプロセスにより特徴づけられており、主権原理が国民主権に一元化されたのは、一九一九年のヴァイマル憲法になってからのことである。そのことが、ドイツの憲法思想に多くの点で特殊な姿を与えることとなった。(5)

（二）プロトタイプからの逸脱

すなわち第一に、そもそも憲法典を制定して、そこに立憲的意味の憲法（という規範プログラム）を盛り込むという企ては、本来、旧来の諸勢力・諸観念を打破して、新たな公共社会を創設しようという企てであった。しかし、立憲君主制下の憲法構想は、原理的に無制約であった君主権能に対し、議会・裁判所を設けて一定の制限を加えんとするものに過ぎず、新たな統治権力の設定・正統化という契機に乏しい。

第二に、立憲的意味の憲法は、権利保障と、それを確保するための権力分立制を中核的な構成要素としているが、そこでいう権利とは本来、すべての個人がもつ普遍的人権――普遍的な哲学的真理――としての性格を有していたはずである。しかし、ドイツにおける立憲思想がドイツ人の間における自由・平等を認め、封建社会の解体に資したことは事実であるとしても、それはドイツ人の基本権・自由という刻印を帯びており、そこでは憲法概念の Nationalisierung が行われている。

第三に、「権力分立制」の中核をなす議会制の問題である。権利命題（Rechtssatz）の定立には議会の法律形式による同意が必要とされ、この法律に基づく行政を確保するために独立の裁判所が設けられた。しかし、法律の制定について君主は裁可権を持ち、しかも政府には、法律に代わる緊急命令権や、法律の根拠に基づかない独立命令権が広範に認められていたのであって、この点において、国民主権理念に基づく「一般意思の表明」としての法律、およびそれによる法関係の整序という理念からは、遠く離れたものであった。

最後に、権力の分立が定められ、権利の保障が図られたとしても、国家機関がそれを破った場合にその責任を追及するための仕組みがなくては、立憲制度といっても画餅に等しいであろう（責任政治の原理）。責任内閣制は、君主の行為が法的効果を持つためには大臣副書を要するとすることで、この責任政治の原理を実現している。しかし、プロイセンでは（一八七一年以降はドイツ帝国でも）陸軍の最高指揮権という意味での統帥権は、プロイセン国王・ドイツ皇帝が首相や陸相を介さずに参謀総長を経て各部隊へと直接に命令を下すシステムが採用され（一八六六年）、一八八三年には参謀総長の帷幄上奏権も認められた。こうして統帥事項は、首相や陸軍大臣など、内閣を構成する国務大臣の責任領域から除外され、大臣責任制の適用領域から外れることとなった。

三　明治憲法体制と「立憲主義」

それでは、一・二で見たような立憲思想とドイツ型立憲君主制（Konstitutionalismus）との関係は、一八五〇年プロイセン憲法を一つの大きな典拠モデルとした明治憲法体制の成立・運用過程において、どのように受容されたのだろうか。

（一）明治憲法体制の成立

①立憲制度の導入

幕末期に尊王攘夷の立場を採った勤王派は、やがて、幕府に代るべき新政府にとって攘夷を貫くことが非現実的であることを認識し、明治維新以後は一転して、西洋文明をモデルとする近代化を推進した。しかし、新政府から排除された旧士族層及び日用層は政府に対し「民選議院設立」を要求し（一八七四（明治四）年）、政治意識を高めた一部の農民とともに「自由民権運動」を展開した(6)。

このような民間の政治意識の高まり、および明治新政府の政局運営の行き詰りを背景に、明治八年の大阪会議（大久保・木戸・板垣の会談）で漸進的な立憲制度の導入が合意され、その結果、路線対立から下野していた木戸・板垣の参議復帰が実現して、明治新政府の政権運営が安定化する。この合意を踏まえて発された「漸次立憲政体樹立の詔」により、元老院・大審院が設置され、また地方官会議が開催されることとなった(7)。

②西洋憲法思想の流入

明治九年、元老院に国憲編纂の命令が下され、元老院において将来の憲法構想を検討すべきこととなったが、当時は、明治初年以来のイギリス・フランス憲法思想が一世を風靡していた。明治天皇が元老院の憲法草案起草委員たる議長・有栖川宮熾仁親王に下賜したのもアルフュース・トッド（Alpheus Todd, 1821-1884）の『イギリス議会政治』であったし、またモンテスキューの『法の精神』、アースキン・メイの『議会慣行』であった。

しかし、元老院の「日本国憲按」（明治一一年）が起草され、政府としても憲法典の制定に向けて動き出した頃に権威的な地位を占めたのが、岩倉具視の憲法意見書八通（明治一四年七月）であった。同意見書は、英仏をモデルとする議院内閣制の性急な導入を排し、プロイセンを主たるモデルとする漸進的な変革（大臣選任権が君主に留保された大権内閣制と民選議会との結合）を志向するものであった。

その際、産業開発期には政府による権威的な指導が好適であることに加えて、(a)当時のような政党が未発達な段階で議院内閣制を採用した場合には、内閣が安定性を失うこと（分立する諸小党は内閣に反対する点では一致するが、後継の安定的な内閣を産み出すことができない）、および、(b)イギリス流の政権交代に伴う政務官の一斉交代を支えるだけの人的基盤が確立されていないこと、を根拠に、(c)廃藩置県後日も浅く、不平士族の怨嗟が政府に集中する中で、議会が内閣選出権・不信任権をもつ議院内閣制まで進んで採用することは、安定的な統治を害することになる点に、注意が促されたのであった。

こういった点に鑑みて、とくに重要な起草方針を列挙した岩倉「大綱領」・「綱領」においては、欽定憲法主義を採用すること、皇位継承法は祖宗以来の模範により別に皇室の憲則に記載し、憲法には記載しないこと、に加えて、漸進主義を失わないこと（プロイセン憲法が漸進主義の観点から最適だとする：プロセスの模範国（山室信一））が重要方針として掲げられ、プロイセン型立憲君主制をモデルとしつつ、具体的には、(a)君主に行政の大権が留保されるべきこと、(b)国務大臣は天皇の親任により安定的な地位を得るべきこと、(c)国務大臣は天皇に対してのみ責任を負い、非連帯たるべきこと、および(d)

前年度予算施行制を採用すべきこと、が求められた。ここに示された憲法起草の基本方針は、そのまま明治憲法体制の基本構造を枠づけることになる。

③立憲制度の動態的構想――伊藤・山縣・モッセ

このような立憲制度の漸進的導入という基本方針は、木戸孝允・岩倉具視（及び岩倉意見書を実質的に執筆した井上毅）らの欧米視察に基づく戦略的選択であり、当時の政党の発達状況、憲政を担う人的基盤の未確立、および社会状況等を背景にしていた。換言すれば、漸進的な立憲制度の導入プロセスは、政党や大学等の発展に応じて立憲制度を動態的に拡充していこうという試みでもある。実際、明治憲法体制の確立を主導した伊藤博文は、政党の発達に伴い変容する動態的な憲法秩序を構想しており、その関心は、立憲制度の担い手の養成機関としての大学制度の構築にも向けられていた[8]。

ここでは、地方議会の拡充による立憲制度の漸進的導入を唱えた木戸孝允、および木戸没後の長州閥を伊藤博文と共に支えた山縣有朋の構想に着目しよう。伊藤博文の立憲制度調査で大きな役割を果たしたアルバート・モッセ（Isaac Albert Mosse, 1846–1925）は、幼少時より俊英で、将来を嘱望された法律家・裁判官であったが[9]、伊藤博文・青木周蔵をはじめ、日本人留学生や外交官にドイツ公法を講じたことが機縁となり、ユダヤ人出自のゆえに将来を心配した恩師グナイストの薦めもあって、日本政府の法律顧問として来日した[10]。なお伊藤博文の滞欧憲法調査は一八八二～一八八三年であるが、それ以前よりモッセは内務官僚・村田保に地方行政制度・行政裁判所制度を講義し（一八八〇～八一年）、村田はこの講義で得た知識をもとに市町村制の立案に力を発揮することになる。

当時の日本では、立憲制の導入のプロセスが問題となっていた。すなわち、モッセに来日を打診したのは地方制度の優先的整備を志向する山縣有朋であったが、これは明治一八年のプロイセン型内閣制度の導入を嚆矢として伊藤博文が主導していた立憲制度への移行構想に対する、一つのアンチテーゼであった。[11] すなわち、内務卿（官制改革で後に内務大臣）の山縣は、憲法実施以前に町村自治の制度を確立する必要を痛感し、内務卿就任の明治一六年に早くも関係の調査研究を指示して、明治一一年制定のフランス・モデルの地方三新法（郡区町村編成法、府県会規則、地方税規則）により不完全ながら体系化されていた地方制度の改革を試みた。山縣は明治三～四年の欧州調査において、ナポレオン蹂躙後のプロイセンを救ったのがシュタイン（Reichsfreiherr vom und zum Stein, 1757-1831）による地方制度改革であることを学び、[12] 青木周蔵や平田東助の意見を容れつつ、地方自治制度の充実を図ることによって、将来の立憲制の運用を担いうる識見・能力を備えた地方名望家を育成しようとしたのである。先に見たように、伊藤博文は政党制度の進展を見据えた動態的な立憲制の導入プロセスを思い描いていたが、山縣も別の意味で「動態的」な立憲制への移行プロセスを想定していたわけである。[13]

④地方制度と議会選挙法

こうして、山縣の推挽で日本に招聘されたお雇い外国人モッセが最初に付託されたのは、市町村制案、国会議員選挙法案、行政組織法案の立案であった（一八八六（明治一九）年）。廃藩置県以来の中央集権的な行政システムの構築が難航していた当時にあって、統一的な地方行政の実現は明治政府の重要な課題であった。そのため山縣は、内務卿就任後の明治一七年末に省内に町村法調査委員をもうけて、町村制度の立案に当たらせ、明治一八年六月に「町村制度稿案」をまとめ、これを来朝したモッセ、ロェスレルらのドイツ人学者に諮問したのである。しかし、提示された「町村制度稿案」は、ドイツ・モデルとフランス・モデルが日本の慣習的な地方制度との連絡がないままに組み合わされたもので、モッセはこれに反対の立場をとった。

すなわち明治一九年七月のモッセ答申[14]では、地方制度編纂委員の設置が提案され、その通りに設置された委員会では、これまたモッセ提出の要綱「地方官制及共同行政組織の要領」に基づく審議が行われ、またこの答申に基づいて市制・町村制の立案を担当したのもモッセであった（明治二一年四月一七日公布）。このモッセ案の背景にあったのは、恩師グナイストの地方自治論である。グナイストは、地方名望家の名誉職的な自治活動に大きな意義を認め、これを基礎として法治国家における官僚統制を行うべきものとして、この地方名望家層から、行政活動に責任を負う国務院（Staatsrat）の構成員や議員をリクルートすることを構想していた。議会制度の開設を控えたこの時期、地方制度と議員選挙法が密接に結びつく話であったことが看取されるが、それでは、モッセの立案になる市制・町村制において、両者はどのように関係していたのであろうか[15]。

まず、市制・町村制においては民選の市会・町村会が設けられたが、選挙権・被選挙権ともに財産要件により制限され、さらに、町村における選挙は二階級選挙法、市における選挙は三階級選挙法に依っていた。また、このようにして選出される町村会議員、および町村会により選出される町村長・町村助役は、無給の名誉職とされた。こうして、市町村レベルにおける地方自治への関与は、実際上、地方名望家の手に委ねられることになったが、その上で、府県制・郡制に基づいて設けられる府県会・郡会では、間接選挙制が採用され、町村会が郡会の選出体となり、次いで郡会が府県会議員を選出すべきものとされた。直接選挙は市町村レベルの、かつ財産要件により制限された限定的な範囲でしか認めらなかったが、これはモッセが、民選議会を導入するほどに日本社会は成熟していない、と判断していたことを反映している。

先に見たようにモッセは、すでに明治一九年夏頃、国会議員選挙法の立案を付託されていた。その際モッセは、日本社会が政治的に未成熟であることを理由に、「下院 Abgeordnetenhaus を――少なくとも次の世代については――自治行政体から選出し、国民による直接選挙を回避するべきだ」と考え(*Familie*, S. 214 f.)、それゆえ国会議員たちを当面、地方議会の構成員から選出することを構想していた。その際モッセが念頭に置いていたのは、もちろん、自らが立案の主導権を握った市制・町村制および府県制・郡制における、地方議会の存在である。このように山縣及びモッセは、日本社会の成熟に応じて議会の選挙法を地方から徐々に拡充してゆくという、動態的な立憲制の発展プロセスを思い描いていたのであった。

（二）明治憲法体制の特質――柔軟な憲法構造

こうなると重要なのは、明治憲法体制が本来内包していた柔軟性と（一）、その柔軟性を活用した立憲制の運用のあり方である（二）。

明治憲法典は、安定性を確保するために「帝国の政治に関する大綱目のみに止め、其の条文の如きも簡単明瞭にし、且つ将来国運の進展に順応する様伸縮自在たるべき事」（伊藤博文）との方針に基づいて起草されており[16]、それだけに、憲法典を取り巻く憲法附属法制・憲法判例・憲法慣習に考慮を払うことが重要になる。実際、明治憲法典は一度も改正されることがなく、また主要な憲法附属法律も、会計法や衆議院議員選挙法などの一部を除いて大きな変更がないまま終焉を迎えた。この点を捉えて「明治典憲体制の固さ」が語られることもあるが、しかし、明治憲法下の統治システムは時と共に大きく変容したことに注意しなくてはなるまい。天皇の信任のみに依拠する大権内閣制から、政党政治の発達を前提とする政党内閣制（さらには政友会・民政党の二大政党制）、大戦中に諸政党の解散を経て生まれた大政翼賛会体制まで、全て同じ明治憲法体制のもとで生起しているのである。

内閣制度の要である首相選出システムの変化に着目してみよう。明治憲法体制において、内閣は憲法典上の存在ではなく、内閣官制がこれを定めていたが、内閣総理大臣の選出については明確な規律がなかった。当初は首相が閣僚・元勲の同意を得て後継首相を天皇に推薦していたが、第一次松方内閣の辞職の頃（明治二五年）より、天皇が元老に下問することが原則となり、具体的には伊藤・黒田・山縣・松方・井上・西郷・大山という特定の七名に後継内閣問題を下問する制度が慣例上成立した（明治三〇年頃：元老制度の成立）。

その後、西園寺が元老に加わったが、高橋是清内閣（大正一〇年）の頃から高齢化・減少した元老を補うための補助機関として内大臣が浮上し、第一次近衛内閣（昭和一二年）の頃からは、内大臣が元老の同意を得て、内大臣の責任をもって後継首相を奉答するという慣習が成立した（内大臣単独推薦方式）。さらに、この昭和一二年には、内大臣が元老および重臣と協議して奉答するという案も現れ、数度実践された後、昭和一五年には「重臣会議」による後継首相推薦手続が制度化された[17]。

このように柔軟なシステムであったがゆえに、ポツダム宣言受諾後に憲法改正が問題となった際にも、明治憲法の運用で対処しうるとの考えすら根強く存したのである。

（三）治憲法体制の運用

①政党内閣制の出現

明治憲法が国務各大臣の単独輔弼責任制（五五条）を採用した背景には、強力な首相を中心とする政党内閣制の出現を回避しようという意図があった。たしかに、明治憲法施行当初の内閣は、議会の政党勢力に左右されない内閣（超然内閣）を志向したが、政党の発展とともに、議会政党との提携の時代を迎える（日清戦争後から大正末）。そして大正一三年の加藤高明護憲三派内閣の成立以降、政友会と憲政会が相互に政権を担当する二大政党制が現出した。しかし政党の隆盛は、知事をはじめ地方官に対する人事介入の激化を招いた。すなわち政党は、自党の内閣が任命した知事や、府県の行財政を通じて党勢拡張を図ったのであり（内務官僚・地方官の政党化）、統帥権の独立と相まって、議会政治ないし政党政治が信頼を失う一つの要因となった。

②統帥権の独立

明治憲法制定以前より、いわゆる軍令機関の独立（参謀本部（明治一一年）・海軍軍令機関（明治一九年））を前提に、軍隊の用兵・編制につき、軍令機関の長または陸海軍大臣が閣議を経ずに直接天皇に上奏（帷幄上奏）する慣行が生まれた（内閣職権六条、内閣官制七条）。この慣行を踏まえ、明治憲法施行後の明治二三年一一月、同憲法一一条（統帥大権）・一二条（編制大権）を根拠として、陸軍大臣が陸軍定員令につき閣議を経ずに上奏を行い、允裁を得たのち内閣に下して勅令を発することとなった。これ以降、軍隊の指揮命令という狭義の統帥事項（軍令事項）のみならず、本来「軍政事項」に属するはずの軍の編制、軍衙の組織、軍事学校なども一般国政から区別されて、帷幄上奏によって内閣の関与を経ずに決定されるという慣行が生じることになる。

ところで、このような勅令形式が可能であったのは、公文式（明治一九年勅令一号）が主任の国務大臣のみの副署による勅令を認めていたからである（第三条）。しかし、公文式に代わる公式令（明治四〇年勅令六号）が、すべての勅令に首相の副署を要求したことから（第七条）、軍部は「軍令」という特殊の形式を創出し（明治四〇年軍令第一号）、軍部大臣のみの副署による命令を可能ならしめた。こうして、①統帥事項が一定範囲の編制・常備兵額の決定までを含むべく拡大解釈され（両属事項の増加）、②この拡大解釈された統帥事項の全体について命令で定めることとなり（議会の関与の排除[18]）、しかもこの命令については、③帷幄上奏および軍部大臣のみの副署による「軍令」という、特殊な形式が採用されたのである（内閣の関与の排除）。

こうして、一般国務から軍令事項一般が独立し、責任政治の回路から外れた結果、国務と統帥との統合が失われた[19]。首相の各省統制権が限定されている中（首相はいわば同輩者中の首席であった（明憲五五条））、この対立が先鋭化することを防いでいたのが、明治初期の藩閥、明治後期の元老であったが、元老は次第に減少・凋落し、統帥権行使を立憲的に統制する術がないまま、明治憲法体制は終焉をむかえることになる。国務・統帥の二元的制度を採用すること自体はプロイセンの制度に倣ったものであるが、軍令機関による帷幄上奏のシステムは日本がむしろ先行しており、かつ責任政治の範囲（国務）から除外される統帥事項が軍の編制・常備兵額・軍事学校・病院にまで及ぶなど、わが国独特の統治システムとなっていたことに留意しなくてはならない。

③軍部大臣現役武官制

明治憲法施行当初、軍部大臣の任用資格に特段の制約はなかったが、明治三三年、山縣内閣において軍部大臣・総務長官の任用資格が現役の将官に限定された[20]。その後、政党の勢力伸長に伴って、軍部大臣の任用資格の緩和が図られ、現役以外の将官からの任用が可能となったほか（大正二年）、そもそも軍部大臣武官制の撤廃を求める決議が衆議院で可決されるなどしたが（大正一一年）、上記のような政党政治の弊害を前に、政党に対する態度を硬化させた軍部は、再び軍部大臣・次官の任用資格を現役の将官に限定した（昭和一一年）。

こうして首相の実質的な大臣選任権は大きく制約されることとなる。第二次西園寺内閣（大正元年一二月総辞職）、広田内閣（同昭和一二年一月）および米内内閣（同昭和一五年七月）の総辞職はいずれも、辞任した軍部大臣の後任を得られなかったことに起因しており、軍部の反対による宇垣内閣の流産も、同じ原因に由来している。

おわりに――ドイツ型立憲君主制と日本

このように、わが国はプロイセンを主たる模範国として立憲制度の導入を図ったが、彼我の間には看過できない相違もある。何よりわが国では、首相選出システムや政党システムをはじめとする基幹的統治制度が動態的な発展プロセスに委ねられており、しかもそれは、政党や日本社会の成熟に応じて、他者たる統治者から授けられるものであった（統治権力の設定・正統化の契機の欠如）。しかも、立憲制の運用過程においては、一方で政党の発展に基礎を置く政党内閣制が花開く時期がありつつも、その内閣が責任をもつ「国務」の領域は次第に限定され（国務と統帥の分離）、かつ国務事項についても、内閣は枢密院や貴族院、及び元老・重臣等の掣肘を受けた。このことは、とくに「立憲主義」の核心的要請の一つである責任内閣制の実現という面で、明治典憲体制が予め根本的な問題を抱え込んでいたことを意味している。大正デモクラシー期に政党内閣制が華々しく展開したその時期においてすら、すでに軍令形式が創出され、内閣の責任領域が減殺されて、責任政治の原理の空洞化に向けたトリガーが引かれていたことを、看過することはできないであろう。伊藤博文や有賀長雄を中心とする明治四〇年の国制改革も、従来の慣行を打破することはできなかったのである。(21)

他方、与えられし漸進的・動態的な立憲制度の発展プロセスは、統治システムを国民の側で構想・設定・正統化するという契機が乏しいことをも意味している。そしてそのことは、近年において行政改革会議最終報告書（一九九七年）が「日本の国民になお色濃く残る統治客体意識」に注意を促し、「国民が統治の主体として自ら責任を負う国柄へと転換」することを提言したのちにも、またある論者が「抵抗の憲法学」から「制度の憲法学」への脱皮を促したのちにも、[22] なお基本的には妥当しているように思われるのである。

（1）Horst Dreier, *Idee und Gestalt des freiheitlichen Verfassungsstaates*, Mohr Siebeck, 2014, S. 3 ff.
（2）例えばフランスでは一四世紀以来のサリカ法、ドイツでは一三五六年の金印勅書 Goldene Bulle や一四九五年の永久ラント平和令 Ewiger Landfrieden など。
（3）Vgl. Dreier, *Gilt das Grundgesetz ewig?*, 2008, Kapitel 1, Verfassungsgebung: Der Verfassungsstaat zwischen Wille und Wahrheit, S. 7-34; *ders*. Idee und Gestalt, S. 6.
（4）赤坂正浩「ドイツにおける『立憲主義』」法教四二八号（二〇一六年）二三-二五頁。
（5）W. Heun, Die Struktur des deutschen Konstitutionalismus des 19. Jh. im verfassungsgeschichtlichen Vergleich, in: *Der Staat* 45（2006）. S. 365 ff.
（6）村上淳一『〈法〉の歴史〔新装版〕』（東京大学出版会、二〇一三年）二一一頁、および、自由民権運動をもって日用層を中心とする「戊辰戦後デモクラシー」の一環としての権力参画要求であると見る、松沢祐作『自由民権運動——〈デモクラシー〉の夢と挫折』（岩波新書、二〇一六年）一～六九頁を参照。
（7）木戸の主導による立憲制度の漸進的導入については、足立荒人『松菊餘影』（春陽堂、明治三〇年）二四三頁以下を参照。
（8）瀧井一博『伊藤博文——知の政治家』（中公新書、二〇一〇年）。
（9）ベルリン大学で法学を修め（一八六五～一八六八）、首席で卒業。一八六八年・一八七三年の両次の国家試験でも最優等・優等の成績をおさめている。
（10）来日の経緯については、Elisabeth Kraus, *Die Familie Mosse*, C.H. Beck, 1999, S. 205 ff. のほか、Junko

Ando, Albert Mosses Beitrag zum Aufbau des japanischen Rechtssystems. In: *Zeitschrift für Japanisches Recht*, 5. Jg. 2000/Heft 9. S. 48-60; 安藤淳子「アルベルト・モッセと日本」日独文化交流史研究二〇〇三年号一七〜二五頁。モッセの地方自治法制立案への寄与については、Paul-Christian Schenck, *Der deutsche Anteil an der Gestaltung des modernen japanischen Rechts- und Verfassungswesens*, 1997, S. 268 ff. を参照。

(11) 地方自治法制と憲法典とは、新たな政治的統合を支える二つの支柱であると考えられていた。Kurt Steiner, *Local Government in Japan*, Stanford, 1965, p. 114. 長井純市「木戸孝允覚書——分権論を中心として」法政史学五〇号（一九九八年）三四頁以下も参照。

(12) その際山縣は、とくに、イギリス・ドイツの議会制度が自治制に立脚している点に自覚的であったという。田辺定義「日本自治制度とアルベルト・モッセ博士」都市問題二六巻四号（一九三八年）九二頁。

(13) 山縣有朋による地方制度改革については、御厨貴『明治国家をつくる——地方経営と首都計画』（藤原書店、二〇〇七年〔初出一九八〇年〕）一五六頁以下が示唆に富む。

(14) 内務省でモッセ答議の翻訳に従事していたのが、若き日の一木喜徳郎である。一木は日本の法制について一々外国人に聴かなくてはならない事態を憂慮し、ベルリンのギールケの下に留学して国法学を修めたが、帰国後は東京帝大で国法学・行政法を講じ、美濃部達吉や吉野作造に多大な影響を与えることになる。一木の報徳思想・自治思想を分析した最新の研究として、稲永祐介『憲政自治と中間団体——一木喜徳郎の道義的共同体論』（吉田書店、二〇一六年）を参照。

(15) モッセ及び山縣の地方自治構想及びその限界については、松沢祐作『明治地方自治体制の起源』（東京大学出版会、二〇〇九年）二九二〜三二〇頁、および同『町村合併から生まれた日本近代——明治の経験』（講談社選書メチエ、二〇一三年）一六〇〜一六八頁も参照。

(16) 金子堅太郎『憲法制定と欧米人の評論』（日本青年館、一九三七年）一三三頁。

(17) 伊藤之雄「元老の形成と変遷に関する若干の考察——後継首相推薦機能を中心として」史林六〇巻二号（一九七七年）二四一頁以下、川口暁弘「「元老以後」の首相奏薦」学習院史学三八号（二〇〇〇年）八三頁以下。

(18) そもそも軍隊の編制を議会法律ではなく勅令で定めるという行き方は、当時の多くの立憲主義諸国の慣行から逸脱するものであった(藤田嗣雄『明治憲法論』(朝倉書店、一九四八年)七九頁以下)。

(19) それを典型的に示したのが、ロンドン海軍軍縮条約(昭和五年)の締結に伴う統帥権干犯問題である。従来、平時兵力量の決定は軍令・軍政両属事項とされ、主管の海軍省(軍政機関)が立案し、海軍軍令部(軍令機関)と協議の上決定されていたが、内閣が海軍軍令部の承諾を得ずに同条約を締結し兵力量を削減したことが統帥権の侵害であるとされた。軍政・軍令事項の分界は相対的で、統治システムの変遷や憲法解釈により変動しうるが、統帥権干犯問題後、「兵力量ニ関シテハ軍令部総長之ヲ起案シ海軍大臣ニ商議ノ上御裁定又ハ御内裁ヲ仰ク」(昭和八年一〇月海軍省軍令部業務互渉規程)とされ、平時兵力量の決定はむしろ、軍令機関の主管に移されている。

(20) これは政党勢力から軍部の中立性を確保することを目的としていた。同じ山縣内閣が文官任用令・文官分限令等を定めて試験制度に基づく中立的な官僚システムを構築したのも、政党勢力の伸張に対抗する意味をもつ。

(21) 帝室制度調査局(総裁伊藤博文、副総裁伊東巳代治)による明治四〇年の立憲制度改革は、内閣総理大臣に権限を集約して「内閣統治」を実現することで、国務と統帥の乖離を修復せんとする試みであったが、山縣有朋による強硬な反対を招き、「軍部の独立という意図せざる結果をもたらし」た。瀧井一博「明治後期の国制改革」伊藤之雄・川田稔編著『二〇世紀日本と東アジアの形成 1867-2006』(ミネルヴァ書房、二〇〇七年)二五頁以下を参照。

(22) 高橋和之「補論「戦後憲法学」雑感」同『現代立憲主義の制度構想』(有斐閣、二〇〇六年)所収。

アメリカにおける「立憲主義」の現在

大河内　美　紀
（名古屋大学）

はじめに

本稿に与えられた課題は立憲主義の意味が改めて問われる状況下にあって、アメリカ合衆国における立憲主義をめぐる議論状況を明らかにすることである。立憲主義というコンセプトについては、合衆国を準拠国とする見方が存在する。すなわち、立憲主義のグローバル化が言われる中、そこで言う立憲主義を「権力＝多数者によっても侵しえないものとしての『人権』という観念と、それを担保するための違憲審査制という装置を内容として持ったもの」と定義し、アメリカこそがその先駆者であると捉える見方である。(1) 合衆国憲法二〇〇周年記念によせたタイムズ紙の記事が「（合衆国憲法は）全ての国へのギフト」だと述べたのはまさにその象徴と言えよう。

しかし、実際には合衆国憲法は決してグローバル・スタンダードではない。憲法上の権利の種類やその実現メカニズムを統計的に分析した近年の研究によれば、その影響力―統計的類似性―は一九八一年を頂点とし、八〇年代は比較的高い水準を維持していたものの、一九九〇年以降劇的に低下している。(2)

この研究は条文比較が中心で形式的に過ぎることは否めないが、同様の指摘は九〇年代からなされており、合衆国の憲法・立憲主義はむしろ例外的な存在として内外で認識されていると言える。

一五年前に公刊されたマスターピース、『司法審査と民主主義』において阪口正二郎は「最近のアメリカは、立憲主義をめぐってかつてないほど激しく動揺しているように見える」[3]と指摘した。すなわち、司法審査が民主主義との関係で正当化できるのかという古典的論点が立憲主義対民主主義という形で問い直される中、「立憲主義より民主主義を」というラディカルな立憲主義批判が登場してくるのが二〇世紀末の状況であり、阪口はこれを「どぎつい選択」として提示したのである。だが、その後の状況を見ると「どぎつい選択」をする者は尚少なく、憲法あるいは立憲主義へのコミットメントを維持したままその民主化を模索する動きが顕著であるように思われる。そして、その過程において立憲主義像の揺らぎは一層激しくなっているように見える。そこで本稿では、立憲主義をめぐる過去の議論を簡単に整理し、ポピュリスト立憲主義に代表される今日の新しい立憲主義の模索の動きを、いかなる点でそれが新しいのかに焦点を当てて概観した上で、若干の分析を試みる。

一 「揺らぎ」の系譜

言うまでもなく、司法審査と民主主義の問題を今日に繋がる形で提起したのはアレクサンダー・ビッケルであり、本稿の課題を論じるには彼の「反多数決主義という難点」の指摘を出発点にするのが一般的だろう。しかし本稿では、立憲主義と民主主義の問題を「民主的に制定された立法に対し司法審査を行うことの問題」としてではなく、「憲法がより人々の意思（popular will）に応答的であるためにはどうすればよいか」の問題と捉え直し、一八世紀から今日まで三つの波があったと分析するジョエル・

コロン＝リオスの論に倣い、以下、立憲主義をめぐる諸論争の特徴を見てゆく。

（一）原型の形成に至る過程

コロン＝リオスが第一の波すなわち「生ける者の支配対死者の支配」をめぐる論争として挙げるのは、憲法改正条項にまつわるジェームス・マディソンとトマス・ジェファーソンの対立である。周知のように、合衆国憲法五条は憲法修正の手続要件として、両議院の三分の二による提案または三分の二の州議会の要請により召集される憲法会議による修正の提案を経て、四分の三以上の州議会あるいは憲法会議による採択を求めている。二重の特別多数を要求する、硬性憲法のなかでも「硬度」の高い憲法である。

建国の父のひとりであり連邦憲法の起草に大きな役割を果たしたマディソンは、「あまりに強く公衆（public）の情念を関与させることによって公衆の静けさが破られる危険」は「憲法上の問題に次々と対応することが妨げられることよりも、社会にとって深刻な欠陥だ」と述べ「特定の類稀な機会には、人々（people）の決定が憲法に繋がる道を開いておく」必要を認めつつも、修正条項が容易に使えない仕組みを設けた。(4) また、それを使う際にも、レフェレンダムや国民投票のように一般の人々を関与させるのではなく議員が中心的役割を果たすよう構想した。これに異を唱えたのがジェファーソンである。彼は「現在の世代は、自らが最も幸福を促進すると信じる政府の形態を選ぶ権利を有する」として、周期的に憲法を見直すことを提案、定期的に全ての法・機関を廃止し、憲法協議会を召集するというアイデアを示した。(5)

コロン＝リオスは、この時期の民主主義と立憲主義の関係に関する対立軸は、誰が、いかにして、憲法のテキストを変えることを許すべきかという点にあったと指摘する。すなわち、民主主義をより重視する側は、民主主義は憲法に優位すると主張したのに対し、立憲主義側は、人々が自らの従う基本法を修正する機会の多くを失うことになったとしても、憲法のルールの永続性は安定性と良き政府を促進する、と説いた(6)。

だが、二〇世紀には論争はこの立憲主義と民主主義のむき出しの対立から離れて行く。より民主的な憲法の変え方を求める提案は失われ、立憲主義の側がデフォルトとしての地位を占めるに至った(7)。司法審査の定着もあり、合衆国の立憲主義観の原型が形作られたと言えるだろう。こうした状況に一石を投じたのがビッケルであり、彼の「司法審査は我々の民主主義における逸脱物」であり「根本的な難点は、司法審査が合衆国のシステムにおいて反多数決主義的な勢力であるという点にある」という指摘(8)は、その後の司法審査と民主主義をめぐる論争を枠づけるものとなった。

（二）司法審査の正当性と憲法解釈

第二の波である司法審査と憲法解釈をめぐる論争に入る前に、その背景を確認しておこう。二〇世紀半ばのこの時期に至るまでは、ニューディール政策や「偉大な社会」政策という政治主導の社会改革が前面に打ち出され、一九三二年から六二年まで連邦最高裁判事を務めたフェリックス・フランクファーターは司法の謙抑の美徳を強く唱えていた。その状況は、一方で政治的少数者の権利の実現のための司法積極主義を是とするウォーレン・コート（一九五三〜六九年）の登場によって、他方でベトナム戦争に始まる政治の転換によって、大きく変化してゆく。ビッケルの問題提起はこの変化の時期に行われた。

その後、バーガー・コートを挟み、レーンキスト・コートへ移行する八〇年代になると、今度は連邦最高裁の保守化が語られるようになる(9)。今日まで続く司法審査の正当性をめぐる論争は、むしろこの文脈で語られている。この論争に加わった論者は枚挙に暇がないが、ここではコロン＝リオスが代表として取り上げるロナルド・ドゥウォーキンとジェレミー・ウォルドロンとの対比に絞って話を進める。

権利基底的なリベラリズムに立つドゥウォーキンは、実体的民主主義概念を用いつつ司法審査を正当化した。すなわち、民主主義を常に多数者の好むものを成すことではなく「コミュニティの全てのメンバーを個人として、等しい関心と尊敬をもって取り扱う政治機構を通じて作り上げられる集合的な決定」(10)だとした上で、このように理解された民主主義は、伝統的な自由主義的憲法の持つ（民主主義を）無効化する諸規定と両立可能であるばかりか、それらの諸規定の存在と一体のものであると説いた。裁判所は「特定のイッシューをパワーポリティクスの戦場から原理のフォーラムへと引上げる機関」(11)であり、裁判所が民主的に選ばれた立法府の作る法を無効にすることは、その法がドゥウォーキンが民主主義の存在に不可欠だと考える実質的諸価値と両立しえないものである限りにおいて、なんら非民主的なものではない(12)。

これに対して、ドゥウォーキンと同じくリベラルな権利論にコミットしつつ、逆に司法審査に対するラディカルな挑戦を行ったのがウォルドロンである(13)。彼は、一定の条件(14)の下――その条件自体はドゥウォーキンの想定と大きく異ならないと思われる――では、司法審査は権利をめぐる議論を条文解釈に矮小化させ、民主的正統性の要請を満たさないものであるがゆえに、批判されるべきだと説いた。彼はイギリスを例に、人々の正式な代表者である立法府は（人々の間に深刻な対立のある諸問題について）熟議し決定する能力のある機関であると捉えており、だからこそ、そこにおける決定を司法が行ってしまうと民主過程における論議が貧困化すると考える(15)。ウォルドロンのこの主張にはリチャード・ファロンが仔細な反論を行っているが、本論の主題との関わりではその当否ではなく、コロン＝リオスの次の指摘を挙げておきたい。すなわち、ウォルドロンが「人々」と言う時、その殆どが立法府への言及である(16)。この点で、ウォルドロンの主張は後述のポピュリスト立憲主義とは異なる。

司法審査の正当性に関する議論と密接に結びついて展開されたのが、憲法解釈の方法をめぐる論争である。憲法解釈は原意にしたがって行うべきとする原意主義と、憲法のテキストは確定的なものではなく、今日的価値・理念を反映した解釈を通じて発展するものだと捉える「生ける法」という捉え方が対置された。論争は次第に細分化し、原意主義の側が一定の例外を認め、これに対抗する側も憲法解釈を枠づける正当化根拠を示すようになるなど、相対化していく面が見られるが[17]、本稿でそれを取り扱う余裕はない。ここでは、両者ともに裁判官を主たる解釈者として想定した議論であること、そして、この原意主義への対抗としてポピュリスト立憲主義の潮流が登場してきたことだけを確認しておく。そのためコロン＝リオスは、この段階においては憲法上の争点につきラストワードを持つのが裁判所か立法府かという狭いフィールドで論争が行われている、と嘆く[18]。

（二）民主的な constitutional change という問題提起

これに対し、第三の波は再び政府ではなく人々（people）が憲法を変えること（constitutional change）に焦点を当てる。このうち、歴史的事実あるいは理論的可能性として、現状において既に合衆国の憲法が人々の手による変化を受け入れていると説くのが、ブルース・アッカーマンとアキール・アマーである。

アッカーマンは通常政治と憲法政治とを区別する二元的民主政論を唱えた[19]。通常政治期には利益集団のバーゲニングの場としての政治が行われ、政府による決定が行われるが、類稀な事象としての憲法政治の時期には「人々」による決定が行われる。シグナル・提案・動員された人民による熟慮・態度転換という一連のプロセスを経て行われた憲法の法理の転換は、改正条項によらないインフォーマルな憲法改正として承認される。アッカーマンはこれを制憲期、南北戦争後の再建修正、ニューディール期の三度にわたり実際に起こった、憲法修正のための現代的なシステムだとした。[20] これに対し、アマーは現行憲法のもとで人民投票に基づき憲法改正を行うことも不可能ではないとする。むろん、実際には、合衆国においてはいかなる多数決主義的な憲法修正も起こっていないわけだが、彼は「合衆国人民は憲法五条に明記されている方法とは異なる方法で憲法を変更する不文の権利を留保している」として、人民主権の原理からこの可能性を導き出す。[21]

他方、サンフォード・レヴィンソンは現行憲法の非民主的性格を指摘し、その修正を提起して論議を呼んだ。[22] 彼が非民主的だと指摘するのは、解釈方法論争で焦点となってきたオープン・エンドな人権条項ではなく、解釈の余地の乏しい統治に関わる諸条項である。彼は、現行憲法の枠内における処方箋として、五条の規定のうち今日まで用いられたことのない州議会の要請による憲法会議の招集手続を発動させるべく全国規模のキャンペーンを行うことを提起した。[23] 近著ではこれに加えて、憲法を修正し、恒常的な検証機関としての憲法会議を新たに設立することまでを提案している。[24] レヴィンソンのこの提案に、(一)で紹介したジェファーソンのアイデアの影響を見ることは容易い。彼自身、自らがジェファーソンの系譜に連なることを認めている。コロン＝リオスはレヴィンソンの議論が最も原型たる民主主義観に近いと高く評価する。[25]

(四) 裁判所の外における憲法

しかし、それ以外の動きも看過すべきでない。(三) で触れた三人はいずれも普通の市民を最も権威ある憲法の解釈者だと見るポピュリスト立憲主義にコミットしていると言われるが、同じく憲法の民主化が必要だと考える論者からは、憲法修正ではなく、裁判所以外の場所において憲法を実現するための様々な提案がなされている。

マーク・タシュネットの司法審査制廃止論はその最たるもので、彼は憲法の個別条文および裁判所による解釈・判例により形成された「厚い憲法」と憲法の基本原則を意味する「薄い憲法」とを区別、「薄い憲法」に基づいて政治が行われていれば司法審査はなくとも国家は維持されると主張する。[26] 彼が「薄い憲法」に基づく政治として何をイメージしているかはさほど明確ではないが、政治的アクターや議会による憲法判断を重視していることから、立法を通じて憲法を解釈・具体化することが想定されているようである。タシュネットほど過激ではないが、ロビン・ウェストも司法審査の射程を限定し、憲法に関わる意思決定における議会の役割を重視する。彼女は、例えば、DVやLGBTへの差別を是正する立法は平等保護条項に対する進歩的な議会の解釈の例だとしている。[27]

これに対し、議会のような国家機関以外の場における憲法の機能に眼を向ける動きもある。ひとつは直接民主政に対する否定的な評価への批判である。これまで合衆国においては、[28] 特にリベラルの側でレフェレンダムに消極的な評価をする者が少なくなかったが、リチャード・パーカーやタシュネットはこうした態度を批判している。また先述のレヴィンソンがレフェレンダムの活用を視野に入れた議論を展開しているのもそのひとつと言えよう。

また、マーク・グレイバーが、憲法には政治の拘束・構築（construct）・構成（constitute）という三つの機能があるとした上で、構成的機能に着目していることは注目に値する。拘束的機能の例が司法審査、構築的機能の例が統治機構に関する諸規定であるが、彼は、従来、この拘束的機能にのみ力点が置かれていたことを批判する。これに対し構成的機能とは、「憲法の規範に価値があると考え、憲法上相応しい方法で振る舞う人々を形作るのを助けることによって政治を構成する」[29] 機能を指す。「アメリカ人はかなりの程度合衆国憲法の『像』によって形作られてきた」という彼の主張自体は、それほど珍しいものではない。淺野博宣が「アメリカという国には、憲法によって創られ、憲法を論じる限りでアメリカであることができる、という側面がある」[30]と指摘するように、合衆国における憲法への愛着は強い。だが、グレイバーはさらに踏み込んで、憲法が一般の人々を含む社会にいかに作用し、また、作用すべきかを具体的に論じようとしている。彼は、教化（indoctrination）・社会化・経験のコンビネーションを通じて合衆国の人々の多くは時を越えて根本的な憲法規範を内面化してきており—例えば、国教樹立禁止条項の規範が内面化されていったことなどが例として示される—それを再生産していくことが必要だと説く。

二　「揺らぎ」の諸相

（一）確定性・安定性

憲法解釈方法論争で問われたのは憲法の意味の確定性であった。原意主義は、「生ける憲法」に対する自らの優位性を解釈の確定性とそれゆえに民主主義と調和可能であることに求めたが、論争が進むにつれ不確定性を一定承認せざるをえないようになり、結果、確定性にある種の揺らぎが生じた。

その原意主義を批判するポピュリスト立憲主義の側は、憲法それ自体の安定性というレベルで、これに揺らぎをもたらしている。アッカーマンの二元的民主政論は、憲法政治という類稀な時期に限定しているとは言え、実質的な憲法の変遷をもたらす憲法解釈を正当化する。アッカーマンが憲法修正と認めるのは一定のプロセスを経た三度に限られるが、公民権運動や性差別禁止修正制定運動を通じて憲法構築が行われたと主張する論者もいる[31]。憲法構築は憲法の意味内容を構築することであり、一種の憲法変遷とも言える。木下智史はこうした状況を『「憲法」概念と『民主主義』概念は極度に拡散して融合してしまうようにみえる」[32]と評しているが、同感である。

レヴィンソンの改憲論のうち、特に改正手続に関する主張も同様である。彼は現行憲法の改正手続を「鉄の檻」だと批判し、憲法を定期的に見直すことのできる仕組みの導入を提案するが、これは第一の波の時期にマディソンが「より深刻な欠陥」だとした「公衆の静けさが破られる危険」を孕むものである。自ら「脱憲法化した民主主義」[33]を構想するコロン＝リオスがこれを高く評価するのは当然だが、現代のマディソニアンたちからは厳しく批判されるのもまた当然である。キャスリーン・サリバンは、憲法を改正しやすくすることは通常の立法に近づけることであり、政府の根本規範としての機能を縮減するものだと警戒する。[34]

さらに厄介なことに、レヴィンソンの改憲論は脱憲法を唱えるものではない。ポピュリスト立憲主義に立つ彼は、「憲法への信仰」を捨てたわけではなく、信仰の対象たる憲法が前文に示された理念および「会話の憲法」に変化しただけだと説明する。[35]しかし、その憲法像、ひいては立憲主義像は、安定性に基礎づけられる合衆国の立憲主義の原型とはもはや対照的と言ってもいいほどに変化している。

（二）解釈者

第二に、司法優越主義の揺らぎである。確立した司法審査制のもと、合衆国では司法部門に憲法に関わる決定のラストワードが与えられてきた。さらに、少なくともこの半世紀、連邦最高裁の裁判官たちは自らの決定が全ての政府機関にとっての権威あるガイドラインだと主張してきたとも言われる。[36]しかし、今日ではさまざまな形で司法審査への疑義が呈され、特に、司法・裁判官が憲法解釈を独占することへの批判が高まっている。

司法部門以外の憲法解釈を尊重すべきとする主張として、近年、立法・司法・行政の三権が同等に解釈権を有するとするデパートメンタリズムが唱えられることがある(37)。これは三権分立を基礎とした司法による憲法解釈の独占への疑義であるが、先述のウォルドロンやポピュリスト立憲主義は民主主義または人民主権に基礎をおいて司法優越主義を批判する。だが、具体的に誰の憲法判断に重きを置くかについて、ウォルドロンが立法府を念頭におくのに対し、ポピュリスト立憲主義のそれはより拡散しているように見える。ポピュリスト立憲主義は学派と呼ぶ程の統一性があるわけではないため当然のことだとも言えるが、しかし、その核心である「普通の市民を権威ある憲法の解釈者だと見る」ことを具体化することの困難さの現れと見ることも可能であろう。ポピュリスト立憲主義は司法審査制批判においては鋭さを見せたが、オルタナティヴの提示という点では実現可能性や射程について不十分さが残ることを筆者は別稿にて指摘してきた。

とはいえ、例えば先述のウェストは議会が現実にどのような形で機能してきたかを比較的詳細に論じている。グレイバーも、実際に政治部門が果たしてきた役割を見直すべきと強調し、三権がそれぞれ憲法解釈権と人々への説明責任をシェアする多元化の構想を提案している。こうした新たな動きは、これまで合衆国憲法学においてあまり注目されてこなかった裁判所以外の場における憲法解釈への関心を促すものであり、注目に値しよう。だが、これらの議論はいずれも記述に傾斜している。現実に立法その他の機関が果たしてきた・果たしている機能を分析してみせてはいるが、諸機関がどのような機能を果たすべきかという規範論、あるいは、それが機能不全に陥っている場合にどうすべきかの処方箋としては、なお不十分であるように思われる。

（三）「人々」と憲法？

さらに言えば、これらの構想は結局「普通の市民」ではなく政府機関の憲法解釈に帰着させている点で、ポピュリズム立憲主義としての独自性がどこまで見出せるか疑わしい。コロン＝リオスが第二の波の波について言う「狭いフィールド」での議論に止まっているとも言える。これに対し、一（三）で紹介した議論には、確かに「人々」が登場する。しかし、通常政治期における政府の決定と憲法政治期における「人々」の決定を対比させるアッカーマンの議論が明確に示すように、「人々」が登場するのは憲法を変える場面に限られている。

この点、グレイバーが憲法に政治を構成する機能を認め、憲法規範と人々とを日常的に結びつける試みを行っていることは興味深い。日本の通説的理解における近代立憲主義はグレイバーの言う拘束的機能に力点を置いており、憲法への人々のコミットメントは、暗黙裡に前提としていたかもしれないものの、主題化されることはあまりなかったように思われる。しかし、グレイバーはこれを不可欠だと言い切る。

もっとも、ここまでであればさほど目新しい議論ではない。「生ける原意主義」に立つジャック・バルキンも、自らの憲法理論の主要な名宛人を「裁判官ではなく全ての市民」だとしており、政治の条件を構築する憲法への忠誠が必要だと述べているからである(38)。グレイバーの議論の見所は、彼がそれを単なる機能条件としてではなく、「合衆国は憲法教育の危機を経験しているのかもしれない」という認識のもとで、コミットメントを作り出すことに力点を置いていることにある。

皮肉なことに、グレイバーのこの提案は、政治哲学的には反対の立場にあるティーパーティ運動の掲げる立憲主義—「法律家でなくとも、全アメリカ人は憲法典を理解しそれに忠実に振舞う責任がある」ことを強調し、啓蒙活動を積極的に行っている—と接近している。グレイバーは、成憲期に固定された憲法へのコミットメントを求めるティーパーティ運動と、テキストに記された規範とそれを支持する人々の連鎖的なイベントとして憲法規範を捉える自身の立論には大きな違い(39)があると反論するだろう。しかし、グレイバーがコミットを求める憲法は、少なくともバルキンのそれとは異なり、特定の価値を含むものとして描かれているようにも見える。グレイバー自身、社会化と教化のプロセスが有害なものとなる可能性を認めており、過去に憲法文化が人種差別や性差別など様々な害悪に眼を瞑ってきたことを指摘しているが(40)、だとすればなおのこと、彼の議論は楽観的に過ぎるように思われる。

むすびにかえて

以上、合衆国における立憲主義をめぐる議論を概観してきた。雑駁な素描ではあるが、合衆国において立憲主義像がさまざまに揺らいでいることの一端は示すことができたのではないか。

こうした揺らぎは、日本の状況と重なっても見える。しかし、これらの揺らぎは連邦最高裁の判決傾向の変化という合衆国固有の文脈と切り離すことはできない。連邦最高裁の保守化と積極化が指摘される中で、特に政治的リベラルやプログレッシヴの側から「憲法によって制約を課す司法」に偏重した憲法理論に疑義が唱えられたのはある意味必然である。また、合衆国憲法が非常に古くグローバル・スタンダードから離れた、かつ、修正要件の厳しい憲法であること、その結果として、憲法内容の実質的な変更が判例変更によって行われてきた歴史があることも大きく影響している。第三の波として紹介したものは特に、修正しにくい、少なくとも「修正しにくい」と人々に意識されている合衆国憲法に特有の議論とも言えるだろう。憲法改正手続の硬軟については日本でも同様の議論ができるかもしれないが、その際には判例や解釈実務の果たしてきた役割の異同に注意を払うことが不可欠である。

他方で、かつては比較憲法に関心が薄かった合衆国においても、状況は変化してきている。そもそもイギリスの権利章典論議を念頭に議論を組み立てていたウォルドロンは勿論のこと、レヴィンソンの言う「会話の憲法」やタシュネットの司法審査制批判にも比較法の影響を看て取ることができる。彼らの問題提起によって生じた揺らぎは、合衆国憲法の閉塞状況を克服するための比較法的知見の重要性と、それを既存の議論に接合させることの困難を同時に表している。その限りにおいて、合衆国憲法学の悩みには日本に通じるものがあるだろう。

（1）阪口正二郎『立憲主義と民主主義』（日本評論社、二〇〇一年）二一–三三頁を参照。
（2）*See*, David S. Law & Mira Versteeg, *The Descling Influence of the United States Constitution*, 87 NYU L. Rev. 762（2012）.
（3）阪口・前掲注（1）一〇頁。
（4）The Federalist No. 49.
（5）Thomas Jefferson, *Letter to Samuel Kercheval*, July 12, 1816.（Merrill D. Peterson, ed., The Portable Thomas Jefferson 559–560（1977）.）
（6）Joel Colon-Rios, *The Three Waves of the Constitutionalism-Democracy Debate in the U.S.*（*And an Invitation to Return to the First*）, 18 Willamette J. Int'l L. & Dispute Res. 1, 8–9（2010）.
（7）*Id*. at 9.
（8）Alexander Bickel, The Least Dangerous Branch 16–23（1962）.
（9）Mark Graber, A New Introduction to American Constitutionalism 105–106（2013）.
（10）Ronald Dworkin, Freedom's Law 17（1997）.
（11）Ronald Dworkin, A Matter of Principal 71（1986）.
（12）Colon-Rios, *supra* note 6, at 10.

(13) ただし、ウォルドロンが批判の対象とするのは司法がラストワードを持つアメリカ型の「強い司法審査」に限られている、という愛敬浩二の指摘は、議論の射程を画する上で看過すべきでない。愛敬浩二「ジェレミー・ウォルドロンの違憲審査制批判について」名古屋大学法政論集二五五号（二〇一四年）七六六頁。

(14) ①民主政が機能していること、②司法制度が機能していること、③社会・政府の構成員の間で権利へのコミットメントがあること、④その権利観については根拠ある見解の不一致が存在すること、が挙げられる。Jeremy Waldron, *The Core of the Case Against Judicial Review*, 115 Yale L. J. 1346, 1360（2006）.

(15) *See, id*. at 1349.

(16) Colon-rios, *supra* note 6, at 11–12.

(17) 拙著『憲法解釈方法論の再構成』（日本評論社、二〇一〇年）の参照を乞う。

(18) Colon-Rios, *supra* note 6, at 15.

(19) アッカーマンの二元的民主政論については、阪口・前掲注（1）七二頁以下、拙稿「違憲審査の保障する憲法」長谷部恭男編『岩波講座・憲法（六）憲法と時間』（岩波書店、二〇〇七年）一七二頁以下などを参照。

(20) Bruce Ackerman, We the People: Foundations 267–268（1991）.

(21) Akhil Reed Amar, *The Consent of the Governed: Constitutional Amendment outside Article V*, 95 Colum. L. Rev. 457, 458–459（1994）.

(22) レヴィンソンの改憲論については、塚田哲之「合衆国憲法の『民主化』をめぐる議論動向—S・レヴィンソンの『改憲論』を中心に」本秀紀編『グローバル化時代における民主主義の変容と憲法学』（日本評論社、二〇一六年）三〇八頁以下が詳しい。

(23) Sanford Levinson, Our Undemocratic Constitution 173–178（2006）.

(24) Sanford Levinson, Framed: America’ s 51 Constiution and the Crisis of Governance 391–392（2012）.

(25) Colon-Rios, *supra* note 6, at 24–25.

(26) Mark Tushnet, Taking the Constitution away from the Court 163–165（1999）.

（27）ROBIN WEST, PROGRESSIVE CONSTITUTIONALISM: RECONSTRUCTING THE FOURTEENTH AMENDMENT 302（1994）.

（28）Richard D. Parker, *The Revitalization of Democracy Power to the Voters*, 24 HARV. L. J. & PUB. POL'Y 179（2000）.

（29）GRABER, *supra* note 9, at 231.

（30）淺野博宣「アメリカ　ジャック・バルキンの原意主義」辻村みよ子・長谷部恭男編『憲法理論の再創造』（日本評論社、二〇一一年）二四〇頁。

（31）木下智史は、ポスト＝シーゲルやジャック・バルキンの議論を例に挙げる。木下智史「合衆国におけるポピュリスト的立憲主義の展開と民主主義観の変容」本秀紀編『グローバル化時代における民主主義の変容と憲法学』（日本評論社、二〇一六年）二九五－二九六頁。

（32）同二九八頁。

（33）Joel Colon-Rios, *De-Constitutionalizing Democracy*, 47 CAL W. L. REV. 41（2010）.

（34）Kathleen Sullivan, *What's Wrong with Constitutional Amendments?*, in THE NEW FEDERALIST PAPERS: ESSAYS IN DEFENCE OF THE CONSTITUTION 63-64（1997）.

（35）Sanford Levinson, *How I Lost My Constitutional Faith*, 71 MD. L. REV. 956, 974（2012）.

（36）GRABER, *supra* note 9, at 111.

（37）デパートメンタリズムについては、大林啓吾「ディパートメンタリズムと司法優越主義」帝京法学二五巻二号（二〇〇八年）を参照。

（38）JACK BALKIN, LIVING ORIGINALISM 23（2011）.

（39）淺野博宣は、バルキンは憲法の目的を政治を可能にすることと措定するため、より多くの市民を包含するためには、一定の結論へと拘束する憲法理論ではなく、一定の解釈に直ちに結びつかない憲法理論を好むのではないかと指摘する。淺野・前掲注（30）二三八頁。

（40）GRABER, *supra* note 9, at 239.

世界のグローバル化と立憲主義の変容

山元　一
（慶應義塾大学）

はじめに

これまでの日本憲法学が、立憲主義について検討しようとする際に用いてきた伝統的な国境を越える視線の向け方は、それをもっぱら主要な準拠国（英・仏・米・独等々）別に考察の対象として取り上げるものであった[1]。そこでは、それぞれの準拠国が相互的に独立・自律的な発展を遂げるものであることが当然の前提とされ、そうであるからこそ、そのような国別考察のあとに置かれることが通例の日本における立憲主義についての検討は、各準拠国別考察とは論理的に切断されたところに位置し、主要な国々の発展とは相互的に独立・自律的な発展を辿るべきものであることもまた、当然の前提とされてきた。「一国立憲主義」思考と呼ぶべきこのようなアプローチは、ウェストファリア以来の近代国民国家モデルを自明的で永続的なものと観念しつつ遂行される、憲法における national history ないし national narrative の反復的確認行為にほかならない（さらにいえば、グローバル化の進展は、むしろ国内憲法レベルにおける「国家主権」や「国民主権」等の法観念の拡大をもたらしうるという逆説をはらんでいる)[2]。もちろん立憲主義観念がそれぞれの国においてそれぞれ異なった特色や共通点を有することは明らかであり、そのことについて比較法的視座から正確に認識することの意義は、どれだけ強調しても強調しきれない[3]。問題は、立憲主義を主権国家別にのみ同定されるものと考え、そのような各国別考察を加算してその総計を求めさえすれば「世界社会」の立憲主義を語ったことになる、と考えてしまう態度、すなわち憲法学における方法論的ナショナリズムにある[4]。

ところで私たちは現在、(a)国際的に組織化された経済のグローバルな発展、(b)コミュニケーションのグローバルな展開、(c)トランス・ナショナルな権力アクターの果たす役割の増大、(d)NGOを通じた市民社会のグローバルなネットワークを含めたトランス・ナショナルなアクターの制度化と規制をめぐる現象等に具体化される、グローバル法現象に直面している。具体的には、①WTO制による経済のグローバル化、②国際法において個人が法主体化する国際人権レジームの進展(Robust International Law)、③国際環境法の発展、④国際犯罪への取組の進展、⑤国際法における「国家の同意」の絶対視の終焉、⑥国際組織の発展、とりわけヨーロッパ統合の影響、等を引き合いに出すことができる。このような状況の下で、「これまでの法学が前提としてきた『国家を単位とする法秩序』という構造が動揺すれば、法学の基本的な概念や考え方にも再検討の必要が生じることとなる[5]」ことは当然のことがらである、といえよう。

それでは、「グローバル立憲主義[6]」論は、立憲主義の発展についてどのような歴史認識に立脚しているのであろうか。もともとは中世社会の法的構造に内在する立憲主義から近代立憲主義への発展の中で、「既得権の総体としての法」観に基づく具体的身分制的人間像から、抽象的人間(=市民)像を前提とする近代立憲主義的憲法観へ展開したことが、「グローバル立憲主義」論にとっての史的前提である。このような形で遂行された近代主権国家／近代立憲主義の成立に連動した立憲主義そのものの〈領域・近代主権国家〉への包摂プロセスを前提に、それを歴史的に発展させるものとして地域統合を背景とする立憲主義の〈近代主権国家〉からの解放が進行した。それが「ヨーロッパ（EU）立憲主義」にほかならない。そして、現在の理論状況においては、時系列的にはそれとほぼ平行的に展開しながら、ヨーロッパ統合に強い知的刺激を受けつつ、そこからさらに一歩進み、いよいよ立憲主義の〈領域〉そのものから解放され、文字通りのグローバルな次元での立憲主義論が語られる状況が到来した。Ming-Sung Kuo[7]は、このような文脈で従来の主権国家像を前提とする「憲法ノモス」の境界の不分明化を語る。

一　日本における「グローバル立憲主義」研究の現状

「グローバル立憲主義」論は、世界連邦構想や世界憲法制定プロジェクトとは無縁であって、「グローバル立憲主義」をこのようにしか理解することができないとすれば、それは国家主権を世界主権に入れ替えただけの国家立憲主義的発想に囚われた議論に過ぎない。したがって、〈近く見通すことできる将来において主権国家体制は崩壊するとは考えられないから、「グローバル立憲主義」論を語るのは時期尚早である〉、というリアクションは、全く的外れなものに過ぎない。

日本の憲法学界において、本稿が問題とするような「グローバル立憲主義」に関わる領域について、一九九〇年代前半に重要な問題提起を憲法学界に行ったのが江橋崇「主権概念なき憲法」構想であった[8]。ただ残念なことに、江橋はこの後日本憲法学に対してより具体的に問題をつきつけることはなかった。それでは国際法学の分野においては、どうだろうか。最上敏樹と須網隆夫による紹介・分析が重要である。彼らは、「グローバル立憲主義」の大摑みの議論の存在位置について、〈記述的観念かつ規範的観念〉たる性格を備えている、と指摘している。このうち須網によれば、『グローバル立憲主義とは、現代国際社会を特徴付ける諸現象の中に立憲的要素を見出す〔強調筆者、以下同〕とともに、国際社会が、法の支配・均衡と抑制・基本的人権の保護、そして民主主義と言った立憲的原則に裏打ちされた、「立憲主義者が満足する基準（constitutionalist standards)』を満たす、ある種の憲法を備えるべきであるという主張であり、国際社会をより立憲的方向に改革しようとする議論である」、とされる(9)。

以下では、「グローバル立憲主義」論に接近するために、立憲主義の〈近代主権国家〉からの解放〔→II〕、立憲主義の〈領域〉からの解放〔→III〕に整理し、駆け足で議論状況を瞥見することにしたい。

二　立憲主義の〈近代主権国家〉からの解放

一八世紀以降陸続として誕生していく近代国民国家は、立憲主義を領域団体たる近代主権国家の内部に封じ込め、その内部の法構造を近代化することに成功し、Carl Schmitt のいう「ヨーロッパ公法（*Jus Publicum Europaeum*）」を成立させた。トランスナショナルな統合を志向して、そのような諸国家の並立状況からの離脱傾向を示したのも、このヨーロッパ地域にほかならなかった。第二次世界大戦後のこの地域では、他の地域には見出すことのできない一定の地域的自律的法秩序が発展し、それを基盤として「ヨーロッパ立憲主義」（しばしば、「EU立憲主義」という表現も用いられる）論が活性化してきた。

「ヨーロッパ立憲主義」において最も興味深いことは、統合現象を事実認識する標識として用いられていた「立憲主義」観念が次第に「規範論的転回」を遂げ、個々具体的な policy とは峻別されるべき

polity=*res publica* についての構想をめぐらし、そうすることを通じて、従来にはない新たな立憲主義――「ヨーロッパ立憲主義」――を規範論的にイメージしようとする見方が生じてきたことである。よく知られているように、このような見方は、近代主権国家の枠組に執着し、現在のヨーロッパにおいて憲法の前提に必要な demos 不在を指摘する議論（No demos thesis）と激しく対立してきた(10)。

規範論志向の「ヨーロッパ立憲主義」論は、統合体ヨーロッパを *sui generis* な政治体と措定するが、その次の課題として具体的な内容充塡の作業が控えている。そこでは、national な polity の一ヴァージョンに過ぎない連邦国家とは全く異なるものが構想され、少なくとも複数の demos である *demoi* よりなる *demoi*-cratie であることについて、共通了解が存在している。

Joseph. H.H.Weiler によれば、「ヨーロッパ立憲主義」における憲法観において興味深いのは、Hans Kelsen の名を引き合いに出しつつ語られるところの根本規範を頂点とする階層的法構造理解と、Carl Schmitt の名を引き合いに出しつつ語られるところの決断主義的憲法観とを同時に退けるところにある(11)。このようにして、*demoi* によって支えられる *sui generis* な政治体に対応するべき立憲主義は、Neil Walker によれば、既に存在するドメスティックなレベルにおける立憲主義の意味内容をトランスナショナルな地域的政治体に見合ったものになるように translation 作業を施すことが求められる。こうして、立憲主義はそもそも主権ありきの観念ではないことに注意が促され、立憲主義を強力で可動的な象徴的枠組としてとらえ、新しい政治体という土俵において規範的枠組として錬成することが課題として立ち上がることになる(12)。

Miguel Poiares Maduro は、従来の政治体を前提とする民主主義論からの解放を企図する。Maduro によれば、EUにおける民主主義には三つのパラドックスが存在する、という。第一のパラドックスは政治体に関わる問題であり、現にいるヨーロッパ市民は、国境を越えた多次元的で超国家的な個人であるが、そのような存在のあり方に見合った政治空間が存在していない。国境を越えた空間で参加と代表を実質化するにはどうすればよいのか、が問題となる。第二のパラドクッスは少数者に対する恐怖と多数者に対する恐怖に関わる。民主主義において多数者意思の確保と少数者保護をどのように両立すればよいのか、が問題となる。第三のパラドックスは決定者に関わる問題であり、誰が決定すべきかについて誰が決定すべきか、が問題となる。

地域統合という課題は、政治体間の〈境界〉の成立・変更・消失という課題に必然的に向き合わせる。政治体の再構築という課題は、人々に憲法制定権力にかかわる問題圏を再び覗きこませる（二〇〇五年のヨーロッパ憲法条約制定問題として、現実の政治問題化した。）。この課題に精力的に理論的省察を加えているのがHans Lindahlである。[14] 彼は、立憲主義が実践理性の営為であり、「集団的自省（collective reflexivity）」活動であることを強調し、憲法制定権力を、一人称複数に関わる「集団的アイデンティティ（collective identity）」の問題に引き寄せて考える。

三　立憲主義の〈領域〉からの解放――「グローバル立憲主義」論

「ヨーロッパ立憲主義」論は、立憲主義を近代主権国家から解放させる役割を担ったが、領域そのものから解放させる主張ではなく、むしろそれまで成立していた境界を変動させながらも、その境界によって仕切られた内部における立憲主義の発展を理論化しようとするものであった。これに対して「グローバル立憲主義」論は、現状においてグローバルな観点からの諸権力の制約が不十分であることを踏まえ、領域的制約から解放された世界社会における立憲主義を語ろう、とする議論である。かかる「グローバル立憲主義」論[15]は強度な学際的性格を有しているが、法の階層化と整序化志向を内在化させており、このことは、国際法学的には国家中心主義的国際法観を克服した上で、国際法における規範の衝突や裁判所間の判断の対立を強調するFragmentation論への対抗言説としての性質を帯びている。この理論的潮流には、機能的アプローチ（「社会的立憲主義[16]」）、規範的アプローチ、多元的アプローチ（西洋近代的価値観に対する無批判な追随を批判する議論）など多様なものが存在するが、その課題は、世界社会で現になされている種々様々な法実践をこのような図式の下に解釈し、それを魅力あるものとして人々に提示できるか、にある[17]。

「グローバル立憲主義」論の重要な関心対象の一つは、従来の国際公法と国内公法の結節点であり、これまで世界社会の公共性の独占者として位置づけられてきた主権国家の主権性の再解釈である（Antony Anghie の指摘によれば、そもそも国家主権観念は、歴史的に植民地帝国が植民地支配を正当化することにその本質的意義があった[18]）。例えば、Jeremy Waldron は、主権国家は、今日「世界ガヴァナンスの多極的システムの執行者（officials of a multipolar system of world governance）」に過ぎないものとして再定義されるべきである、とする[19]。また Eyal Benvenisti はさらに一歩進んで、「保護する責任論（R2P）[20]」の発想の延長線上に、グローバリゼーションの今日的状況の下ではある主権国家にとってのステークホルダーは自国民だけではありえないと高唱し、国家主権を「人間愛の受託者（trustees of humanity）」として再定位しようとし（但しそこでは、自国民の利益保護にプライオリティーが置かれることは否定されない[21]）、それぞれ大きな議論を呼んでいる。

こういった状況の中で、公法学の思考における「コスモポリタン・ターン」の重要性を強調することを通じて「コスモポリタン立憲主義」を展開する Mattias Kumm の主張が、「グローバル立憲主義」

論の動向の中で最も注目に値する[22]。Kummによれば、今日のグローバル化世界の中で、第二次世界大戦後のヨーロッパでひときわ高い価値として掲げられた「人間の尊厳と自律性の理念へのコミットメント」の基盤の上に立つ「コスモポリタン国家」だけが国家の正統性を確保しうる。「コスモポリタン立憲主義」は、ネイションへのコミットメントを適切に規律することを通じて現代公法の基礎づけを再構築しようとする。国内的憲法的正統性が非自立的であることを前提に、国際法秩序と国内法秩序の相互依存的・相互支持的・相互補完的性格を強調する統合的な公法観を提示する。

当然のことながら、このような構想は、公的自律に高い価値を置き、民主主義的責任政治の実現や国内的権力分立構造の良好な運営を重要な価値だと考え、司法権による政治・社会の支配を強く警戒し、グローバル・ガヴァナンスに疑いの目を向ける伝統的な公法学の思考[23]とは正面衝突が免れない。グローバル化世界の現状において面前で展開されている法実践について、どちらがより魅力的な公法学的解釈図式かを競い続ける定めにある[24]。

むすびにかえて

憲法学が主権国家から語りをはじめることは、国家憲法の制定の狙いが主権国家を法的に規律する基本法として制定されたものであるから自然の成り行きではある。しかし、そのようなアプローチは、「方法論的ナショナリズム」の問題を自覚しない限り、それぞれの国の憲法学はそれぞれの主権国家の内側からしか立憲主義を観念することができなくなってしまう。そこで、「グローバル立憲主義」論の問題提起を踏まえつつ、従来国際公法と国内公法たる憲法に二つに分断されてきた学問的営為を統合することを通じて統合志向のグローバル公法学を模索し、その上で国内公法を分担する学問として憲法学の成立可能性を真摯に追求するべきだ、というのが本稿の見地である。例えば、人権論の領域においては、国内裁判所が人権問題を解決するための法的規準＝法源は、国境を超えたトランスナショナルな規範を包含しており、そのことによって憲法と国際人権規範や外国人権判例が重層化していくことが求められる（「トランスナショナル人権法源論」[25]）、であろう。ドメスティックな憲法の次元に人権問題を縮減させてしまうことは望ましくない。これまで以上に憲法・国際人権法・比較法の連携・協働作業の必要性・重要性が強調されなければならない。

（1）ごく最近の例として、立憲主義について英米独仏日を国別に取り上げた『法学教室』二〇一六年五月号の特集がある。
（2）参照、棟居快行「グローバル化社会と憲法」『法律時報』八七巻一一号（二〇一五年）一二二頁。
（3）実際に筆者は、注（1）の特集において、「フランスにおける『立憲主義』」を担当した（三〇頁以下）。
（4）参照、山元一「現代日本憲法理論にとっての『ヨーロッパ憲法』の意義」『比較法研究』七一号（二〇一〇年）八六頁以下。なお、「国際社会」という表現を用いると、はじめから社会が国家別に編成されている印象を与えてしまう可能性があることから、「世界社会」という表現をここで用いた。
（5）浅野有紀＝原田大樹＝藤谷武史＝横溝大「序論　グローバル化と法学の課題」同編『グローバル化と公法・私法関係の再編』（弘文堂、二〇一五年）一頁。
（6）ここにおいて、「グローバル立憲主義」と本稿がいうとき念頭にあるのは、特定的な国民国家の歴史的背景を背景とする立憲主義観念に回収されないグローバルな次元における立憲主義を志向する議論であり、「コスモポリタン立憲主義」「トランスナショナル立憲主義」「国際立憲主義」「世界立憲主義」「地球立憲主義」など多種多様な表現が用いられている諸主張である（本稿では、「グローバル立憲主義」に統一する）。
（7）Ming-Sung Kuo, The end of constitutionalism as we know it?: Boundaries and the state of global

constitutional (dis) ordering, in *Transnational Legal Theory*, Vol. 1, no 3, 2010, p. 329ff.

（8）江橋崇「主権理論の変容」『公法研究』五五号〔一九九三年〕一頁以下、同「国家・国民主権と国際社会」樋口陽一編『講座憲法学2　主権と国際社会』〔一九九四年〕四四頁以下。また、浦田賢治も、同じ時期から同様の問題意識を発展させてきたことが看過されるべきではない。参照、浦田賢治「地球的立憲主義の展望―世界法から地球文明への進展」『芦部信喜古稀・現代立憲主義の展開（下）』（有斐閣、一九九三年）六一七頁以下、同「憲法の国際化から国際法の憲法構成へ」『政経研究』一〇〇号〔二〇一三年〕六〇頁以下、Kenji Urata, *Reflections on global constitutionalism*, The Institute of Comparative Law Waseda University, 2005.

（9）須網隆夫「グローバル立憲主義とヨーロッパ法秩序の多元性」『国際法外交雑誌』一一三巻三号〔二〇一四年〕二七頁。最上敏樹『国際立憲主義の時代』（岩波書店、二〇〇七年）二頁以下、同「国際立憲主義批判と批判的国際立憲主義」『世界法年報』三三号〔二〇一四年〕一頁以下。

（10）cf. Dieter Grimm, Le moment est-il venu d'élaborer une Constitution européenne? , in Renaud Dehousse (sous la dir.), *Une constitution pour l'Europe*, Presses de Sciences Po, 2002, p. 69 et s.

（11）Joseph.H.H.Weiler, In defence of the status quo: Europe's constitutional *Sonderweg*, Joseph.H.H.Weiler, and Marlene Wind (edited by), *European Constitutionalism Beyond the State*, Cambridge University Press, 2003, p. 15ff.

（12）Neil Walker, Postnational constitutionalism and the problem of translation, J.H.H.Weiler and M. Wind, *supra* note (11), p. 27ff. 詳しくは、山元一「〈グローバル化〉の中の憲法学――『ヨーロッパ立憲主義』の『規範論的転回』――」『岩波講座　憲法5　グローバル化と憲法』（岩波書店、二〇〇七年）二二七頁以下、を参照されたい。

（13）Miguel Poiares Maduro, Europe and the constitution: what if this is as good as it gets? J.H.H.Weiler and M. Wind, *supra* note (11), p 74ff.

（14）Hans Lindahl, Constituent Power and Reflexive Identity, in Martin Loughlin and Neil Walker (ed.),

The Paradox of Constitutionalism, Oxford University Press, 2007, p. 9ff, H. Lindahl, Constituent power and the Constitution, David Dyzenhaus and Malcolm Thorburn（edited by）, *Philosophical foundation of constitutional law*, Oxford University Press, 2016, p 141ff. Lindahl の所説についての筆者による簡単な紹介として、山元一「近未来の憲法理論を考える」辻村みよ子＝長谷部恭男編『憲法理論の再創造』（日本評論社、二〇一一年）九六頁以下、を参照されたい。

（15）二〇一二年には、Cambridge University Press より、雑誌 Global Constitutionalism が創刊された（年三回発行）。本誌は、副題に Human rights, democracy and rule of law をもち、創刊時の編集者の顔ぶれは、Antje Wiener, Anthony F. Lang, James Tully, Miguel Poiares Maduro, Mattias Kumm であった。

（16）cf. Gunter Teubner, *Constitutional fragments: Societal constitutionalism and globalization*, Oxford University Press, 2012.

（17）参照、寺谷広司「断片化問題の応答としての個人基底的立憲主義」『世界法年報』二八号〔二〇〇九年〕六九頁。

（18）Antony Anghie, *Imperialism, Sovereignty and the Making of International Law*, Cambridge University Press, 2005.

（19）Jeremy Waldron, Are sovereigns entitled to the benefit of the international rule of law? *The European journal of international law*, vol. 22, no 2, 2011, p. 313ff.

（20）篠田英朗「『保護する責任』と国際秩序の進展」『国際安全保障』四〇巻二号〔二〇一二年〕八頁以下。

（21）Eyal Benvenisti, Sovereigns as trustees of humanity: On the accoutability of states to foreign stakeholders 107 *American Journal of International Law 295* 2013.

（22）Mattias Kumm, Democratic constitutionalism encounters international law: terms of engagement, in Sujit Choudhry（edited by）, *The migration of constitutional ideas*, Cambridge University Press, 2006, p. 256ff, M. Kumm, The cosmopolitan turn in constitutionalism: On the relationship between constitutionalism in and beyond the state, in Jeffrey L. Dunoff and Joel P. Trachtman（edited by）, *Ruling the world?:*

Constitutionalism, international law, and global governance, Cambridge University Press, 2009, p. 258ff, M. Kumm, How does European Union law fit into the world of public law? Costa, Kadi, and three conceptions of public law, in Jürgen Neyer and Antje Wiener (edited by), *Political theory of the European Union*, Oxford University Press, 2011, p. 111ff. 参照、山元一「グローバル化世界における公法学の再構築——国際人権法が憲法学に提起する問いかけ」『法律時報』八四巻五号〔二〇一二年〕一三頁以下。

（23）Allen Buchanan and Russell Powell, Constitutional democracy and the rule of international law: Are they compatible? *Journal of Political philosophy*: Volume 16, no 3, 2008, p. 326 ff. Vicki C. Jackson, Paradigms of public law: Transnational constitutional values and democratic challenges, in *International Journal of Constitutional Law*, Vol. 8, no 3, 2010, V., Jackson'*Constitutional engagement in a transnational era*, Oxford University Press, 201. 棟居快行は、よりペシミスティックな立場から、「国家がグローバル市場から自ら遠ざけておき、この意味での『国家と社会の二元性』を維持しておくことが、経済的システム・クラッシュに対する保険となる」、と主張する。参照、棟居快行「グローバル化が主権国家にもたらすもの」『高橋和之古稀・現代立憲主義の諸相（上）』（有斐閣、二〇一三年）六九七頁以下。

（24）Evan Fox-Decent は、Eyal Benvenisti と同様の発想から、近代主権国家モデルそのものを提出した Thomas Hobbes の国家論に遡り、Hobbes の思想のうちに、実はコスモポリタンな要素が含まれていたはずだ、とする。彼は、Hobbes の思考によれば、国境線で主権国家と外国人が対峙する状況は自然状態であるが、かかる自然状態においては、双方の法主体は平等でありともに平和的に支配から自由に生存することに利益がある、とする理念にコミットしなくてはならない、と主張し、この点において Kumm の思想は十分にコスモポリタンではない、との批判を加える。Evan Fox-Decent, Constitutional legitimacy unbound, D. Dyzenhaus and M. Thorburn, *supra* note（14）, p. 125ff.

（25）参照、山元一「『憲法的思惟』vs『トランスナショナル人権法源論』」『法律時報』八七巻四号〔二〇一五年〕七四頁以下。

第二部　ヘイトスピーチ問題における『対話』の可能性

京都朝鮮第一初級学校威力業務妨害事件
――ヘイト『クライム』からの教訓――

冨増四季
（弁護士）

はじめに―被害当事者らが抱く「置き去り」感

二〇〇九年一二月四日、京都朝鮮第一初級学校（以下、「本件学校」という。）の子どもたちは、校内に鳴り響いた大音量マイクの怒声に怯えた。十数名の男たちから「朝鮮学校を日本から叩き出せ」「なにが子どもじゃ、スパイの子どもやんけ」「この門を開けろ、こらぁ」と浴びせられる怒号は、一時間ほど続いた。その後、翌年一月、三月と繰り返された街宣事件（以下、これら三回を総括して「京都事件」という。）は世間の注目を集め、日本のヘイト「スピーチ」関連の議論で必ず紹介される代表的な事案となった。

しかし、京都事件の被害当事者[1]のなかには、昨今のヘイトスピーチ議論から「置き去り」にされたような感覚を抱いている人々がいる。こうした疎外感は、次のような例え話で示せるであろうか。

ある小学校に隣接する化学工場が大規模な爆発事故を起こしたとする。この工場で備蓄されていた有害物質が爆発とともに広範囲に拡散する一方で、現場周辺では小学生を含め重傷者が何十人と出ている。

しかし、テレビのワイドショーの有識者たちは、有害物質がどこまで拡散したか、半径何百メートルを立入禁止にすべきか、諸外国は同種拡散事故にどう対応しているかといった議論に終始している。本来、喫緊に議論されるべき爆発現場近辺の人命救助や被害実態の把握に関心が向けられない様子を見て、重傷被害に苦しむ児童や、その家族はどう感じるであろうか。

京都事件においては、救済の手が届かず何年も苦しんできた多数の被害児童の訴えがある。しかし、憲法学の議論では侵害行為にスポットライトがあてられ「京都事件は憲法論が出るまでもなく、現行法上の違法性が明白」などとして検討対象とされず、少し離れたグレーゾーンの行為類型の議論に終始する。現に生じた被害実態の質的・量的な把握には無関心で、人権侵害状態からの救済や長期的ケアを実施する方法論は議論されない。

本稿では、私が弁護団事務局長として対応にあたった経験をもとに、京都事件の刑事手続、民事手続について述べる。それぞれ、犯罪被害者としての支援を受ける権利と、裁判を受ける権利が、マイノリティ被害者であるがゆえに十分に享受されなかった事案であり、人権保障を標榜する憲法学が重く受け止めるべき検討課題を示している。

一　刑事手続の経過と課題

(一) ヘイト「クライム」であった本件

京都事件では、高額の賠償を命じた損害賠償判決が大きく報道され、民事手続を通じて司法は一定の社会的役割を果たした。しかし、その背景に、本来あるべき刑事司法の機能不全があったことを看過してはならない。刑事司法が機能していれば、民事手続での被害当事者らの多大な負担は回避できたかもしれない。

「ヘイト・スピーチ」と一括りにされがちな一連のヘイト街宣であるが、これには、日本の現行法上、既に犯罪行為（「クライム」）となるような威力業務妨害や名誉毀損等に至る行為（類型１）と、現行法上犯罪に該当せず捜査・処罰の対象とならない行為（類型２）の二種類がある。

朝鮮学校の事件は、類型１のヘイト「クライム」である。従って、人権救済のため実務的な観点からの問題設定を考えるならば、まずもって、捜査機関（警察・検察）及び司法機関（裁判所）が現行法に依拠して、迅速・公平に捜査・処罰が行っていたか、日本社会の差別意識に影響されて政府対応の甘さをもたらしていなかったか、といった観点こそが検討されねばならない。ヘイトスピーチ規制新設の是非や表現の自由からの考察といった類型２の「スピーチ」領域の検討は副次的となるはずである。

（二）警察の「共犯的な寛容さ」(2)

①臨場した警察官たちの消極的な対応

本件発生直後、学校からの１１０番通報を受け、複数の警察官が現場に臨場した。この警察官たちは、あからさまな威力業務妨害、名誉毀損、侮辱等の犯罪行為を現認しながら、積極的に介入することはなく約半時間にわたって示威行為の継続を黙認した。身体的暴力が起きそうな様子があれば間に入るものの、警告を発したり、現行犯逮捕を示唆して抑止するような素振りは一切なかった。粗暴な差別的言動の積み重ねによる被害拡大は、警察対応の消極性によってもたらされたとさえいいうる。

事件の数日前、街宣予告を重く見た学校長は所轄の京都府警九条署を訪れ警備要請をしていた。担当警察官らは、過去の動画で在特会の街宣行為の特徴を確認し、いかなる場合に刑法違反を構成するかを予め検討していたはずである。現場における多数の児童らへの影響も、その後、学父母に継続的な不安を強いることも理解していたはずである。本件の警察による消極的な対応方針は、現場臨場する際に事前に決められていた可能性が高い。

街宣後、ネットに公開された動画には警察官が黙認をする様子が映り込んでいたため、視聴した一般の人々に「朝鮮学校に対しては、ここまでしても許される」とのメッセージを発することになってしまった。これは、日本の一般市民の善悪の規範意識を狂わせ、後続の街宣を勢いづかせる要因となった。

②刑事告訴後の捜査の停滞と、学父母の負担

一二月二一日、学校法人京都朝鮮学園の告訴は即日受理された。複数の警官が犯罪を現認し、ネット上の動画により確実な客観的証拠も揃っていた事案であり、迅速な強制捜査の着手による抑止効果が期待された。しかし、警察が逮捕に着手したのは翌年八月、当初の告訴から実に半年以上も後のことである。その間、在特会はホームページ上で自らの正当性を主張し続けた。学校周辺では、インターネット動画を見た不審者が子どもたちに愉快犯的な嫌がらせを行う懸念が続いた。

この頃、学父母たちは毎日のように学校に集まって安全対策を議論していた。緊急メーリングリストや連絡網を整備し、学校周辺や駅での見守り活動をするためにシフト表を組んで監視にあたった。地域内の犯罪情報メール・システムの利用方法を確認し、「子ども110番の家」を掲げる民家や学校周辺のコンビニエンスストアを訪問して、何かあったときに駆け込んだ子どもを保護してくれるよう頼んで回った。事件直後の対応が警察不信を生んでいて、検討された対策は自助努力が大半であった。

日本の学校であれば、被害の規模・深刻さに鑑み、即座に文科省や教育委員会等からスクールカウンセラーが派遣され、児童らのPTSDの緩和などの対応が検討されたはずであろう。しかし、本件学校では孤立無援のなか、再犯や模倣犯に備える安全対策に追われ、児童らの精神面のフォローに手が回っ

ていなかった。シフト表による朝夕の登下校時の不審者監視のとりくみは、安全と判断できるまでの一年半ほど続けられ、教員・父母らの大きな負担となった。厳戒態勢に近い日々の緊迫した状況は、児童らの内面にさらなる緊張・不安をもたらしたと考えられる。

③「適正に処理している」との日本政府の見解

二〇一四年八月、人種差別撤廃委員会の国別審査において、日本政府は「京都朝鮮学校事件の刑事処罰に関しては、被告人四名について、威力業務妨害罪、侮辱罪等で起訴がなされ、京都地裁で有罪判決が出て、確定した。ヘイト・スピーチに関して…捜査当局は刑事事件として取り上げるべきものがあれば法に基づいて適正に処理している。」と答弁した。政府の自己正当化は予想の範疇にあったが、これを無批判に受け流した市民グループの反応は予想外であった。マイノリティ支援を標榜する市民団体の間でも、日本全体で見れば、刑事司法の機能不全や子どものケアと民族教育の視点から京都事件の被害の全容に関心を持つ人は少なかった。

今年に入ってからの国会審議における河野国家公安委員長の答弁(3)や警察庁通達(4)でも、刑事対応に問題はなかったとする見解が重ねて示されている。にも関わらず、こうした政府見解を無批判に黙認するかのような議論状況には、危機感を抱く。

④過去の差別迫害との連続性

警察のヘイト「クライム」対応の消極性は、京都事件に限られたものではない。同じく、多大な自己犠牲のもと民事訴訟による問題提起をした李信恵氏も指摘し(5)、徳島県教組事件(6)でも見られた。チマチョゴリ切り裂き事件（一九九四年〜）や、関東大震災当時の朝鮮人虐殺事件（一九二三年）でも、警察対応は不十分で差別的であったと国連の条約委員会の国別審査や日弁連などから度重なる勧告を受けている。

さらに、日本政府による朝鮮学校閉鎖（一九四八年）をヘイト「クライム」と見るならば、今日の在特会の役割を担ったのは日本政府自身である。校門にやって来た子どもたちを暴力的に制止し、学校を物理的に強制閉鎖した。朝鮮学校に対する高校無償化適用排除や自治体の補助金廃止に代表される今日の各種施策も、差別扇動や民族教育排除といった効果において一貫している。京都事件で警察が動かなかったのは、官憲に連綿と続く差別政策に影響されたと考えるべきかもしれない。

日本の警察組織は、国家権力や大企業に対する正当な表現行為に対しては過剰ともいえる介入をしてきた。それなのに、ひとたび被害者が在日コリアンというマイノリティとなると顕著に消極的な対応に終始するというのであれば、条約・憲法違反の差別的取扱いとして人権侵害を構成する。

京都事件の被害者当事者らは、当初、「差別は当たり前」「警察は信用できない」と言い、法的措置を勧める弁護団のアドバイスを聞き入れなかった。京都事件は、日本社会に昔からある差別犯罪の延長であり、これを助長したのが長年の日本政府や警察の消極的な姿勢であるとの思いがその根底にあった。その後の警察捜査に見られた顕著な消極性は、差別社会を生き抜いてきた在日朝鮮人の直感のほうが正しかったことを示唆している。

（三）憲法学の役割―人的司法インフラの整備への提言

今日のヘイトスピーチ問題を巡る議論は、「憲法規範の役割を裁判規範に限定して理解してしまうことの問題性[7]」を露呈していて、出発点としての問題設定のズレが被害当事者と憲法学の対話が進まない原因となっていないだろうか。憲法学が「憲法という法システムが用意している複数の仕組みを組み合わせ…社会問題に対応可能な構想を提案する…[8]」といった創造的な役割を自覚すれば、被害者当事者らへの問いかけや教訓の中身も変わってくるはずである。訴訟事案で憲法上の争点と位置づけられない限り議論の対象にしないといった姿勢では、京都事件やその他差別事件からの重要な教訓が、学問的検討の網から構造的に漏れ落ちてしまうだろう。本件で警察の庇護を切実に求める被害者当事者らが、その一方で警察の差別性を理由に訴訟提起することなど、到底現実的ではなかったが、だからといって憲法学への重要な示唆がなかったわけではない。

規制新法制定などの実体法の議論に終始するのではなく、手続面、特に刑事司法を支える人的インフラを人権保障の観点から補強する、といった中長期の戦略が重要である。警察官、検察官、裁判官に対する研修を通して、これらの組織内部の差別性を自覚し、自ら監視し、ヘイト被害者の特徴的なニーズにあった専門的なサービスを提供していくような態勢作りである。

警察の運用そのものが差別性を備えているとの視点を一般に認知させていくにあたり、憲法学が果たすべき役割は大きい。ヘイト被害の深刻化をもたらす「歴史性」(9)「非対称」(10)といった特徴への理解を含め、実務担当者に差別被害の専門知識がある程度浸透すれば、被害当事者の負担は軽減され、刑事司法はより効果的に機能し始めるであろう。もちろん、後述する民事司法での問題性（訴訟提起のハードル、立証のハードル等）の軽減にも有効である。

二　民事手続の経過と課題

ここまで本件の刑事手続において直面した困難を述べたが、民事で高額賠償判決を獲得するまでの経過も、決して容易なものではなかった。マイノリティにとって裁判を受ける権利の享受を妨げる要因が如実に現れていた。以下、訴訟提起時点でのハードル、立証のハードルの順で詳説する。

（一）訴訟提訴におけるハードル

①法的対応を躊躇するマイノリティの心情

刑事告訴手続を決断する際に被害当事者らが感じた躊躇と戸惑いは、民事訴訟を提起する場面でも見られた。世間の関心を集めれば「学校や子どもたちがさらし者になる」。在日の子どもたちの学ぶ権利を社会に認知させることが重要であるとしても「なんで私らの子どもたちがその踏み台にならなあかんのん？」「もうこれ以上関わりたくない。」「在特会を刺激して何されるか分からない」「もう事件を引きずりたくない。早く忘れて日常に戻りたい。」といった声が聞かれた。

刑事告訴で不起訴とされてしまう場合と同じく、民事訴訟でも判決の内容次第では、当該行為が社会的に許容範囲内であるとの誤ったお墨付きを与えてしまいかねない。

在日朝鮮人のなかでは、過去の裁判の経験から、法は自分たちの権利を守るものではなく侵害するもの、という見立てが共有されている。多くの学校関係者が「朝鮮学校に何か差別があっても裁判にしない。悪い判決が出ると全国に波及してしまう。」と述べていた。司法や法律は日本政府がマイノリティを叩く際の道具として機能してきた歴史があり、その痛みの経験は世代を超えて承継され、コミュニティの集団記憶となっている。司法手続をためらうのは自然なことであった。

消極論の底流には自分たちの出自を卑下する思いも見え隠れしたという。「そもそもここにいる権利なんかあるんか、何の権利もないやん、外国人やから仕方ないやん」「今までずっと黙ってきたんやから、今回も黙ってても死なんやろ」「しょせん俺ら朝鮮人やし」といった声があった。(11) 本来責められるべきは加害者であるはずなのに、自分たちに非があるかのように自責の念に支配されてしまう傾向は、「帰責の誤り」と呼ばれるヘイト被害の特徴の一つであるが、(12) これも司法的救済にふみ切る段階において大きな障壁となりうる。

②「なかったこと」にされてきた人権侵害事件

本件は、誰の目からしても明白かつ大規模な悪質性を呈していることから、刑事告訴も民事訴訟提起も至極当然に感じられるかもしれない。しかし、実のところ、京都事件の各種法的対応の選択は、被害当事者らの誰しもが迷いを抱きながら、紙一重の判断を積み重ねて進められていた。判断を誤れば子どもたちの安全が犠牲になるか、あるいは子ども達の尊厳を傷つけかねない。対応を議論する会議では、学父母や教員らの激しい意見対立で、怒声が飛び交うことも珍しくなかった。

学父母の一人が「私たちが黙っていれば、今回も事件にならなかったと思います。」と述懐しているとおり(13)、被害当事者自らが事件を「なかったこと」にしてしまっていた可能性もあった。過去にも本件に匹敵する重大な人権侵害事件の数々が、提訴に至らず、憲法学の関心対象にもならないままに埋もれてきた可能性を示唆している。

（二）立証のハードル

①被害者の語りの必要性と困難

立証段階においても、弁護団は、ヘイト被害の深刻さを裁判官に伝える困難に頭を抱えた。日本人マジョリティの感性が支配する裁判所に、マイノリティの被害体験を想像し共感してもらうためには、被害者の具体的な語りが必要と考えた。しかし、沈黙効果(14)などともいわれるが、被害当事者らにとって自らの心の傷を語ることは容易なことではない。

聴取作業にあたる弁護士との信頼関係は必要条件となるが、被害当事者において最終目標たる裁判官の理解を得る期待が持てなければ、あえて自己の内面のデリケートな部分に向き合って語る意欲も削がれて当然である。

幸い京都事件では、充実した裁判支援態勢もあって、被害当事者・弁護団・支援者間の信頼関係を築くことができた。裁判を支援する会「こるむ」が、毎回の裁判期日の後の報告集会や、その他シンポジウムや交流会の企画など地道な活動を通して当事者や支援者と弁護団、裁判手続をつなぐ橋渡しの役割を担った。司法手続に対する不信を軽減し、弁護方針への理解を促進し、他方では弁護団が真の被害実態を把握する手助けとなった。

②専門的知見に基づくヘイト被害理解の重要性

民事訴訟を通した人権保障の実現は、抽象理論の精緻さではなく、具体的被害事実の立証の積み重ねのうえにある。とすれば、マイノリティ被害者が直面する被害立証の困難という問題に、憲法学も関心を持つべきである。

諸外国の知見やヘイト被害の一般的特徴を集約・理解して、はじめて気づくことのできる被害実態や因果関係などがあるように思われる。本件の対応では時間の制約もあり、一般的知見の収集も困難ななかで立証を進めざるを得なかった。

他方で、効果的な聴取作業は内心をえぐり出すことを意味する。そこに暴力性が伴うことに無関心であってはならず、二次被害のリスクへの配慮が求められる。諸外国にはヘイト被害者対応のノウハウの蓄積があるが、日本語文献によって十分に紹介されているとは言い難い。政府主導で専門家によるマニュアル編纂研究班を立ち上げて、専門的知見に依拠した被害聴取マニュアルを整備すべきである。

専門家の監修のもとで、最新の学術知見を読みやすく整理しておけば、ファーストコンタクトにあたる弁護士や市民が参照できるのはもちろんのこと、様々な場面において一般的知見の立証資料としても活用しうる。警察・検察官の適正な対応を促し、仮処分などの迅速な審理においても有益と考えられる。さらに、憲法学が長年、構造的にマイノリティの人権問題に「沈黙」してきた根本的な要因[15]について何かしらの示唆が得られるかもしれない。

（三）マイノリティ当事者自身に人権保障の担い手となるよう求める困難

①被害当事者が、司法による人権保障に果たす役割

憲法が念頭におく人権保障システムにおいて、被害当事者らは「憲法訴訟の当事者として説得力のある違憲論を展開し…憲法的対話の主要な当事者[16]（で）…最高裁と政治部門とが憲法的対話を開始するためのスイッチを入れる重要な役割を担っている」、「当事者が自律性をもって権利あるいは地位を獲得していくプロセスとしての民事訴訟の可能性を追求することには重要な意義がある…[17]」などと指摘されている。本件の経過をふりかえっても、「民事訴訟の支援は、ヘイト・スピーチの被害者を『権利の主体』として捉える視点から評価されるわけであるが、その他の施策についても、マイノリティが『声を上げやすくする』環境を整備するという観点が重要な柱となるべき[18]」との指摘は重要である。

訴訟費用支援制度の提案（後の審議過程では削除）に至った大阪市人権施策推進審議会は「ヘイトスピーチについての司法判断が示されるよう促進することによってこれを抑止していくことが考えられる」と答申するところ、これも同種の考え方に依拠しているといえる。

②マイノリティによる訴訟提起に伴う不利益の実態

しかし、この間、訴訟費用支援のみに矮小化された議論を見るにつれ、こうした議論は京都事件の教訓から遠ざかっている印象すら抱くようになった。仮に訴訟費用の負担ゼロが実現したとしても、こうした問題提起の役割を担わされ、その後、良い判決が得られるかどうかは自助努力、自己責任に委ねら

れるというのでは、被害当事者の負担が大きすぎる。

訴訟提起で社会の注目を集めれば、適切な問題提起であったとしても、マイノリティであるがゆえにバッシングを受ける。好奇の目に晒され、金目当てと歪曲されるなど、さらなる攻撃を招いてしまう。社会内の差別意識を背景に理不尽な攻撃の勢いは増し、いくらまっとうな反論を試みようともマイノリティは圧倒的に不利な立場に立たされる。本件に見られるようにインターネットを触媒にして子どもたちに対する物理的な暴力に発展することもある。

そして、法廷の裁判官は、世間の差別偏見の影響を排除しきれるであろうか。訴訟指揮や法廷での言動が差別性を反映していれば、被害当事者はその度に大きく動揺し二次被害に晒されることになる。悪ふざけの弁明を続ける差別者をさらに増長させ、日本社会の差別偏見を強めるような判決内容となる危険性もある。

③安易な訴訟提起の積み重ねがもたらす弊害への懸念

マイノリティの問題意識をくみ取れるような司法インフラが未整備である現状に無警戒なまま、訴訟提起の数のみ増やしていけば、その分、不当な判決が積み重ねられるような事態すらも想定される。その結果、被害当事者コミュニティの日本社会への信頼を失わせ、社会の分断と相互不信を深化させかねない。

司法に関する制度設計を議論するにしても、今日の差別意識の支配する日本社会の現実をふまえて検討する必要がある。マイノリティ当事者がサイレント・マジョリティの差別性を目の当たりにして萎縮し、声を上げること自体をあきらめがちな現状に憲法学は無関心であってはならない。司法に対する民主的統制を強調する見解が一定の支持を得ているようであるが、差別扇動やインターネット言論を背景に多数決原理が暴力性を呈している現状で、司法機関を安易に民主的統制に服させてしまってはならない。人権の砦は多数意見をおしとどめる力を失い、ほぼ確実に人権保障の後退をもたらすであろう。

司法判断の基盤には、圧倒的な民主的圧力にも対抗しうる正当化原理が必要で、人種差別撤廃条約をはじめとする国際人権規範はその一つの拠り所となるはずである。人種差別撤廃委員会等における専門的議論の蓄積[19]を国内の立法関係者にも積極的に紹介して、認知度を高めていく必要がある。

おわりに――「対話」すべき主体は何か。

「ヘイトスピーチ問題における『対話』の可能性」というテーマに関して述べると、昨今の私の関心は加害者と被害者の対話可能性にあり、目下、「ヘイトクライムと修復的司法（仮題）[20]」の翻訳出版企画に取り組んでいる。他方、本書の企画者はヘイトスピーチをめぐり、表現の自由に重きを置く規制消極論者と反差別の立場からの規制積極論者の対話を模索していたものと思われる。しかし、京都事件の被害当事者らに「置き去り」感を抱かせるようなこの間の全国的な議論を見るなかで、ふと、根本的に欠落しているのは、憲法学とマイノリティ被害者の間の対話なのでは、との考えが浮かんだ。

本件は、現行法違反が明白な犯罪行為によるいわば「ど真ん中ストライクの人権侵害事件」であったにも関わらず、救済を切実に求める被害当事者らに対し法が沈黙していた事案であった。あるべき法的救済が後手後手に回り、最終的に被害当事者らが納得しうる民事判決を獲得するまでに、いくつもの困難を自助努力で乗り越える必要があった。京都事件が憲法学に問いかけていること、それは、こうした状況を目の当たりにして法学がいかに応答するのか、ということではないだろうか。京都事件被害者らの具体的なニーズという観点に限っていえば、憲法学は依然、沈黙し続けているとの印象すら抱く。

憲法学は「実現性を度外視した啓蒙思想、あるいは評論、足場のない社会批判」などではなく「方法論のある学問」、「技術を伴った実践論」[21]でもあり、今日の社会情勢のなかで、その真価を発揮することが切に期待されている。京都事件の経過をふりかえり、今後の差別事案への向き合いかたを考えていくことは、個別論点の検討の範疇を超えて、憲法学の今後の方向性を考えるうえでも有益であるはずだ。

憲法学は、少数者の人権保障の必要や、司法権の「民主的判断にブレーキをかけるための安全装置」としての役割について、他の学問分野にない専門性と説得力を持っている。[22]日本の法学のなかで、マイノリティの置かれた立場に理解・造詣が深い分野としては憲法学をおいて外にない。昨秋、「対話型違憲審査」論の研究で知られるKent Roach教授（トロント大）を京都の朝鮮学校に案内した際に、カナダには先住民の権利保障を充実させるための裁判官研修プログラムがあると聞き、大きな感銘を受けた。日本の憲法学も、差別解消という憲法的価値の実現に威力を発揮するような司法制度構築を、主たる研究対象の一つに位置づけて取り組んでいただきたい。

（1）刑事告訴、街宣禁止仮処分申立、損害賠償請求訴訟において法的手続の当事者（原告告訴人、申立人）となったのは、学校法人京都朝鮮学園であった。これは、実質的な被害者であった学校児童、教員、学父母たち（以下「被害当事者」と総称する。）が個人の立場で訴訟当事者となると各種弊害（未成年児童らの個人名・住所などプライバシーの曝露や、個人攻撃を伴う報復的嫌がらせの誘発等）が予想されたためである。マイノリティがゆえに司法利用のハードルが高くなっていることを示す一例である。

ヘイト「クライム」及びヘイト「スピーチ」のいずれにおいても、現場で直接の侵害行為を受けた被害者のみならず、その家族やコミュニティ関係者、さらには日本社会内で同一のマイノリティ属性を共有する多数の人々に、広範な影響を及ぼす。ヘイト被害の特徴をふまえ、こうした広い範囲で「被害者」を捉える視点は、修復的司法の実践や被害救済の制度設計においても重要となる。
（2）中村一成『ルポ京都朝鮮学園〈ヘイトクライム〉に抗して』岩波書店、二〇一四年、一六頁。
（3）平二八・四・五参議院法務委員会。
（4）平二八・六・三付、警察庁内備企発第一四七号。
（5）李信恵「#鶴橋安寧―アンチ・ヘイト・クロニクル」株式会社影書房、二〇一五年。五五頁、八二頁参照。
（6）在特会徳島県教組事務所襲撃事件（徳島地判平二七・三・二七・LLI/DB判例秘書、高松高裁平二八・四・二五・判例集未登載）。
（7）山元一、「憲法学と各法学分野の役割分担・再考」科学研究費助成事業研究成果報告書平二七・六・七。
（8）前記脚注（7）。
（9）法学セミナー七二六号（二〇一五年）、板垣竜介「レイシズムの歴史性と制度性」一三頁参照。
（10）前記脚注（9）。鄭暎惠「ヘイトスピーチ被害の非対称性」一四頁参照。
（11）前記脚注（2）一〇五頁。
（12）Craig-Henderson, K. 'The Psychological Harms of Hate: Implications and Interventions,' Perry, B. et al. eds., Hate Crime: The Consequences of Hate Crime, Preager Perspectives, 2009, p. 23.
（13）前記脚注（9）。朴貞任「京都朝鮮学校襲撃事件」三三頁。
（14）「(コルテセ教授は）ヘイト・スピーチの犠牲者は、彼らが感じていることを表現することができず、その傷を内面化し、そして、永続する傷に直面し、自らを沈黙させる傾向が強いと指摘する。」（檜垣「ヘイト・スピーチ規制と批判的人種理論」同志社法学六一巻七号・二五七頁）。
（15）石崎学、遠藤比呂通編「沈黙する人権」法律文化社、二〇一二年。
（16）佐々木雅寿「対話的違憲審査の理論―法の支配と憲法的対話の融合」八六頁、新世代法政策学研究 vol. 19（二〇一三）。
（17）曽我部真裕「人権訴訟における民事訴訟の意義～ヘイトスピーチ裁判を例として」自由と正義 Vol. 67 No. 6

（二〇一六・六月号）。

（18）前記脚注（17）、一九頁。

（19）「いかなる国も刑事司法制度の運営および機能における人種差別から自由ではなく」「刑事司法制度の運営および機能において人種差別または民族差別が存在する場合、それは…法の前の平等の原則、公正な裁判の原則および独立のかつ公平な裁判所に対する権利をとりわけ深刻に侵害する。」（一般的勧告31（二〇〇五年）前文）。一般的勧告13（人権保護における法執行官の訓練に関する一般的な性格を有する勧告。一九九三年）では、締約国の条約義務の履行を促進するため「法執行官が…すべての者の人権を維持し、擁護することを確保するために、徹底的な訓練」（二項）が要請され、そのために「警察官ならびに司法制度、刑務所…等の法執行官を対象として、適切な教育プログラム」を実施する義務（五項）があるとされる。

ヘイトスピーチ対策に特化した一般的勧告35（二〇一三年）においても、「警察および公共の秩序を預かるその他の機関、および裁判官を含む司法関係者」に対する「人権保護における法執行官の訓練」と「刑事司法制度の運営および機能における人種差別の防止」施策、及び「本条約の基準と手続きに関する知識を普及させ、公務員、裁判官および法執行官など、とりわけその実施に関係のある人びとに対して関連したトレーニング」の提供が重要とされている。

（20）Walters, M.A. “Hate Crime and Restorative Justice,” Oxford University Press, 2014. 明石書店から翻訳版が二〇一六年冬出版予定。

（21）遠藤比呂通「希望への権利—釜ヶ崎で憲法を生きる」三六頁、岩波書店（二〇一四年）。

（22）市川正人「憲法論のあり方についての覚え書き」立命館法学二〇〇〇年三・四号上巻（二七一・二七二号）は、「適切な憲法政策論を構築するのには、憲法についての『専門知識を活用』することがまさに必要とされるのであるから、憲法政策論の構築は総体としての憲法研究者の役割の一つであるとみるべき」と指摘する。

ドイツ憲法から考えるヘイトスピーチ規制

毛利　透
（京都大学）

ドイツで、人種や宗教などによって特定される集団に対する侮辱的・脅迫的言論を禁止するための主な法的手段としては、刑法一八五条の侮辱罪を集団に対する侮辱に対しても適用する集団侮辱と、刑法一三〇条の民衆扇動罪がある。ただし、この場面での適用範囲が極めて限定的にとどまる集団侮辱については、紙幅の制約により割愛する。(1)

一　民衆扇動罪規定の概要と学説の評価

ドイツで集団侮辱よりも一般的に、人種や民族、宗教によって識別される集団に対するヘイトスピーチを処罰するための刑法条文は、一三〇条の民衆扇動罪（Volksverhetzung）である。(2)この条が民衆扇動罪規定となったのは一九六〇年のことであるが、それ以後もしばしば改正が行われてきた。同条一項から四項で定められた犯罪構成要件を要約すると、以下のとおりである。

・一項：国籍、人種、民族、宗教などによって定められる集団や、その構成員である個人に対して、「公共の平穏を乱すのに適した態様で」、「憎悪をかき立て、あるいは暴力的ないし恣意的措置をとるよう煽動する」こと、あるいはそのような態様で、それらの者を誹謗中傷することにより、その人間の尊厳を攻撃することの禁止。
・二項：一項に該当する内容の文書を頒布、掲示、放送などすること、およびそのために当該文書を作成・調達などすることの禁止。
・三項：「公共の平穏を乱すのに適した態様で」、ナチスが行った民族謀殺を是認、矮小化し、またはその存在を否定することの禁止。
・四項：ナチスの「暴力的かつ恣意的支配」を是認、賛美、あるいは正当化することにより、「犠牲者の尊厳を侵害する態様で公共の平穏を乱す」ことの禁止。

一三〇条のうち、一般的なヘイトスピーチ規制といえるのは一項、二項であり、特定的にナチス支配の過去にかかわる三項、四項は、ネオナチの活動を効果的に規制するために一九九〇年代以降追加されたものである。一項、二項で扇動の攻撃対象となる集団については、条文中に「住民の一部」という包括的な文言があるため、国籍などの指標は例示にすぎない。集団侮辱とは異なり、対象は広く認められている。ただし、それらの条文も直接には、戦後も絶えなかった反ユダヤ主義的言論に対抗するために制定されたことは、その立法の経緯からして明らかである。同趣旨の規定の創設は一九五〇年代から議論されていたが、なかなか成立には至らなかったところ、一九五九年末ごろからの反ユダヤ主義的落書きの広まりへの衝撃から、ようやく一九六〇年に法案可決に至ったのである。その際、保護の対象を

（事実上の場合も含めて）ユダヤ人に限定することは、ユダヤ人に特権を与えているような印象を与え、かえって彼ら彼女らへの敵対心をあおりかねないという考慮から、広く「住民の一部」という文言が採用された(3)。

本条の保護法益は何か。一三〇条一、三項は、行為が「公共の平穏を乱すのに適した態様」でなされることを求めており、四項は公共の平穏を乱すこと自体を禁止対象行為としている。これらのこと、そして一三〇条の置かれた章が「公共の秩序に対する罪」であることなどから、同条の主たる保護法益は公共の平穏だというのが通説である。「共生における平和の保障」のために、「一方で特定の住民集団に対する攻撃を呼びかけ、または助勢し、他方で、その対象となった人々に恐れや不安を引き起こし、それにより自分たちの価値と権利について改めて疑問視されているように感じる、あるいはおよそ社会構成員としての地位を疑問視されているように感じることになる」ような言論からの保護が求められるのである。「公共の平穏」文言のない二項も、該当表現を広く拡散しようとする行為の公共の平穏への危険性の大きさからして、「すでに前域において」それを禁じるものだとされる(4)。集団に対する誹謗的扇動（Verhetzung）は、いまだ特定の個人的法益の侵害に結びつくとは言えないが、それがもつ公共秩序への危険性に着目して、それを言論の段階で禁止しようとするのが、民衆扇動罪の特徴なのである(5)。ここで、民衆扇動罪も、集団の利益それ自体を擁護しようとするものだとは考えられていないことには、注意が必要である。

民族や宗教で識別される諸集団の平和的共存のために、どの程度の言論規制が必要かは、表現の自由の重要問題である。ドイツにおいて、この側面からの規制が広めに課されていることは、ナチスによる反ユダヤ・プロパガンダが現実に破滅的帰結をもたらしたという歴史的経験を抜きにしては理解できない。ポグロムの再来への恐怖心は今なお、特にユダヤ人などのナチスの犠牲者集団には強く残っており、その恐怖心をあおることは、すでに社会の平和的存続を脅かすものと評価されるのである。[6] ヘイトスピーチについての米独比較を行ったヴィンフリート・ブルッガーは、次のように述べている。「刑法一三〇条においては、特定されうる個人による個別の犯罪行為の具体的危険は存在しないにもかかわらず、それで刑法上の制裁に十分だとされているのであるが、この見解は、よかれあしかれ、ドイツ社会が、言葉においても行為においても反ユダヤ主義に特に染まりやすいということを引き合いに出すしかない」。「ヒトラーの下でのドイツ」と「今日のドイツ」で、ヘイトスピーチが引き起こす害悪について「類似の予測」が成り立つということが、この条文を支える理解なのである。[7]

これは、少々レトリカルに過ぎる民衆扇動罪批判かもしれない。しかし、ドイツ在住ユダヤ人が迫害の再来に対して今なお強い恐怖心を抱いていること、そして、その恐怖心がドイツ社会において、歴史的体験への反応として故あるものであり、法的対応が求められると解されていることが、この条文を正当化していることは確かである。

二　連邦憲法裁判所の態度

(一)　慎重な適用を求める部会決定

連邦憲法裁判所は、現在の一・二項に該当する犯罪類型が規定されていた段階での刑法一三〇条につき、それが「基本法五条二項の意味における一般法律」であると、説明ぬきに判示している。[8] さらに、ナチスによる民族謀殺の是認やその存在の否定という、過去の事実についての特定の評価を明示的に禁止する三項が追加された後の同条についても、同裁判所はその一般法律性を肯定する判示を行った。[9] ただし、同裁判所は具体的事案においては、極右のデモや集会を、刑法一三〇条などに違反する発言がなされる蓋然性が高いことを理由に不許可とする処分の合憲性に対し、表現の自由や集会の自由への配慮から概して慎重な姿勢をとっていた(10)。特に二〇〇〇年代に入ってから、極右のデモも広く認めようとする同裁判所の姿勢は、行政当局や行政裁判所との激しい摩擦を生み、このことが、ナチスの「暴力的かつ恣意的支配」の正当化自体をも法律で禁止する刑法一三〇条四項の新設を促すことになった。これにより、極右の集会を禁止する法的根拠を創設することがねらわれたのである。

ここでは、この時期に事後的に刑法一三〇条違反が問われたケースの例を二つ挙げておく。ある共同住宅でのドイツ人家族とトルコ人家族との間の暴力沙汰について、「トルコ人のドイツ人に対するテロ」、「ドイツ国内でドイツ人に対する民族浄化が起きる?」などという見出しをつけたビラを配布した者が、刑法一三〇条一項一号の罪に問われた事件で、二〇〇二年に同裁判所は、原手続の有罪判決を部会決定で破棄している。この決定では、見出しだけに着目した有罪判決が批判され、文書を全体として理解すれば、当該ビラは主として事実を伝え、読者に反応を促そうとするものだと解釈できる可能性があるとされている(11)。

また、第二次世界大戦の敗戦直後にチェコスロバキアから追放されたズデーテン・ドイツ人の心境を歌うとする「故郷追放者の歌」において、自分たちの家と土地が「よそ者」に剝奪されたとし、「我々を再びドイツのドイツ人たらしめよ！　アメリカ人、ロシア人、異国の者は出ていけ—ついには再び自分たちの家の主人とならん！」という歌詞を作詞した者が、やはり刑法一三〇条一項の罪で有罪とされた。これに対し、連邦憲法裁判所は二〇〇八年に、やはり部会決定でこの有罪判決を破棄した。同決定は、この歌詞は確かにかつての占領軍の批判ではあるが、国内の外国人の追放を求めるとか、それらの者に暴力的措置をとるよう求める内容と解するには、専門裁判所の判決には「十分跡づけうる論証がない」とする。被告人が極右思想の持ち主だとしても、だからといってただちに当該歌詞からそのような内容が読み取れるようになるわけではない(12)。

このように連邦憲法裁判所は、多義的表現を有罪とするには、有罪を導かない解釈をしっかりした理由をもって排除する必要があるという、一九九〇年代以来の、批判も多い言明解釈準則(13)を用いて、意見表明の自由の観点から民衆扇動罪の成立範囲を限定しようとしている。

（二）刑法一三〇条四項の合憲性についての第一法廷判決

そして、連邦憲法裁判所は二〇〇九年に、ネオナチへの集会禁止処分の合憲性が争われた事件で、二〇〇五年に新設された刑法一三〇条四項の合憲性を正面から扱い、しかもそれをナチスに対する特定の態度のみを禁止するものであって一般法律とは言えないとしつつ、それでもナチス支配の正当化は基本法に内在する例外として許されているという、注目すべき判決を出した(14)。判決は、「国家社会主義の支配がヨーロッパおよび世界の広い部分にもたらした不正と驚愕は、一般的カテゴリーでは捉えられない」とし、さらに「ドイツ連邦共和国の成立は、これに対する反対構想として理解される」として、ナチス支配の「プロパガンダ的是認」の禁止は、「意見に関連する法律にとっての個別法禁止の例外」として許されていると述べるのである。ナチス支配の支持は、「ドイツにおいて、共同体のアイデンティティに対する内からの攻撃であり、平和を脅かす潜在力をもつ」のであり、その点では「他の意見表明とは比較不能である」。「基本法 五条二項は、このような、歴史的に根拠づけられた特殊な状況を、特別の規定で計算に入れることを排除しようとはしていない(15)」。

ただし、連邦憲法裁判所は、意見表明の自由への考慮から、ナチスを支持するあらゆる表現の禁止が認められるわけではない、とする。「むしろ基本法は、自由な公共の論争の力を信頼して、基本的には意見表明の自由を自由の敵にも保障している」。基本法一八条の基本権喪失条項など、「闘う民主制」を示すとされる諸条項も、「自由で民主的な基本秩序に対する積極的に闘争的な、攻撃的な態度」のみを禁止するのであり、同様に「基本法五条一項・二項は国家の心情への介入を許すものではなく、意見表明が、正しいと思うという純粋に精神的な領域を去って、法益侵害あるいは認識しうる危険状態に転化するときに初めて、それへの侵害を認めるのである」。ナチス支配の是認は、この点で「特殊な効果」を有しており、立法者がこの効果に着目することは許容されるということなのである。むろんその際にも、「外面化された法益保護」との関係での比例原則が守られなければならない(16)。

刑法一三〇条四項は、公共の平穏という正当な目的のための規定であるといえる。ただし、以上のことからして、公共の平穏という要件には限定的理解を施す必要がある。つまり、異論にさらされる「市民の主観的な不安からの保護」は、まだ表現制約には不十分である。そのような主観的不安は、公共の論争で必然的に発生するのであり、それを除くことは正当な目的とはいえない。「たとえ、人を不安にさせる意見が、現存秩序の原理的転覆を目指しているとしても」、それには論争で対峙すべきなのであり、国家による制約は正当化できない。禁止が許されるのは、「攻撃や法破壊との境界線」をなすような言論のみ、「訴えかけられた人々に、〔違法な――引用者注〕行為を進んでする心を引き起こし、〔違法行為に対する心理的――同〕敷居を引き下げ、あるいは第三者を直接に萎縮させるような訴えかけや感情化」のみである(17)。

以上の説示は、刑法一三〇条四項の成立範囲をかなり狭めるもののように受け取れるが、しかし判決は最後に再びナチスの特殊性を持ち出して、この限定を緩める。「当時のナチスの暴力的・恣意的支配を是認することは、今日の住民には通常、自分たちの価値と権利が改めて疑問視されると感じる人々に対する攻撃だと映る」のであり、通常の論争における一主張とは異なる効果をもつ。つまり、現実に残虐行為を行ったナチス支配の是認は、それ自体が「類型的に、政治的論争の平和性を危険にさらす」のであり、だからこそ特別の広い禁止が正当化される。[18] だとすれば、公共の平穏要件がどの程度の歯止めとなるのか、結局はあいまいだと言わざるをえない。

こうして、刑法一三〇条四項の合憲性についての連邦憲法裁判所判決は、行きつ戻りつする複雑な構成となっている。確かに、結論として同項を合憲とした本判決は政治・行政部門からは安堵をもって受け止められたが、学説からは批判的評価の方が強い。解釈論としては破綻しており、政策的要請に従った判決だと断ずる評釈もあるほどである。[19] もちろん、同項を一般法律ではないとしつつ、それでも基本法が不文で認めている例外として許容されるという力ずくの立論が批判を招いたことは、言うまでもない。五条に書いていない制約は、「闘う民主制」の代表的条文であるが、一方で連邦憲法裁判所の決定を必要とすることで手続に慎重を期している一八条の基本権濫用者に対する基本権喪失条項でのみ認めるというのが、基本法の立場ではないのか。[20] また、本判決は、連邦共和国はナチス支配に対する対抗構想だと断定するが、[21] 一方的な見解であり、基本法制定過程で反共産主義も大きな役割を果たしたのは周知のところであろう。しかも、本判決はそこまで言いながら、ナチス支持をすべて禁止していいわけではないという。いったいどういう論理なのか。[22]

そして、禁止してはいけない、純粋に精神的な効果を求める言論と、禁止してよい「法益侵害あるいは認識しうる危険状態に転化した」言論とを、実際の事例で区別できるのか。ただし、本判決は結局、現実に起きたナチス支配の是認は人々に通常攻撃的なものと映るとし、類型的に危険性が高いとして、この問題を決着させている[23]。ナチス支配を正当化する言説の、今日のドイツ社会における危険性について、一般的にこのような評価が可能かどうかには疑問を呈することができよう。このような危険性判断は大ざっぱすぎるという立場からは、具体的事例の危険性についてより慎重な審査が必要なはずだという指摘がなされる[24]。

以上のように批判の強い判示ではあるが、刑法一三〇条四項の合憲性問題を例外的個別法というかたちで処理したことは、合憲判決がもたらす意見表明の自由法理へのインパクトを最小限に抑える意味もあったということにはなろう[25]。しかも、例外的な合憲判決を出すこととのバランスをとろうとしてか、本判決は一般論として意見表明の自由の重要性を強調しており、「闘う民主制」の標語として言われることとは正反対に、「自由の敵にも自由を保障する」というのが基本法の基本的立場であると明言するに至った。表現活動が受け手にもたらす「主観的な不安」は、表現制約の根拠として持ち出すことはできず、実際の外面的な法益侵害の危険がなければならないということも、意見表明の自由についての基本的法理として、しかも「現存秩序の原理的転覆を目指す」内容の言論についてまで、認められている[26]。確かに、意見表明を禁じるために、外面的法益としての「公共の平穏」を害する危険性がどの程度必要なのかについては、あいまいな点が残る。しかし、たとえば異論にさらされる者の恐怖心が、単なる主観的なものではなく、客観的に見て人々の平和的共存が脅かされていることの兆候だと認められる必要はあろう（本判決によれば、ナチス支配の是認は、ドイツ社会で一般にこのような効果を発生させるということになる）。

そして、このような「公共の平穏」要件の解釈は、「公共の平穏を乱すのに適した態様」という弱まったかたちではあれ、やはりそれを構成要件に組み入れている刑法一三〇条一項の解釈にも、影響を及ぼすことになろう。「純粋に精神的な領域」での議論を制約することは、基本法の要請として許されないのであり、ヘイトスピーチの可罰性を認めるには、それが人々の平和的共存に対して実際に危険性を有することが客観的に示されなければならないはずである。同条二項についても、その構成要件該当行為が一般的に高い危険性を有するという立法者の判断の妥当性が問われることになり、場合によっては限定解釈が求められることになろう。

(三) その後の部会決定

連邦憲法裁判所はその後二〇一一年に、刑法一三〇条二項一号aの「流布」行為の解釈につき、部会決定で態度を示している[27]。この事件では、ある飲食店の客がその店の主人に、ナチスによるユダヤ人虐殺の存在を否定するなどの内容の文書を手渡したことが、原判決で「流布」行為にあたるとされた。部会決定は、二〇〇九年判決を参照しつつ、「意見の内容それ自体を禁止することは許されない。すでに法益侵害への移行を目に見えるかたちで内包しており、それによりはっきりした法益侵害との敷居を乗り越えるような、コミュニケーションの態様のみが禁止しうる。」とする。そして、この観点から、多人数ではなく一人に対して文書を渡す行為を「流布」にあたるとする解釈は、意見表明の自由の要請に合致しない、としたのである。一対一の意見交換には、平和を脅かすような危険性は存在しないからである。

こうして連邦憲法裁判所は、一般的なヘイトスピーチ規制を定めた一三〇条二項解釈においても、基本的に二〇〇九年判決の立場を継承する姿勢を示している。

三　まとめに代えて

ドイツでも、言論はそれに接する者の主観的不快感、不安感を理由として規制することは許されないという原則が、ヘイトスピーチについても妥当するとされたことは、注目すべきである。民衆扇動罪の表現活動への適用は、それが人々の平和的共存を脅かす反応を惹起する場合のみであるとされる。ドイツでこのような危険性が広めに認定されるのは、ナチスのプロパガンダがユダヤ人への破滅的迫害をもたらしたという歴史的事情が、ヘイトスピーチを受け取る側に想起されざるをえないからである。受け手の恐怖心が、単なる主観的感想ではなく、客観的に見て根拠のある、法的に防止すべき害悪だと考えられるのである。

ヘイトスピーチ規制の許容性を考える際に着目すべきなのは、攻撃対象となった人々が抱く不安感が、法的な対処を必要としない主観的な反応にとどまると評価できるか否かであろう。たとえそれらの人々が個別に侮辱や脅迫を受けているのではないとしても、集団の一員として感じる恐怖心が、当該社会の歴史的状況からして、単なる個々人の主観的不安にとどまるとは言えない、社会的に根拠のある反応であり、それにより社会における人々の平和的共存が脅かされる危険が客観的に存在するといえる場合には、ヘイトスピーチ規制が可能となると考えられる。日本で、ヘイトスピーチ規制を表現の自由の観点からして正当化できるかどうかは、日本において少数派集団が置かれている状況をどのように理解するかに大きく左右されることになろう。

（1）本稿は、毛利透「ヘイトスピーチの法的規制について」法学論叢一七六巻二・三号二一〇頁（二〇一四）を短縮したものであり、集団侮辱については同論文を参照していただきたい。また、本稿では民衆扇動罪に関する文献の注記もかなり省略したので、関心のある方は同論文を見ていただきたい。

(2) 民衆扇動罪について詳細に検討する業績として、櫻庭総『ドイツにおける民衆扇動罪と過去の克服』(二〇一二)がある。

(3) 同五九－九二頁参照。Vgl. Clivia von Dewitz, NS-Gedankengut und Strafrecht (2006), S. 54-67; Benjamin Weiler, Der Tatbestand „Volksverhetzung" im europäischen Vergleich (2012), S. 6-11.

(4) Sternberg-Lieben, in: Schönke/Schröder, StGB (29. Aufl., 2014), § 130, Rn. 1a.

(5) Dewitz (Anm. 3), S. 171-76.

(6) Vgl. Friedrich Kübler, Rassenhetze und Meinungsfreiheit, AöR 125 (2000), S. 109, 125.

(7) Winfried Brugger, Verbot oder Schutz von Hassrede?, in ders., Integration, Kommunikation und Konfrontation in Recht und Staat (2013), S. 165, 198-200. ブルッガーは、このような理解に対して、もちろん批判的である。

(8) BVerfGE 90, 241 (251).

(9) BVerfGE 111, 147 (155).

(10) 毛利透「自由『濫用』の許容性について」『自由への問い3　公共性』六八－六九頁(阪口正二郎編、二〇一〇)、渡辺洋「公安と公序」神戸学院法学三五巻三号七〇九頁(二〇〇五)参照。

(11) BVerfG, NJW 2003, S. 660.

(12) BVerfG, NJW 2008, S. 2907. Vgl. auch NJW 2001, S. 61.

(13) 毛利透『表現の自由』二六〇頁以下(二〇〇八)参照。

(14) BVerfGE 124, 300. 法廷による Beschluss であるが、ここでは「判決」と表記する。

(15) BVerfGE 124, 300 (325-30).

(16) BVerfGE 124, 300 (330f.).

(17) BVerfGE 124, 300 (331–35).

(18) BVerfGE 124, 300 (335–37).

(19) Oliver Lepsius, JURA 2010, S. 527.

(20) Lepsius, ebd., S. 535; Tobias Handschell, BayVBl. 2011, S. 745, 749. 本判決は、基本法は「闘う民主制」を理由とする基本権制約を明文で限定的に規定しているという、同裁判所のこれまでの判例とも相いれないという評釈として、Stefan Martini, JöR, NF 59 (2011), S. 279, 296.

(21) Handschell (Anm. 20), S. 749; Wolfram Höfling/Steffen Augsberg, JZ, 2010, S. 1088, 1094.

(22) Uwe Volkmann, NJW 2010, S. 417, 418f.; Höfling/Augsberg, ebd., S. 1094; Christoph Degenhart, JZ 2010, S. 306, 308f.

(23) Thomas Holzner, DVBl 2010, S. 48, 49–51.

(24) Tatjana Hörnle, JZ 2010, S. 310, 312f.; Volkmann (Anm. 22), S. 419f. (連邦憲法裁判所は、自由な論争の力を信じると格好のいいことを言ってはいるが、結局のところ、その信頼は「さほど大きくはない」。); Höfling/Augsberg (Anm. 21), S. 1097f.

(25) Mathias Hong, DVBl 2010, S. 1267, 1271f.

(26) 本判決への強い批判に対し、意見表明の自由についての報告担当者として本判決で大きな役割を果たしたヨハネス・マージングが、この分野ではもはや恒例になったと言ってよい「裁判官の弁解」を行っている。Johannes Masing, Meinungsfreiheit und Schutz der verfassungsrechtlichen Ordnung, JZ 2012, S. 585. この論文は、本判決が、意見表明を、その「純粋に精神的な効果」を理由にして禁止することをカテゴリカルに否定したことの意義を強調している。この目的はそれ自体が不当であるため、利益衡量も排除される。マージングは、ルドルフ・スメントが意見表明の自由を制約する「一般法律」の解釈において利益衡量を限定なく用いたことと、本判決との違いを指摘しているが、その意図は明らかに、本判決と従来の判例との相違を示すことにある。意見表明の自由の「中核」原理から、比例原則を用いた利益衡量が行われる領域を限定しようとする問題関心が現れたことは、注目に値する。そして、ナチス支配正当化の禁止を例外として認めたことについては、そこでも以上の原理は崩していない、つまり内容が他者にもたらす精神的な効果を害悪だとは考えていないことを確認したうえで、このような言論活動がドイツの公共の平穏に対してもつ特殊な危険性を考慮することは許されるはずだと述べ、また、その例外性を強調して、他の言論内容への拡大の懸念を払拭しようとしている。他方で、自由な民主政の敵の活動は、まさしく言論段階から禁止して危険の芽を摘むべきだということが、ワイマールの教訓ではないのかという意見に対しては、それは「法の敵には権利を与えない」というカール・シュミット的思考であり、外面的危険に対してのみ法的規制を及ぼすという法治国家の原理に反することになる、と反論している。

(27) BVerfGE, NJW 2012, S. 1498.

アメリカにおけるヘイト・スピーチ規制の歴史と現状
――「特殊」なモデルの形成と変容――

奈須祐治
（西南学院大学）

一　問題の所在

日本のヘイト・スピーチ規制消極説の多くは、この問題に関して「特殊な国」として位置づけられてきたアメリカを参照してきた[1]。しかし、その「特殊性」が確立した過程の検証はいまだ不十分であり、それがどの程度わが国の論議に応用できるのかは明確でない。そこで、本稿においてアメリカにおける規制の歴史を概観し[2]、「特殊性」の意義と射程を明らかにしたい。

二　アメリカにおけるヘイト・スピーチ規制の歴史

（一）一九〇〇-一〇年代―前史

一九世紀末から二〇世紀初頭にかけてユダヤ人移民が急増したことにより、ユダヤ人差別が多発した[3]。一九一三年にニューヨーク州公民権法改正で設けられた規定は、ホテル等の公共施設が、人種、肌の色又は宗教に基いて人を客として歓迎しない旨の告知を掲示等する行為を規制するものだった[4]。また、一〇年代に黒人の「大移動」が本格化したことにより、[5]白人居住区域に黒人が引っ越してきた際に、差別落書きや十字架焼却等の差別行為がなされるという問題が各地で頻発した。この問題は現在に至るまでアメリカ社会を悩ませており、後述する多くのヘイト・スピーチ判例を生み出すことにもなった。[6]

一九一五年にはクー・クラックス・クランの復活がみられた。この時期のクランは多数の会員を擁する全国的組織に成長し、多くのヘイト・スピーチ事件を起こした。[7]

（二）一九二〇年代──法規制の始まり

二〇年代には初めて本格的な規制論議が生まれた。特に、フォード（Henry Ford）が一九一九年に買収した新聞の中で、反ユダヤ主義的内容の記事が繰り返し掲載された事件が有名である。[8]これに対し、複数のユダヤ系団体が様々な対抗策を打ち出し、いくつかの自治体では条例による規制も行われた。[9]また、一九二四年から二五年にかけて、ユダヤ人弁護士で農協のオーガナイザーだったサピロ（Aaron Sapiro）等が農家の搾取を行っていると主張する連載記事が同紙上に公表された。これに対して、サピロにより一〇〇万ドルの損害賠償を求める名誉毀損訴訟が提起された。[10]最終的にはフォードが譲歩して両者は和解し、フォードが謝罪文を公表することで決着した。[11]

二〇年代には多くの州や自治体によるクランの集会や出版物の規制もみられた。いくつかの州では後に合憲性が問われることとなる、覆面着用を規制する法律が制定された。[12]

（三）一九三〇年代──ナチス系団体の台頭とそれに対する法的対応

ドイツにおけるナチス政権誕生以来、国内に多数のナチス系団体が現れ、反ユダヤ主義的言説を流布した。しかも、これらの団体の多くは軍事訓練を行う準軍事組織で、本国からの資金提供を受けているとの噂もあった。いくつかの州や自治体はこれに対抗して集会、デモ規制等を行った。[13]ニュージャージー州は、一九三四年にファシストに対抗して集団への憎悪等を煽動等する行為の規制を行ったが、州最高裁はこの規定の不明確さを理由に違憲判決を下した[14]。

当時の欧州諸国がファシズムに対抗するために制定した法律を広く分析したレーベンシュタイン(Karl Loewenstein)が、「闘う民主政」の概念を提唱し、民主政が内部から蝕まれる危険を指摘していたことも注目される[15]。

（四）一九四〇-五〇年代―集団的名誉毀損法の興隆

エホバの証人は、三〇年代から主にカトリックが居住している区域に出向き、面前でカトリックに対する激しい誹謗を行う布教スタイルをとるようになり、各地で衝突を起こした。これに対して、州や自治体が法規制を行った[16]。

Cantwell v. Connecticut[17]では、エホバの証人が路上で二人の男性に向けてカトリックを攻撃する内容のレコードをかけ、秩序紊乱罪に問われた。最高裁は本件では脅迫や個人への罵り等もなく、進んで話を聞こうとした者を被告人が説得しようとしただけだったことを確認した。そして、宗教的信仰や政治的信念の領域では鋭い相違が生じるものであり、そこでの言論の自由が、市民の啓蒙された意見や正しい行為に不可欠であると判示した。この判例は、面前の侮辱であっても宗教一般への誹謗なら許容されるとした点、宗教的、政治的に多様な社会における言論の自由のあり方を理念レベルで明確にした点に意義がある。

四〇年代には集団的名誉毀損法制定の動きがみられた。連邦では立法は実現しなかったものの、郵便における集団誹謗を禁じるいくつかの法案が議会に提出された。しかし、ユダヤ系の団体を含めこれを支持する声は少なかった[18]。州レベルでは、イリノイ、ニュージャージーで以前から法律が存在したが、四〇年代には多くの州が法律を制定した。[19] また、学説においても議論が活発化した。リースマン（David Riesman）とタネンハウス（Joseph Tanenhaus）は、集団的名誉毀損の限定的な規制を肯定する論文を公表した。[20]

これらの州法はほとんど適用されなかったものの、最高裁による御墨付きが得られた。*Beauharnais v. Illinois*[21] では、人種統合に反対する組織の長が、黒人による雑種化や、黒人の様々な犯罪の危険を市に対して訴える文書配布の取りまとめを行ったことで、州法の規定により起訴された。法廷意見は、集団への名誉毀損が保護されない言論にあたると考え、本件州法の規定の合憲性を認め、被告人の有罪を支持した。

皮肉にもこの判決後、各州法に対する支持は減退した。一九六〇年には、集団的名誉毀損法を支持していたアメリカ・ユダヤ人会議も不支持の意見に転換した。背景には、ユダヤ人コミュニティが個人主義を強調するようになっていたこと、ユダヤ人の地位が向上していたこと等があった。[22] また、学説上もより慎重な立場が表明されるようになり、当のイリノイ州法も一九六一年に廃止された。[23]

他方で、四〇年代後半に連邦のヘイト・クライム規制法[24]が設けられ、五〇年代以降には州レベルで十字架焼却規制法等が制定され始めた。

（五）一九六〇-七〇年代―市民権運動、及びスコーキー事件

この時期においても依然として黒人差別が厳しく、白人居住地区への引っ越しの際の嫌がらせや暴力も跡を絶たなかった。また、市民権運動への反発としてクランの活動が再び活発化した。ところが、NAACP 等の主要な黒人系団体は積極的に規制を求めなかった。当時の黒人が運動手法として過激な言論を用いていたこと、法執行者を信頼できなかったこと、*New York Times Co. v. Sullivan*[25] を初め

とする一連の最高裁判決が市民権運動を行う人々の側の言論の自由を強く保護したこと等が原因として指摘されている。[26]

七〇年代にはスコーキー事件が論争を巻き起こした。この事件は、アメリカ国家社会主義党（NSPA）が、多数のユダヤ系住民が居住するスコーキー村において、鉤十字のついた制服を着てデモを予告したことで起こった。この事件の中で、デモに対する差止命令の合憲性を問う訴訟、デモ予告を契機に制定された三条例の合憲性を問う訴訟等が提起された。NSPAはすべての訴訟で勝利したが、[27]最終的には別の場所でデモを挙行した。

NSPA勝訴には十分な理由があった。*Beauharnais* 判決以降、違法行為を引き起こす危険がない、不快にすぎない言論は規制できないという原則、[28]違法行為を引き起こす危険がある言論でも、差し迫った危険がなければ規制ができないという原則、[29]望まない言論の回避は「囚われ」の状態でない限り聴衆の責任であるという原則、[30]敵対的聴衆の存在を理由に言論を制約してはならないという原則、[31]保護されない言論範疇にも憲法の保護が及ぶという原則[32]等が判例上確立していたからである。

ほとんどの団体が規制を支持する中、ACLUがNSPA支持の姿勢を貫き、上記各訴訟の弁護も行った。結果としてACLUの会員数は激減し、財政危機に陥ったが、事件後は会員数を回復し、財政的安定も取り戻した。[33]

（六）一九八〇-九〇年代―キャンパスにおけるヘイト・スピーチをめぐる論争

八〇年代後半に多数の大学で悪質なヘイト・スピーチ事件が起こった。これに対応して、多くの大学が学則の中で規制を設けた。[34]このような動きの背景には、マイノリティの学生の増加、急進左派の教員の影響力拡大、大学当局の規制に対する肯定的姿勢等があった。[35]こうした規制は、カリキュラム策定におけるマイノリティの意見の尊重、アファーマティブ・アクションの促進等の論議と合わせて論争を生み、保守・リバタリアンからは「政治的正しさ」の押し付けだと批判された。なお、ACLUはこの当時も規制に反対していた。

いくつかの事件で規制の合憲性が争われ、次々と表現の自由を尊重する判決が下された[36]。しかも、相当限定的な規制まで違憲とされた[37]。

一方で、この時期に環境型ハラスメントの法理が形成された。使用者が人種、性別等に基いて被用者を差別することを違法とする市民権法第七編の規定にハラスメントの禁止は明記されていないが、判例上そこに包含されることが認められた[38]。最高裁は *Meritor Savings Bank v. Vinson*[39] で環境型ハラスメントが第七編の規定に違反することを認めた。また、*Harris v. Forklift Systems, Inc.*[40] では、第一修正違反について審査を行うこともなく、純粋に言葉だけのハラスメントも当該規定に抵触すると判示した。

このように、環境型ハラスメントの規制の合憲性が簡単に認められたので、その法理に依拠したヘイト・スピーチ規制は可能だと考えられた。こうした経緯もあり、現在多くの大学は環境型ハラスメントと同型のヘイト・スピーチの規制を行っている[41]。

この時期、ヘイト・クライム法の発展もみられた。連邦レベルでは既にヘイト・クライムの規制がなされていたが、一九九〇年にはヘイト・クライム統計法（Hate Crime Statistics Act）が、一九九四年にはヘイト・クライム量刑加重法（Hate Crimes Sentencing Enhancement Act）が制定された。各州では、偏見に動機づけられた犯罪の処罰規定が設けられたり、既存の罪の刑罰加重が行われたりした[42]。

こうした状況下で二つの判決が下された。*R.A.V. v. St. Paul* では、男性グループが黒人家族の家の庭で十字架を燃やす等の行為を行って、その中の未成年者一名が十字架焼却を規制する条例の規定により起訴された。最高裁は、当該規定は保護されない言論である喧嘩言葉のうち、人種等に基づいて侮辱したり、暴力を引き起こしたりするもののみを制約するもので、内容及び見解に基づく差別にあたり、違憲であると判断した。

この判決は、それまでに蓄積していた内容規制を違憲とする多くの判例[43]を踏まえて、厳格な内容差別禁止原則を宣言した点に特徴がある。この判決により、ヘイト・スピーチ規制がほぼ不可能になるともいわれたが、同判決は「内容差別の基礎が、もっぱら問題となっている表現全体を禁止できるのとまさに同じ理由から成り立っている」場合等を内容差別禁止原則の例外としていた。

Wisconsin v. Mitchell[44]では、黒人の若者数名が意図的に白人を狙って路上で白人少年に暴行を加え、加重暴行傷害罪に問われた。全員一致の法廷意見は、本件法令は第一修正によって保護されない「行為」に向けられているとして *R.A.V.* 事件と区別し、合憲と判断した。かくして刑罰加重規定の合憲性が明確に認められた。

この時期の判例としてもう一つ興味深いものが、*Jeffries v. Harleston*[45]である。この事件では、ある大学教授が学外での演説で特にユダヤ人に対して侮蔑的な発言を行ったことを理由に、研究部門長の職を任期前に解かれた。控訴裁はこの措置を違憲とする判決を下したが、最高裁は同判決を破棄、差戻し、職場においてはより緩やかな違憲審査基準が用いられるとした先例[46]に照らした再考を求めた。ヘイト・スピーチを理由とする雇用主による不利益処分は、必ずしも通常の法規制と同様に厳格に審査されないのである。

（七）二〇〇〇年代―法体系の確立

R.A.V. 判決以降も、人種等に基づく脅迫の罪、より限定的な十字架焼却規制法、覆面禁止法等

が合憲とされる余地があるのかは依然明らかでなかったが、その後最高裁の態度がより明確になる。*Virginia v. Black*[47]では、州の十字架焼却規制法の規定の合憲性が争われた。同法には、十字架焼却が行われた場合に脅迫の意図を推定する規定も置かれていた。法廷意見はクランと十字架焼却の歴史を詳細に述べ、後者が伝える脅迫的メッセージを説き、それが保護されない表現である「真の脅し」に該当すると判断した。そして、その規制は*R.A.V.*判決が挙げた内容差別禁止原則の例外にあたると判示した。ただし、法廷意見は、事実審により解釈された意図の推定規定が思想抑圧の危険を生むと判断し、結論的には規定を違憲無効としている。

三　アメリカの「特殊性」の本質

上述した歴史に鑑みれば、アメリカの「特殊性」は複数の要因によって形成されてきたことが分かる。すなわち、マイノリティが集団の権利よりも個人の権利を重視するようになり、かつ表現の自由の手厚い保障に重点を置き始めたため、自ら規制を要求しなくなったこと、ＡＣＬＵを代表とする市民権団体が早くから強力な表現の自由保護を求めて活発な運動を行ったこと、二〇世紀初頭から最高裁が表現の自由を手厚く保障するようになり、これがヘイト・スピーチ規制の合憲性審査にも反映されたこと、ヘイト・クライム、ハラスメントの規制等の代替的スキームが構築されたこと等である。

ところで、ヘイト・スピーチ規制については概ね表現の自由の一般的法理に沿って体系が構築されてきた。そうであれば表現の自由一般の「特殊性」の原因を知ることも有益だろう。シャウアー(Frederick Schauer)は、それを実体と方法に峻別している。前者はアメリカが対抗利益よりも表現の自由を顕著に重視する法理を設けている点を、後者はアメリカの裁判所が用いる基準やテストが、柔軟な利益衡量を排して硬直的な範疇を設けている点を指す[48]。

実体的特殊性は、絶対的な保障を指示しているように読める第一修正の条文、社会全体のリバタリアン的、個人主義的傾向、政府に対する不信の傾向、第一修正を特別視する政治文化等が原因であるとされる[49]。他方で、方法的特殊性については法理の発展段階の違いにすぎず、他国が事例を蓄積するにつれてアメリカの法理に接近するという仮説が提示されている[50]。ヘイト・スピーチに関しても、それらの両次元で特殊性が際立つが、特に実体的特殊性に関する上記すべての要因は、ヘイト・スピーチの文脈にもあてはまるといえそうである。

他方で、アメリカの「特殊性」はそれほど極端ではないという見方もありうる。すなわち、アメリカでは既述のように様々な規制がなされており、最高裁も一定の制約の余地を認めている。不特定人に向けたヘイト・スピーチという部分だけ比較すれば「特殊」ということになるが、全体の比較では必ずしも「特殊」とはいえないのである。

四　わが国への含意

ヘイト・スピーチに関するアメリカの法理は様々な要因が複雑に絡み合って形成されたものであり、文脈の異なる日本にそのまま持ち込むことはできない。アメリカの「特殊性」を生んだ諸要因のうち、わが国に当てはまるものも一部あるものの、あてはまらない部分も多いし、上記の表現の自由一般の「特殊性」の原因についてもほとんど日本にあてはまらない。

日本における規制の可能性を考えるにあたっては、固有の文脈を踏まえつつ、法規制の体系全体をみながら検討していく必要がある。特に現在主要なマイノリティ系団体が揃って規制を求めていること、ヘイト・クライム法等の代替的規制が全く未整備であること等に注意が必要である。アメリカでは原則として違憲とされる、不特定人に向けられた公共の場でのヘイト・スピーチを限定的に規制できるか否かも、こうした事実を踏まえて考えなければならない。

（1）阪口正二郎「表現の自由をめぐる「普通の国家」と「特殊な国家」―合衆国における表現の自由法理の動揺の含意」東京大学社会科学研究所編『20世紀システム5　国家の多様性と市場』二〇－二三頁（東京大学出版会、一九九八）等参照。

（2）*See* Samuel Walker, Hate Speech: The History of an American Controversy（1994）.

（3）*See* Evan P. Schultz, *Group Rights, American Jews, and the Failure of Group Libel Laws, 1913–1952*, 66 Brook. L. Rev. 71, 81–82（2000）.

（4）詳しくは、Jeffrey S. Gurock, *The 1913 New York State Civil Rights Act*, 1 AJS Rev. 93（1976）参照。

（5）当時の主要都市における黒人人口増加率について、U.S. Department of Commerce, Bureau of the Census, *Negroes in the United States 1920–32*, at 55（1935）参照。

（6）*See generally* Jeannine Bell, Hate Thy Neighbor: Move-in Violence and the Persistence of Racial Segregation in American Housing（2013）.

（7）*See* Walker, *supra* note 2, at 21–22.

（8）*See generally* Victoria Saker Woeste, Henry Ford's War on Jews and the Legal Battle Against Hate Speech（2012）.

（9）*See id.*, ch. 3. 裁判例として、*Dearborn Publ'g Co. v. Fitzgerald*, 271 F. 479（1921）参照。

（10）*See id.*, chs. 6–7; *Sapiro v. Ford*, Time, Mar. 9, 1927, at 36.

（11）*See id.*, ch. 8.

(12) *See* WALKER, *supra* note 2, at 21–28.
(13) *See id.*, at 38–40.
(14) *See* State v. Klapprott, 22 A. 2d 877 (1941).
(15) *See* Karl Loewenstein, *Militant Democracy and Fundamental Rights*, I–II, 31 AM. POLIT. SCI. REV. 417; 638 (1937).
(16) *See* WALKER, *supra* note 2, at 65–66.
(17) 310 U.S. 296 (1940).
(18) *See* WALKER, *supra* note 2, at 83–84.
(19) *See id.*, at 82–83.
(20) *See* David Riesman, *Democracy and Defamation: Control of Group Libel*, 42 COLUM. L. REV. 727, 755, 799–80 (1942); Joseph Tanenhaus, *Group Libel*, 35 CORNELL L.Q. 261, 297, 302 (1950).
(21) 343 U.S. 250 (1952).
(22) *See* Schultz, *supra* note 3, at 144–45.
(23) *See* WALKER, *supra* note 2, at 98–100.
(24) 18 U.S.C. §241; 242 (1948).
(25) 376 U.S. 254 (1964).
(26) *See id.*, at 102–20.
(27) *See* Village of Skokie v. National Socialist Party of America, 69 Ill. 2d 605 (1978); Collin v. Smith, 578 F. 2d 1197 (7th Cir. 1978), cert. denied, 439 U.S. 916 (1978).
(28) *See e.g.*, Cohen v. California, 403 U.S. 15 (1971); Gooding v. Wilson, 405 U.S. 518 (1972).
(29) *See e.g.*, Brandenburg v. Ohio, 395 U.S. 444 (1969).
(30) *See e.g.*, Cohen v. California, 403 U.S. 15 (1971); Erznoznik v. Jacksonville, 422 U.S. 205 (1975).

(31) *See e.g.*, Edwards v. South Carolina, 372 U.S. 229 (1963); Gregory v. Chicago, 394 U.S. 111 (1969).

(32) *See e.g.*, New York Times Co. v. Sullivan, 376 U.S. 254 (1964).

(33) *See* PHILIPPA STRUM, WHEN THE NAZIS CAME TO SKOKIE: FREEDOM FOR SPEECH WE HATE 144–46 (1999).

(34) *See* JON B. GOULD, SPEAK NO EVIL: THE TRIUMPH OF HATE SPEECH REGULATION 5 (2005).

(35) *See* WALKER, *supra* note 2, at 133–35.

(36) *See e.g.*, Doe v. University of Michigan, 721 F. Supp. 852 (E.D. Mich. 1989).

(37) *See e.g.*, Corry v. Stanford, No. 740309 (Cal. Super. Ct. 1995).

(38) *See* Rogers v. EEOC, 454 F. 2d 234 (5th Cir. 1971).

(39) 477 U.S. 57 (1986).

(40) 510 U.S. 17 (1993).

(41) *See* GOULD, *supra* note 34, at 23.

(42) 505 U.S. 377 (1992).

(43) *See e.g.*, Carey v. Brown, 447 U.S. 455 (1980); Consolidated Edison Co. v. Public Service Commission, 447 U.S. 530 (1980); Simon & Schuster v. Crime Victims Board, 502 U.S. 105 (1991).

(44) 508 U.S. 476 (1993).

(45) 516 U.S. 862 (1995).

(46) Waters v. Churchill, 511 U.S. 661 (1994).

(47) 538 U.S. 343 (2003).

(48) *See* Frederick Schauer, *The Exceptional First Amendment*, in AMERICAN EXCEPTIONALISM AND HUMAN RIGHTS 30–32 (Michael Ignatieff ed., 2009).

(49) *See id.*, at 44–53.

(50) *See id.*, at 31–32.

第三部　メディアをめぐる対話的憲法理論の展開

討議空間の均一化と「プレス」の「内部規律」
――ロバート・ポストとその周辺の議論を参考に――

水谷　瑛嗣郎
（帝京大学）

はじめに

本稿は、現代のメディア環境が生み出す「民主的討議空間の均一化」の憲法秩序と民主政への影響に言及し、そのうえで現代における「プレス」の憲法上の再定位について、ささやかな提案を行うものである。(1) なお本稿で使用するプレスという用語は「報道機関（ジャーナリスト集団）」と同義で用いているという旨をあらかじめ補足させていただく。

一　二つの修正一条価値――ロバート・ポストの議論

（一）民主的正統性、公共討議

アメリカ連邦最高裁は、言論の自由とプレスの自由を「等価」なものとして扱ってきた。(2) この傾向を説明する理由はいくつかあるが、本稿の着眼点からは、修正一条における「民主政」の価値を重く受け止めるロバート・ポストの説明が参考になる。

ポストは、まずある言論が憲法保護の対象となるのはその言論の中に「憲法価値が現実に存在している場合に限られる」と考え、(3)特に修正一条は我々の政府の「民主的正統性（democratic legitimation）」という価値を保護していると指摘した。(4)民主政国家は、「我々の参加こそが、我々の見解に対して敏感な政府を形成し、世論を変えるかもしれないという期待(5)」を人民が抱き、彼らが「自分たちを拘束する法律について、自身こそが潜在的な起草者なのだと考えた(6)」ときにはじめて正常に駆動する。そのため修正一条は、全ての諸個人に対し、世論形成のため自由闊達に発言する権利を保障していなければならない。(7)ここから「世論形成のために必要と認めるコミュニケーション過程のすべて」を含んだ「公共討議（public discourse）」が、修正一条の範囲となる。(8)こうした公共討議における一般原則は、基本的にどの言論を正しいものとして受容するかを「受け手」である諸個人の判断にゆだねた「買い手危険負担（caveat emptor）」である。(9)まさに民主的正統性の価値は、「愚者と識者が、等しく公衆に訴えかける権利」（強調執筆者）(10)を要請するのである。

（二）民主的能力、内部規律

他方でポストは、「民主政」がより円滑にまわるために必要な「知識（knowledge）」が公共討議では生産・供給されないことを認めている。

例えば、我々の社会において、科学「知識」を先導しているのは、ランセットやネイチャーといった専門誌である。公共討議における重要な点は、そうした専門誌の編集者が論文掲載に際して行っているような内容差別を排除するよう設計されてきた点にあったが、もし編集者が、そうした区別を禁じられたなら、それら雑誌は「知識」を先導する役割を果たすことはできない。したがって、この文脈においては民主的正統性に代わるに別の憲法価値に依拠することを要し、ポストはそれを「民主的能力（democratic competence）」と呼んでいる。[11] 民主的能力は「公共討議の範囲内の人々の認識力の啓発（the cognitive empowerment）であり、それは規律的な知識へのアクセスにある程度依存するものである」と定義される。[12] ポストによれば、「何が疑わしいかそうでないかについて、何が通常予測されることか例外に数えられることかについて、何が証拠と証明と考えられるかについての、知識を生産する方法に関係する集団慣習」[13] に基づかない限り、「知識」は生み出されることはない。[14] つまり「知識」は、善きアイデアと悪しきアイデアの区別を行う「内部規律（discipline）」と専門家集団の「同輩判断（peer judgement）」に依存して生み出される。[15] ここでいう「内部規律」は、管理領域において組織が有する規律権限（自生制度規範の定立と執行）のことを指しているとされ、それは時に組織内の個人の言論や行為をも規律することができる。[16]

このような「民主的能力の価値は、国家が世論形成に影響を与える可能性のある規律的知識のコミュニケーションを妨げようとすることによって徐々に蝕まれる」。[17] そこで修正一条は、「公共討議の健全性（integrity）＝能力（competence）」を保護するため、専門知形成に関連する制度（体）の内部規律に沿った行為に対し、手段的に特権を与え、政府の影響力から保護しなければならない。[18]

例えば患者に対して中絶を止めるアドバイスをすることを医師に求めるネブラスカ州法を、裁判所は修正一条に違反するとした。[19] さらに法律家がクライアントに、彼らが倒産する場合に熟考の上で借金を被る権利を有するとアドバイスするのを禁じた倒産乱用防止並びに消費者保護法[20]について、裁判所は正確な法的知識のコミュニケーションを禁じたことは、重大な修正一条上の問題を引き起こしているとした。[21] こうした行為の規制は、まさに法律実務上の受認基準（accepted standards）に反する方法だったからである。[22]

同時に、このような事例の存在は、もし政府の規制が専門家集団の内部規律に反する行為を取り締まるものだった場合、専門家をかたって行われるそうした行為は修正一条によって保護されることはないということも示している。

さて、以上のようなポストの議論を踏まえて、「プレス」の議論に戻ってみることとしたい。

二 「プレスの自由」と「内部規律」

(一) 均一化された討議の空間と「媒体」としての「プレス」

まずポストは「プレス」をどう評価しているのだろうか?ポストは、雑誌、新聞といった「プレス」が放つ言論には「公共的に生成された(public-generating)[23]」ものであるという推定が即座に働く点に着目し、「メディア言論(media speech)は、公共討議を構成しているという一応の推定的主張(prima facie claim)、すなわち内容よりもむしろ普及の作法によって完全に基礎づけられた推定的主張の範囲内において、伝達される」(強調点執筆者)がゆえに、「ユニーク」だという[24]。ポストがプレスを「ユニーク」と評するとき、その「媒体(まさに、メディア!)」としての特性[25]を重視するのである。同時にこれは、修正一条の法理における「プレス」の扱われ方を説明するうえで、記述的にはある程度正確であるといってよい。しかし、ジャーナリスト以外の諸個人がインターネットという媒体を手にした今日において、プレスの「媒体」的側面はもはやユニークとは言い難い。近年の連邦最高裁もそうしたメディア環境を踏まえて、あらゆる人の言論を等しく扱う均一化された討議空間をますます目指しているようにみえる。例えば、Reno v. ACLU 最高裁判決の法廷意見は、インターネットを「新しい思想の市場」と位置付けている[26]。さらに決定的なことに、Citizens United v. FEC 最高裁判決の法廷意見は、インターネットの進歩と既存メディアの衰退により、政治問題にコメントすることを望むメディアとその他の人々の間の境界が曖昧になりつつあることを指摘し、これまでは既存メディアが候補者と政治争点についての情報を市民に提供する効果的な手段であったが、すぐにインターネットがそれに取って代わると述べている。[27] こうした傾向の背景には、ポール・ホーウィッツが指摘するように、社会において「専門的かつ社会的な知識」を生産し供給するアクターとして信頼に基づく権威をほしいままにしていた制度（体）の「奢り」と、その地位を失墜させたインターネット上のアマチュアたちの存在がある。[28]

しかし発信から取捨選択までも「個人」にゆだねた「買い手危険負担」式の討議空間にはおのずと限界がある。[29]「プレス」をはじめとした社会の中間項が弱体化した後の危険性については、サンスティンによる「デイリー・ミー」現象の指摘[30]や「集団分極化」の指摘からも明らかである。[31] また近時示されたアメリカ連邦通信委員会の報告書も、今日の情報流通における主導権は、インターネットの登場により、一見市民に集中しているようにみえるが、その実、ジャーナリズムの衰退によって政府や企業側に移る可能性について警告している。[32] これでは憲法が想定する本来の意味での「みんなの言論空間」からは程遠い。

他方で「プレス」の特徴は「媒体」だけにとどまらなかったはずである。この点、アメリカの法律家集団の間では「監視者・番犬」[33]と「解釈者・教育」[34]といった固有の機能について認識がなされてきた。本稿ではこうしたプレスが果たしてきた諸機能をふまえつつ、ポストの「知識」と「内部規律」の議論を参考に、「プレス」を再定位した民主的討議空間のあり方を模索する。

(二) プレスの自由と内部規律

ポストの「民主的能力」論の潜在価値は、すべての言論（者）が憲法的に平等に扱われない文脈があると示した点にある。[35] ここで参考になるのが、ブロッカーとブラデックの議論である。

ジョセフ・ブロッカーは、プレスが専門知を公共討議に「流通」させる役割を担ってきたことを指摘し、知識の生産のみならず、それを公共討議に流通させるためにもまた内部規律が必要になるとする。[36] むろんプレス自体が知識を生産することもある。ウォーターゲート事件や、ペンタゴン・ペーパーズ事件といった調査ジャーナリズムのように、「学問に匹敵するプレスは、民主的能力の価値の下で修正一条の保護を受けるべき」なのである。[37] むろんプレスは、その役割に基づいた内部規律と、それを統制するメカニズムを採用し、違反したジャーナリストは定期的に社会や雇用関連の制裁を通じて規律されている。[38]

また、ステファン・ブラデックによれば、ジャーナリズムは「公共討議の内の人々の認識力の強化をより直接的に促進する」という点で民主的能力の価値に大きく貢献している。[39] 民主的能力は、「専門知を形成する規律的な実践が、それら自体に憲法上の地位を与えた場合に限って保護されうる」。だとすれば、専門知を生成する意見のみならず、そうした意見に到達するための手段をも修正一条が保護しなければならないはずである。[40] これをプレスの文脈でいえば、情報収集権（取材の自由や取材源の秘匿）といった実践的活動を保護しうるということである。[41] むろんその反射として幾つかの規律において他よりも政府の干渉を受けやすくなるだろう。そして、プロフェッショナル基準と倫理規範があり、専門認定機関が大学の学部と大学院の講義プログラムを監督している[42]「プレス」は、裁判所が法的に特定可能であるといえる。

（三） アメリカにおけるプレス・コードと裁判所

以上のように、ジャーナリズムもまた民主的能力の価値によって憲法上の特別な保護を受ける（さらにその反射として責任を負う）専門職能である可能性が示唆される。そこではアメリカのプレスが自らの活動を自己規律する倫理規範を有していると指摘されるが、実際にアメリカのプレスには、三つの主要な倫理コードがある。一つは全米新聞編集者協会の「原則声明」、次にラジオ・テレビニュースディレクター協会の「倫理コードおよび専門実践」、最後に専門職ジャーナリズム協会の「倫理コード」である。

しかしこれら倫理規範の存在だけでは、プレスが民主的能力の価値により保護されるために十分といえない。というのもポストは、憲法上の保護を受ける専門職かを判断するためには、「最終的に知識に関する憲法社会学に依拠する」と述べており、これは、憲法保護に値するものと、そうでないものを区別する裁判官に必要な社会認識であるとされる(43)。ということは、ジャーナリズム（とその内部規律）が民主的能力の価値によって保護されるか否かは、最終的には裁判官集団の「認識」にかかっているということになるだろう。

この点、古くは New York Times v. Sullivan 最高裁判決の脚注27において、最高裁は、タイムズ社の「広告受け入れ基準」にふれ、その基準が満たされていたために公刊することが可能になったというタイムズ社秘書の証言に注意を払っている(44)。そして、メディア法、プライバシー法を専門とするエイミー・ガヤーダによれば、プライバシーの領域では「報道価値」について法的に判断が下されてきたが、近年の下級審レベルにおいて裁判所は、「専門職倫理のジャーナリスト・コードにより示された報道価値についての判断に焦点を合わせ」るようになったという(45)。このような傾向は、一面として「倫理コードを利用した裁判所による検閲」という側面(46)があるが、あえて裏面をみれば、ジャーナリスト集団が自らつくった規律に従うよう促していると捉えることもできよう。ウェブ上にゴシップサイトが乱立して

いるなかで、もはや裁判所は自称「プレス」から主張される「報道価値」を安易に認めるわけにはいかないのである。(47)

三　若干の検討

（一）我が国・欧州での議論（専門職能の規律された自由）

以上のような「知識（専門知）」と「内部規律」について、我が国で議論したものとして奥平康弘と松田浩の次のようなやり取りが挙げられる。まず奥平は「自律」の英語訳を「discipline」と述べ、(48)この報告を受けて松田は「discipline」は「専門職能（profession）」という言葉と互換的ではないかと発言している。それに対し奥平は、松田の指摘を認めた上で、「よきプロフェッショナルであるかということを集団的に議論するのは常にあるべき」であり、「一定の職業については、このような制度がなければうまく働かない」と応答している。(49)このやり取りから「discipline」は、人権基礎論として語られてきた「自律（autonomy）」とは別の「専門職能上の集団的自律」を指し、一定の規律が及ぶ自由であると考えられよう。さらに奥平が、教師（集団）の職務権限の独立性に関して「報道の自由、情報の自由との関連で問題になる報道・言論機関の労働者たちの『内部的な自由（innere Freiheit）』とかなり近似のものである」とし、「この種の『自由』は、伝統的な憲法学で言う『自由権』とはやや性質を異にし、ただちに、個人に保障された憲法上の権利とは言い難いものがある」が、「これは、現代的な自由を構成する不可欠な構成要素であることは疑いなく、憲法学がこの『制度的』な『自由』をどう把握し体系化するかが、もっとも重要な課題の一つ」であるとした。(50)本稿の議論もこの流れに位置付けられよう。(51)

また、こうしたプレスの職業倫理を法的判断における考慮要素として位置付ける手法は、欧州人権裁判所の傾向として指摘されている。曽我部によれば、同裁判所は「プレスの役割とその自由の民主的社会における重要性を強調する一方で、ジャーナリストの倫理に適合して、正確かつ信頼できる情報を提供するために誠実に行動するジャーナリズムの『義務及び責任』を強調してきた」との指摘がなされる。[52]ただし、同裁判所がこうした職業倫理を法的判断の考慮要素とするのは、欧州人権条約一〇条二項における「義務及び責任を伴う」[53]という文言の存在が大きく、そうした条文が存在しないアメリカと安易に同列に語ることはできない。しかし合衆国憲法修正一条には「プレス」の文言が備わっている。これまで「冗長にすぎない」とされてきたこの「プレス条項」を再活性化させることもまたインターネット時代に有益であると言えるかもしれない。[54]この場合、「プレス」という文言からどこまで「規律」という概念を結び付けることができるかが肝心となるため、アメリカにおける「プレス条項」の原意を改めて検討する価値があると思われる。[55]

（二）問題点

むろん、こうしたアプローチはいくつか問題を孕んでいる。最初の問題は、裁判所の制度的能力とかかわる。それは、こうした内部規律を果たして裁判官が精査することが可能であるのか、という問題点である。この点、ポストは裁判官はそのような判断を日常的にこなしており、そうした能力もあるとしており、[56]ここからポストの「誰を信頼すべきか」を判断する裁判官像に対する期待が読み取れる。

さらに別の問題として、こうした内部規律が「誰」によって形成され、執行されてきたかという点があげられる。プレスなどの制度（体）は、[57]それぞれの専門家たちを異なる道筋に捧げており、それによって異なる種類の決定を伴うために、「制度（体）内部にいる第一次的専門職（primary professionals）の判断と、その制度の外からの非専門職による統制、監督、干渉の区別」が重要であるということが指摘される。[58]となると、執行可能な内部規律に相当するためには、そうした規範定立はもちろんのこと、規範を第一次的に組織内部で執行する管理者も「第一次的専門職」が担っている必要がある。この点、我が国にもプレスの職業倫理規定が存在するが、主に経営者により定められた経営方針であると指摘されている。[59]内部規律を法的要素として取り込む場合には、その形成・運用過程に裁判所からの厳しい視線が注がれてしかるべきであろう。

最後にこのアプローチは、市民に「知識」を供給するという点から、プレスの「解釈者・教育」機能には資することになる一方で、「監視者・番犬」機能の「衝撃力」を削り取る可能性がある。例えば、このアプローチでは、ジュリアン・アサンジのような者を保護しえない。なぜならしばしば指摘されるように、アサンジには報道すべきこととすべきでないことの区分など存在せず、「危害最小化」のような倫理規範をもたないからである。[60]これは「公共の問題における議論は、拘束されず、力強く、そして開かれているべき」であり、それが時に「政府と公職者に対する、激しく、痛烈で、時に不愉快なほど鋭い攻撃を含む」[61]というSullivan判決以降、プレスが行使してきた言論活動のあり方を縮減することになるかもしれない。しかし、元来プレスはこの二つの機能それぞれについてのバランスを保ちながら存在することを期待されてきた。Sullivan判決において裁判所も「激しく、痛烈で、時に不愉快なほど鋭い攻撃」を望みながら、タイムズ社の「広告受け入れ基準」に合致していたかどうかに注意を払っていた。タイムズ紙編集長ビル・ケラーによる「独立したニュース組織としての責務は、情報の正しさを検証し、コンテクストを提供し、それらについて責任ある判断を行うことで、何を公開するかしないかではない」[62]という言葉は、そのバランス感覚についての「プロ」の重みを我々に示してくれている。さらに内部規律によって「プレス」と権力との「距離（独立性）」を担保することができるのならば、内部規律はむしろ権力とジャーナリズムの馴れ合いを抑止し、「番犬機能」を強化する可能性があることも付言しておきたい。

おわりに

「個人」の取捨選択に賭ける一元的で均質的な表現の自由の法理は、確かにデジタル技術を利用した「集合知」による民主政が構想される現代[63]において一定の魅力を持つ。しかしネットというメディアを委ねられる「個人」の限界問題[64]をやはり完全に拭い去ることはできない。

他方で、現代におけるプレスの危機の本質は、マスメディア「企業」の失墜にあるのではない。むしろそれまで一定の社会的任務を引き受け、その地位（権威）を認められていた「ジャーナリズム」という営みが、国民から、そして裁判所（法律家集団）からの「信頼」を失って見放されつつある点にある。近年、ネット上で盛んに叫ばれている「マスゴミ批判」は、これまで言論「媒体」を独占してきたエリートたち（既得権益集団）への新規参入者たちからの不信と反発である[65]。本稿で示した道は、「規律された自由」の実践による中間項の「信頼回復」である。同時に、「議会とネットという民意の古い回路と新しい回路とを媒介する」という「プレス」機能の変革も求められることになろう[66]。実のところ、この問題において「覚悟」が問われているのは裁判所でも国民でもない、他ならぬ「プレス」自身なのである[67]。

（1）本稿筆者の問題意識と研究テーマについては、拙稿「『プレスの自由』条項の現在――ポストデジタル革命時代における『プレス識別』に関するS・ウェストの所説を参考に――」法学政治学論究一〇三号（二〇一四年）一六五頁以下を参照。なお、この領域における先行研究はいくつかあるが、代表的なものとして以下を参照。西土彰一郎「部分規制論」駒村・鈴木編著『表現の自由Ⅰ　状況へ』（尚学社、二〇一一年）二七三頁以下、曽我部真裕「情報漏えい社会のメディアと法　プロとアマの差はなくなるか」ジャーナリズム二五一号（二〇一一年）四四頁以下、山口いつ子「マス・メディアの表現の自由と個人の表現の自由―ブロゴスフィア時代に求められる記者の「特権」論への視点―」西原編『憲法2　人権論の新展開』（岩波書店、二〇〇七年）一四一頁以下。さらにメディアの内部的自由について、独仏英を追った先行研究として、もちろん花田達郎編著『内部的メディアの自由』（日本評論社、二〇一三年）。

（2）Eric Barendt, Freedom of Speech 419-424（2nd ed. 2005）.

（3）Robert C. Post, *Recuperating First Amendment Doctrine*, 47 Stan. L. Rev. 1249, 1271, 1279（1995）.

（4）Robert C. Post, *Discipline and Freedom in the Academy*, 65 Ark. L. Rev. 203, 207（2012）.

（5）*Id.* at 208.

（6）Robert Post, Democracy, Expertise, Academic Freedom: A First Amendment Jurisprudence for The Modern State 17（2012）.

（7）Post, *supra* note 4, at 208.

（8）Robert Post, *Participatory Democracy and Free Speech*, 97 Va. L. Rev. 477, 486（2011）.

（9）Post, *supra* note 6, at 31.

（10）*Id.* at 28.

（11）Post, *supra* note 4, at 210-211.

（12）Post, *supra* note 6, at 33-34

（13）*See*, Amy Gutmann, Democratic Education（1987）.

（14）Post, *supra* note 6, at 25.

(15) *Id.* at 8-9, 31.
(16) Post, *supra* note 4, at 208-209.
(17) Post, *supra* note 6, at 61.
(18) *Id.* at 95-99
(19) Planned Parenthood v. Heineman, 724 F. Supp. 2d 1025, 1048 (D. Neb. 2010).
(20) 11 U.S.C. 526 (a) (4) (2011).
(21) Milavetz, Gallop & Milavetz, P.A. v. United States, 130 S. Ct. 1324, 1338 n. 5 (2010).
(22) Post, *supra* note 4, at 214.
(23) *See*, A. Gouldner, The Dialectic of Ideolgy and Technology: The Origins, Grammar, and Future of Ideology 106 (1976).
(24) Robert C. Post, *The Constitutional Concept of Public Discourse: Outrageous Opinion, Democratic Deliberation, and Hustler Magazine v. Falwell*, 103 Harv. L. Rev. 603, 678 (1990).
(25) メディアが持つ二つの側面を指摘したものとして、駒村圭吾『ジャーナリズムの法理――表現の自由の公共的使用』（嵯峨野書院、二〇〇一年）四七－四八頁。
(26) 521 U.S. 844, 885 (1997).
(27) 558 U.S. 310, 352, 364-365 (2010).
(28) Paul Horwitz, *The First Amendment's Epistemological Problem*, 87 Wash. L. Rev. 445, 491 (2012).
(29) ある作家はかつて、「そこに真実があるとしても、その『割合』が全く考慮されない空間」であり、「それが新しい時代の情報処理の在り方」とネットの特質を的確に評していた（伊藤計劃『伊藤計劃記録Ⅰ』（早川書房、二〇一五年）一一一頁）。
(30) Cass R. Sunstein, The Free Speech *in* Eternally Viglant: Free Speech in The Modern Era 285-286 (2002).

(31) *Id*. at 294-301.

(32) 同報告書は、FCC が設置したワーキンググループ（コンサルタント、ジャーナリスト、企業家、役人などからなる）により作成されている。*See*, http://https://www.fcc.gov/info-needs-communities（最終閲覧日二〇一五・九・一）また、国枝智樹「米ジャーナリズムの衰退に警鐘――米連邦通信委員会報告書から」新聞研究七三八号、二〇一三年、七〇‐七四頁。

(33) 283 U.S. 697（1931); 376 U.S. 254（1964).

(34) 297 U.S. 233（1936); 418 U.S. 241（1974).

(35) Stephen I. Vladeck, *Democratic Competence, Constitutional Disorder, and the Freedom of the Press*, 87 WASH. L. REV. 529, 538-539（2012).

(36) Joseph Blocher, *Public Discourse, Expert Knowledge, and the Press*, 87 WASH. L. REV. 409, 437（2012).

(37) *Id*. at 440.

(38) *Id*. at 440-441.

(39) Vladeck, *supra* note 35, at 540.

(40) *Id*. at 539-540.

(41) *Id*. at 541-542.

(42) *Id*. at 541.

(43) Post, *supra* note 6, at 96.

(44) 376 U.S. 254, 287 n27.

(45) Amy Gajda, *The Turn Toward Privacy and Judicial Regulation of the Press*, 97 CALIF. L. REV. 1039, 1042-1043（2009).

(46) *Id*. at 1083.

(47) *Id*. at 1041-1042.

(48) 奥平康弘「教育における自由と自律」憲法問題二四巻（二〇一三年）一〇六頁。
(49)「全国憲法研究会秋季研究総会シンポジウムのまとめ」（憲法問題二四巻一一四頁以下所収）。
(50) 参照、奥平康弘「教育を受ける権利」芦部信喜編『憲法Ⅲ　人権（2）』（有斐閣、一九八一年）四一九頁。
(51) こうした奥平の「制度的理解」に対する批判として、もちろん石川健治『自由と特権の距離〔増補版〕』（日本評論社、二〇〇七年）二五九-二六〇頁。
(52) 曽我部真裕「ヨーロッパ人権裁判所判例を通してみた『表現の自由と制度』の一断面」小谷・新井・山本・葛西・大林編著『現代アメリカの司法と憲法　理論的対話の試み』（尚学社、二〇一三年）六六頁。
(53) 曽我部・前掲注　六三頁。
(54) *See*, Vladeck, *supra* note 35, 535. ただし、ブラデック自身は肯定的にとらえていないようである。
(55) もっとも、日本国憲法の場合は最高裁が博多駅事件で「報道機関による報道の自由」を通常人の言論と異なった役割を持つものと判示している。また文言でいえば、二一条で「出版」と訳されている文言の原文は「press」である。
(56) Robert Post, *Understanding the First Amendment*, 87 Wash. L. Rev. 549, 551-553（2012).
(57) Frederick Schauer, *Comment: Principle, Institutions,and the First Amendment*, 112 Harv. L. Rev. 84, 115 (1998).
(58) Frederick Schauer, *Is There a Right to Academic Freedom?*, 77 U. Colo. L. Rev. 907, 923（2006).
(59) 参照、大石泰彦「報道倫理に関する一考察」関西学院大学社会学部紀要九四巻（二〇〇三年）一八頁。
(60) マルセル・ローゼンバッハ、ホルガー・シュタルク著（赤坂桃子、猪俣和夫、福原美穂子訳）『全貌ウィキリークス』（早川書房、二〇一一年）三六二-三六三頁。ただし同書三七〇-三七一頁におけるアサンジのインタビューによれば、ウィキリークスに「損害制限プロセス」（危害最小化）を取り入れたとの記述がある。同書の言葉を借りれば「ウィキリークスはジャーナリズムを変え、ジャーナリズムもウィキリークスを変えた」といえる。
(61) 376 U.S. 254, 270.

(62) Bill Keller, The Boy Who Kicked the Hornet's Nest, N.Y. Times, Jan. 30, 2011, 8 MM (Magazine)
(63) 東裕紀『一般意思2．0 ルソー、フロイト、グーグル』(講談社、二〇一一年) において、東が提案するニコ生放送式政治システムが、その代表例である。
(64) 大屋雄裕「文脈と意味：情報の二つの側面」法学セミナー六八二号 (二〇一一年)、一五頁以下参照。大屋は、三・一一大震災後のデマの氾濫を引き合いに出し、剝き身の「個人」がいかに流言・デマゴーグに脆弱かを示している。
(65) この点を鋭く指摘したものとして、宍戸常寿「ジャーナリズム」佐々木弘道・宍戸常寿編著『現代社会と憲法学』(弘文堂、二〇一五年) 六 - 七頁参照。
(66) 棟居快行「表現の自由の意味をめぐる省察」ドイツ憲法判例研究会編『〈講座 憲法の規範力〉第四巻 憲法の規範力とメディア法』三二八頁以下を参照。
(67) 本稿は、二〇一五年九月二日に行われた報告に基づくが、その際の会員諸氏からの質疑を踏まえて若干修正を施している。この場を借りて、厚く御礼申し上げる。なお本稿脱稿後に、成原慧『表現の自由とアーキテクチャ情報社会における自由と規制の再構成』(勁草書房、二〇一六年) に触れた。本稿筆者にとって重要な示唆を多く含むものであるが、その検討は後日の課題としたい。

「サイバーパトロール」の法的性質

實原隆志
（福岡大学）

はじめに

現代の社会では薬物や児童ポルノ・データの売買に関するやり取りなどがインターネット上で行われることも多い。そのような背景で「ウェブサイトや電子掲示板等を閲覧して違法情報や有害情報等の捜査の端緒となる情報を把握する活動」が行われており、この活動は日本においては「サイバーパトロール」とも呼ばれる(1)。サイバーパトロールの直接の根拠となる法律や規定は明らかではないが、日本の刑事訴訟法一九七条一項但書は「強制の処分は、この法律に特別の定のある場合でなければ、これをすることができない」としており、サイバーパトロールが「強制処分」に該当すると、この活動を行うための直接的な法律上の根拠が必要になる。

本稿では、サイバーパトロールの法的性質に関係する議論が活発なドイツの判例・学説の状況を見た後に、サイバーパトロールの法的性質を日本においてはどのように捉えるべきか検討する。

一　連邦憲法裁判所二〇〇八年判決～オンライン判決(2)

ドイツにおいては、基本権を制限する作用のうち一定程度の強さをもつ行為は「侵害」と呼ばれ、具体的な法律上の授権のない侵害は憲法違反となる。そこで問題となるのは「侵害」とは何かであるが(3)、現在では、「個人に対して、何らかの基本権の保護領域に含まれる行為を、全体、もしくは一部において不可能にする国家の行為全て」とされている。

連邦憲法裁判所の二〇〇八年判決では、憲法擁護庁の職員によるインターネット上での情報収集活動が「侵害」に該当しないかという形で、その法的性質が詳しく検討された。この事件で問題となったのはノルトライン・ヴェストファーレン州の憲法保護法の規定であるが、本稿と関連するのは五条二項一一号一文一節である。そこでは、憲法擁護庁は秘密裡の監視やインターネットのその他の解明（Aufklärung）、例えばコミュニケーション空間（Einrichtung）に秘密裡に参加するといった措置を用いた情報収集をしてよいとされていた。この規定自体に対して憲法異議が申し立てられ、連邦憲法裁判所は関係する措置の法的性質について検討した。

（一）連邦憲法裁判所はまず、通信の秘密で保護されるのは「個人が参加している通信コミュニケーションが第三者に知られていないという信頼」であり、コミュニケーション・パートナー相互の信頼は通信の秘密による保護の対象ではないとした。通信の秘密の問題となるのは、インターネット上での交流（Beziehung）を外から（von außen）監視していて、自分がその交流相手になっているわけではない場合であるとの見解を示した。次に、通信の秘密の侵害となるのはコミュニケーションに参加している者による承諾（Autorisierung）がない場合だけであるとした。承諾がある場合とは多くの参加者のうちの一人が国の当局にアクセスを任意に認めた場合のことであるとされ、これが侵害とはならない理由としては、通信の秘密はコミュニケーション参加者相互の相手への信頼が前提となるような（persongebunden）信頼を保護するわけではないことが挙げられている。(4)

以上の基準に従って連邦憲法裁判所は、通信の秘密の侵害となるのは、憲法擁護庁が①アクセスセキュリティのかかったコミュニケーション内容を監視している、②アクセスキーを使っている、③アクセスキーをコミュニケーション参加者の意思によらずに、もしくは、その意思に反して得ていた、という三つの条件を満たす場合であるとした。このような「承諾のない（unautorisiert）場合」には州の法律が通信の秘密を侵害することを憲法上正当化できず、その部分の規定は無効となるとした。他方で、通信の秘密の侵害とならない例としては、開かれた議論フォーラム(5)やアクセスセキュリティのかかっていないウェブサイトでの情報収集が挙げられている。

（二）また、情報自己決定権が問題となる場合として連邦憲法裁判所が挙げるのが、「一般にアクセス可能な情報の収集」である。このような情報収集がなされても、特定人を標的（gezielt）にして収集する場合を除いては情報自己決定権に対する侵害とはならないとした。

さらに、それと並んで、「国の当局が、属性・身分（Identität）を隠して、ある基本権主体とのコミュニケーションに加わる」場合が情報自己決定権と関係する場面として挙げられている。自分の身分（＝憲法擁護庁の関係者であること）を隠している場合も含めて基本的には侵害とはならないが、当局が、その人のコミュニケーションの相手となっている者が有している、相手の属性や動機への保護に値する信頼を利用して、そうしなければ得られなかったであろう個人データを収集すれば侵害となるとした。しかし多くの場合はそうした信頼は保護に値しないと述べた。連邦憲法裁判所によれば、インターネットというサービスは「広い範囲で」、「コミュニケーション参加者の、そのパートナーの属性、真実性への信頼が保護に値しない」コミュニケーション関係の確立を可能にし、このようなコミュニケーション関係が成立するのはパートナーについてのチェックメカニズムが用意されていない場である。さらに連邦憲法裁判所は「特定の人々が、長い間、コミュニケーションに参加し、一種の電子社会を作っているとしてもそうした信頼は保護に値しない」と続け、長期にわたるコミュニケーションが行われていても、パートナーについてのチェックメカニズムが用意されていない場合には信頼は保護に値しないとの見解を示した。これらを受けて連邦憲法裁判所は、この場合、本人について記載されている事項が真実であるかの審査はできず、パートナーの属性・身分が分からないことは利用者は知っており、そうした場合の相手方への信頼は保護に値しないとした。その結果、州の法律のうち情報自己決定権が問題となる部分は無効とはされなかった。

二　学説の反応

（一）連邦憲法裁判所がコミュニケーション参加者の承諾を得ていない情報収集を通信の秘密の侵害とした点について、学説では特に異論は示されていない。その一方で、参加者の承諾を得ている場合であれば通信の秘密の侵害ではないとした点については批判もある。Wölm は、サイトに立ち入るためのコードを自身の身分を隠して作成した場合には情報収集への同意があったとはいえないため侵害に該当し、そのことから当然に、他人のコードを使わせてもらって情報を収集する場合も侵害になるとしている。(6) ここで Wölm はサイトに立ち入るための手続における本人確認の厳格さによる区別をしていないが、管理者による本人確認が十分には行われていない場合には警察官が自身の身分を隠して情報を収集していても侵害とはならないとする見解もある。Biemann は、この場合の登録は自動的なものであり、事実上誰でもアクセスできるサイトであることを参加者であれば知っているはずであり、自分たちの交流が警察官の関係者に見られていないとの信頼は保護に値しないとする(7)。しかしその一方で、十分な本人確認がある場合にはそれらのサイトの利用者は「管理人は利用者の属性を判定している」と期待しており、そうしたサイトに警察官が立ち入っていないとの利用者の信頼は保護に値するとしている(8)。

また、自由に立ち入れるチャットルームなどでのやり取りの観察については、基本権の侵害ではないとの見解が一般的になっている(9)。しかし、後述する通り、手がかりとは無関係な情報収集一般を侵害と見る見解もある。

（二）誰もがアクセスできる情報の収集は情報自己決定権の侵害にあたらないとの考え方については、肯定的な見解(10)とともに批判的な見解もある。Wölm は手がかりと無関係な収集全般が侵害となるとしており(11)、また、Schulz/Hoffmann は、法的根拠が必要ないのは情報の収集に同意していると考えられる具体的な根拠がある場合だけであるとしている(12)。そして会員制サイトでの情報収集に関しては、Schulz/Hoffmann は登録手続が厳格でなく誰が読んでいるか分からない場合にも国家に知られていることに同意しているとは言えず、侵害となる余地があるとの見解を示している(13)。これに対してBiemann はここでも、会員制サイトでの登録手続が自動的に完了する場合には「国家が見ていない」という信頼が成立しないため、警察関係者が身分を隠しているかを問わず情報自己決定権の侵害とはならないが、本人確認を厳密に行っている会員制サイトでの情報収集は侵害となる場合があるとする(14)。

次に、国の当局が身分を隠してある基本権主体とのコミュニケーションに入った場合には侵害ではないとした点については、まず、コミュニケーションをしている相手の動機や属性・身分が自分が思っている通りであるとは限らないとされた点に対する批判がある。その批判においては、憲法擁護庁の関係者が自分の身分について、コミュニケーションの相手方を積極的に欺く側面があることが指摘されている。また、インターネット上では実名が使われることも多く、そうした場面においてはその実名が相手方の属性のチェックとして事実上働くのではないかとの指摘もある。(15) 他にも、連邦憲法裁判所は相手の属性・身分が信頼できない領域ではコミュニケーションが長く継続されている場合にも情報自己決定権の侵害とはならないとしたが、インターネット上では実名が使われることもあることや、さらには、管理人が利用者の本人確認を行っていることがあることなどから、これらの場合の信頼は保護に値するのではないかとの指摘がある。(16) これらに加えて、インターネット上で相手と直接コミュニケーションを行うことで犯行に関係する話題に意図的に導くことができるとして、連邦憲法裁判所を批判する論者もいる。(17)

三　日本の議論への示唆

日本におけるサイバーパトロールの定義は本稿の冒頭で述べた通りであるが、そこでいう「電子掲示板」とは「不特定多数の者が文字情報や画像情報を投稿したり、投稿された情報を閲覧することができるウェブサイト」であるとされている。(18) それを前提にすれば、日本におけるサイバーパトロールでは不特定多数の者が閲覧できる情報を対象とされてきたと言えるだろう。以下では、そのような情報収集が日本においてはいかなる権利の問題となるのか、また、立法によらずに行えるのかを検討する。

（一）日本の憲法学説では、通信の秘密の保護は特定人向けの情報のみに及び、公開されることが前提となっている情報や不特定人向けの情報には及ばないとされることが多い。(19) 既に見た通り、連邦憲法裁判所も、警察等の機関が閲覧しているのが当事者間のやり取りである場合には通信の秘密の問題となるが、関係者の承諾を得た情報の収集と閲覧制限のないチャットなどでの観察は、通信の秘密の侵害とはならないとしている。他方で警察等の関係者自身がコミュニケーションの相手方として情報を収集する場合と誰でも閲覧できる情報を収集する場合は情報自己決定権の問題となり、通信の秘密の問題とはならないとしていることから、連邦憲法裁判所による通信の秘密の理解は日本においても有用にも見える。しかし本稿との関係では、通信の秘密該当性に関する連邦憲法裁判所の見解を参照するにあたっては留保も必要であろう。

一つは日本においてはインターネット上での表現が他者のプライバシーや名誉を害するという問題が扱われることが多いことである。しかし本稿ではインターネット上で発信されている情報が何からの犯罪（もしくはその危険）の徴候を示していることがあることに着目している。また日本ではインターネット上で発信される情報の保護がプロバイダ責任制限法との関係で論じられることも多いが、プロバイダ責任制限法が関係するのは、インターネット上で名誉毀損的表現が行われた場合のプロバイダの責任の有無や、そうした違法な情報を発信した者の情報の開示請求といった問題である。これに対して本稿で問題にしているのは、それらの情報を警察関係者が閲覧したり直接的なコミュニケーションを通じて聞き出したりすることについてである。

このように、日本においてはサイバーパトロールと通信の秘密の関係について検討がなされてきたとは言い難いが、連邦憲法裁判所による整理を参考にするならば、サイバーパトロールの問題は通信の秘密、ないしは自己情報コントロール権と関係すると捉えられるだろう。以下では、サイバーパトロールによって通信の秘密や自己情報コントロール権が制約されると考えた上で、近年では憲法上の「法律の留保」原則との関連性も指摘される、[20] 刑事訴訟法上の「強制処分法定主義」をめぐる議論を参照し、警察関係者がサイバーパトロールを行うためには具体的な立法が必要かを検討する。

（二）日本においては刑事訴訟法一九七条一項の言う「強制の処分」は、本人の同意がないままに重要な権利・利益を制約する処分であると理解されており、[21] サイバーパトロールについてもそれが本人の重要な利益を害するかどうかが問題となる。

これまで日本で行われてきたサイバーパトロールにおいては、不特定多数の者が閲覧できる情報が対象とされてきたとされている。このような情報収集であれば、連邦憲法裁判所の見解に従うならば、特定の人物を標的にした情報収集でない限りは立法によらなくても行え、それはアクセス制限のないチャットにおけるやりとりの観察についても同様となろう。たしかに、インターネットの利用者であれば誰でも閲覧できる情報を収集する場合には、通常のパトロールとは異なり、遠く離れた場所で発信された情報や出来事も知ることもできる。それでも、誰でも閲覧できる情報の収集は特別な立法によらずに行えると考えるべきであろう。[22] 誰でも閲覧できる状態で情報を発信する者は、その情報を警察関係者が見ている可能性があることを念頭に置いておく必要があると思われる。

他方で、「登録サイト内」での情報収集には、「登録サイト」の種類や「情報の把握」の方法次第では立法が必要な場合もあるだろう。連邦憲法裁判所に従うと、まず、承諾がある形でアクセス制限のあるチャットに立ち入ってやり取りを観察することには立法は必要ないが、ドイツにおいては学説の批判もあり、特に正体を明かしていなかった場合が問題となる。たしかに、警察関係者の立ち入りを第三者が勝手に許可してしまった場合、「自分の発信した情報を警察関係者が見ていないだろう」との期待は裏切られることになる。しかし、チャットルームの管理人が気づかないうちに警察関係者の立ち入りを認めてしまっている可能性はあり、特に、利用者の本人確認が厳格でないチャットルームにおいてはそのようなことが起こる可能性は利用者であれば知っているだろう。情報の発信者が知らないうちにチャットルームを利用する者の一人が勝手に警察関係者の立ち入りを許可してしまう可能性についても同様である。そうした場合の警察関係者による情報収集には立法が不可欠であるとまでは言えないだろう(23)。

その一方で、コミュニケーションパートナーの属性・身分をチェックするメカニズムが有効に機能している領域においては、パートナーの属性・身分の真実性への信頼は保護に値すると考えるべきであろう。十分な本人確認がなされない領域におけるのとは異なり、少なくとも、コミュニケーションパートナーの属性をチェックする習慣のあるスペースにおいてコミュニケーションの直接の相手方として、身分を隠して行う情報収集は立法を待ってから行うべきだろう。

なお、ここで述べた私見は連邦憲法裁判所の判断とも整合しうると思われる。連邦憲法裁判所は、州が法案趣旨の説明において、州がコミュニケーション関係に参加しようとしていた領域としてチャット、オークション、交換サイトを挙げていたこともあってか、パートナーをチェックするメカニズムが用意されていない場合について述べるのみであり、それが用意されている場合については述べなかった(24)。このことから、連邦憲法裁判所がパートナーへの信頼の保護について考える上で想定していたのも上記のスペースであったと考えられ、連邦憲法裁判所はこれ以外の空間における相手方への信頼を保護すべきかどうかについては判断を示していないと考えるべきだろう。

おわりに――残された課題

本稿では警察関係者によるインターネット上での情報収集の基本権侵害該当性を検討してきたが、本来論じるべき事柄のいくつかを頁数の都合等から扱えなかった。なかでも検討したかったのはSNSを用いた情報収集活動についてである。二〇一三年の閣議決定における「サイバー空間の行為に関する実態把握のための情報収集の強化[25]」においては、「一般のインターネット利用者からの通報が期待し難い、登録サイト内等の違法情報・有害情報等を把握するため、サイバーパトロールの強化及びサイバー防犯ボランティアの促進を図る」ことが提案されている。SNSの特殊性はドイツの学説ではしばしば指摘されており[26]、利用者が実名を使っている場合があることや事前に許可されている者だけが閲覧できる情報があることを考慮する必要があるだろう。日本においても、特にSNSでの利用登録の厳格さ、SNSで発信されている当該情報を閲覧できる者の範囲、などを考慮しながら立法の必要性を検討する必要があると思われるが、これについては今後の課題としたい。

（1）青木篤郎「サイバーパトロールの実施」KEISATSU KORON二〇一三年八月号二五頁以下（二九頁）。このような情報収集活動には教育委員会主導のものもある。文部科学省学校ネットパトロールに関する調査研究協力者会議報告書「学校ネットパトロールに関する取組事例・資料集　教育委員会等向け」（二〇一二年三月）参照。

（2）BVerfGE 120, 274. 石村修「ドイツ―オンライン判決」大沢秀介・小山剛編『自由と安全―各国の理論と実務―』（尚学社、二〇〇九年）二六一頁以下。T. Böckenförde, JZ 2008, 925 〈935ff.〉, M. Soine, NStZ 2014, 248ff., usw.

（3）Pieroth/Schlink/Kingreen/Poscher, Grundrechte Staatsrecht II, 30. Aufl., 2014, 57ff.

（4）先例としてBVerfGE 106, 208. 川又伸彦「相手方の同意のない通話傍聴に基づく証言の証拠能力」ドイツ憲法判例研究会編『ドイツの憲法判例Ⅲ』（信山社、二〇〇八年）三七頁以下。

（5）J. Biemann,» Streifenfahrten «im Internet, 2013, 140によると、ドイツでは登録を伴うフォーラムが多いと

のことである。

（6）B. Wölm, Schutz der Internetkommunikation und "heimliche Internetaufklärung", 2012, 218ff.

（7）Biemann, Fn. 5, 142. 連邦憲法裁判所の見解によれば通信の秘密の問題となると思われる事例であるが、ここで紹介したBiemannの見解は情報自己決定権に関するものとして述べられている。

（8）Biemannはこのケースについては警察官が参加者のコミュニケーションを第三者として見ている場合と、警察官自身がコミュニケーションの相手方となる場合とを区別していないが、十分な本人確認を行っているサイトについては両方とも侵害に該当すると考えていると思われ、第三者としてやり取りを観察している場合が通信の秘密の侵害になると考えているものと思われる。また、M. Bäcker, in: H. Rensen/S. Brink（Hrsg.）, Linien der Rechtsprechung des Bundesverfassungsgerichts, 2009, 99ff.〈134〉は、情報自己決定権の侵害となるとしている。

（9）C. Rosengarten/S. Römer,. NJW 2012, 1764ff.〈1767〉, Biemann, Fn. 5, 140.

（10）M.A. Zöller,. GA 2000, 563ff.〈569〉, Biemann, Fn. 5, 105ff., W. Bär, in: H.-B. Wabnitz/T. Janovsky（Hrsg.）, Handbuch des Wirtschafts-und Steuerstrafrechts, 4. Aufl., 2014, 1772. 理由づけは異なっているが、頁数の都合からその部分の説明は省略した。

（11）Wölm, Fn. 6, 195ff.

（12）S.E. Schulz/C. Hoffmann, CR 2010, 131ff.〈S. 136〉. ただ、一般条項でも良いとしている。

（13）Schulz/Hoffmann, a. a. O., 133ff.

（14）Biemann, Fn. 5, 136ff.

（15）Bäcker, Fn. 8, 134, Rosengarten/Römer, Fn. 9, 1767, Biemann, Fn. 5, 131, 143ff.,

（16）G. Hornung, CR 2008, 299ff.〈305〉, M. Eifert, NVwZ 2008, 521〈522〉, Rosengarten/Römer, Fn. 9, 1767, Wölm, Fn. 6, 215ff., Biemann, Fn. 5, 126ff.

（17）Biemann, Fn. 5, 126ff.

（18）青木、前掲注（1）二九頁。

(19) 鈴木秀美「通信の秘密」大石眞・石川健治編『憲法の争点』（有斐閣、二〇〇八年）一三六頁以下（一三六頁）、佐藤幸治『日本国憲法論』（成文堂、二〇一一年）三二一頁、高橋和之『立憲主義と日本国憲法　第3版』（有斐閣、二〇一三年）二三六頁、渋谷秀樹『憲法　第2版』（有斐閣、二〇一三年）四一三 - 四一四頁など。

(20) 宍戸常寿『憲法解釈論の応用と展開【第2版】』（日本評論社、二〇一四年）二〇頁。

(21) 井上正仁「強制捜査と任意捜査の区別」井上正仁・酒巻匡編『刑事訴訟法の争点』（有斐閣、二〇一三年）五四頁以下参照。ただ、その意味については争いがある（拙稿「行政・警察機関が情報を収集する場合の法律的根拠」鈴木秀美編集代表『憲法の規範力とメディア法　講座　憲法の規範力【第4巻】』（信山社、二〇一五年）二四七 - 二六六頁参照）。

(22) BVerfGE 120, 378（拙稿「ドイツ版『Nシステム』の合憲性」自治研究八六巻一二号（二〇一〇年）一四九頁以下）は、読み取られたナンバーデータが保存がされる場合のみ、その収集が侵害に該当するとしており、公道上での情報収集すべてを基本権侵害としたわけではない。

(23) 立法化することが望ましいということはあり得る。

(24) LTDrucks 14/2211, 17.

(25) 二〇一三年一二月一〇日閣議決定「『世界一安全な日本』創造戦略について」一〇頁。

(26) Bäcker, Fn. 8, 134, Unabhängiges Landeszentrum für Datenschutz Schleswig-Holstein, Polizeiliche Recherchen in sozialen Netzwerken zu Zwecken der Gefahrenabwehr und Strafverfolgung, 2012, 2f., H. Brenneisen/D. Staack, Kriminalistik 2012, 627ff. 〈629〉, Biemann, Fn. 5, 145ff., M. Oermann/J. Staben, Der Staat 2013, 630ff. 〈647〉.

第四部　統治機構における対話的憲法理論の展開

トランスナショナル憲法の構造
――「民間憲法」論を素材にして――

西　土　彰一郎
（成城大学）

はじめに

近年よく耳にするトランスナショナル憲法は、きわめて多義的な概念である[1]。本稿は、グンター・トイブナーの唱える「民間憲法」論を参考にしつつ、国家の枠組みから解放された憲法の可能性と（あるべき）構造について、検討を加えてみたい[2]。

一　トランスナショナル憲法の可能性

（一）構造的カップリングとしてのトランスナショナル法

「民間憲法」論の特徴の一つは、社会システム理論を用いて、トランスナショナルな社会の法と憲法の形成プロセスを解明しようと試みている点にある[3]。

社会システム理論は、法／不法の二値コードにより作動的に閉じたコミュニケーション連関として法を自己言及的に理解する。この「実定法」が成立するためには、行為予期の抗事実的安定化という法の

社会的機能と関連して、次の二つの条件を満たす必要がある。(4)

第一に、予期の失望により生ずる紛争が言葉で表現され、かつ、独立した第三者により決定されるという条件である。このときに、法的コミュニケーションのきっかけが与えられる。

第二に、第三者の法的決定が「公的に記憶される」、つまり、文章化され、公的にアクセスされうるという条件である。これにより法的ディスクルスは、セカンド・オーダーの観察の様式で以前のコミュニケーションと緊密に連関し、作動上閉じる。

たとえば契約は、合意した内容を文書で確定したうえで、紛争解決を、その判断を公表している中立的な第三者に委ねるのであれば、「実定法」の一部として、行為予期の安定性を保障する。そして、国家を越えた紛争を国際紛争解決機関の解決に任せるとき、契約はトランスナショナルな社会の法としても作動する。

以上の現象の奥では、作動の麻痺を防ぐため、自己言及というパラドックスを隠蔽するための外部化が行われている。(5) 法システムは、契約の解釈において社会のコンベンションを参照することにより、経済等の社会システムにさしあたりの作動の根拠を求めて、自己言及を外部化しているのである。同じことは、経済等の社会システムについても当てはまる。経済システムは、契約を介して、国際紛争解決機関を中心に据えるトランスナショナルな法システムにさしあたりの作動の根拠を求め、自己言及を外部化している。法システムと経済等の社会システムは、契約を介して構造的にカップリングしているのであり、契約は法システムの眼からみてトランスナショナルな社会の法として映ずるものといえよう。(6)

(二) トランスナショナル憲法

「民間憲法」は、長期に及ぶ緊密なこの種の構造的カップリング(レジーム)(7)から生み出され、またそれを生み出す。憲法というヒエラルヒー化は、下から上へと進み、上から下へと進む「奇妙な環」(strange loops) である。[8]

この「奇妙な環」の働く契機は、カタストロフという偶然の経験である。契約を介したトランスナショナルなレジームにおいて、経済等の社会システムは、法システムにさしあたりの作動の根拠を求めて自己言及を外部化することにより、その合理性を突き詰めて作動していく。法システムは、この経済等の社会システムの作動を反省して、「構成ルール」を彫琢し、経済等の社会システムもまた、「構成ルール」を反省して、さらに作動していく。しかし、「構成ルール」を参照した社会システムの作動は、自己成長の過剰を来し、①他の社会システムの合理性との衝突、②世界社会の包括的な合理性との衝突、そして、③社会システムに固有の自己再生産に必要な内的資源の枯渇を招く。この社会のカタストロフによる自己崩壊が切迫してはじめて、経済等の社会システムは自己矯正を図る。それを法システムが反省して、経済等の社会システムの自己制約のためのルール、つまり「制限ルール」を浮き立たせる。[9] こうして、「構成ルール」と「制限ルール」を併有するトランスナショナル憲法が立ち現れる。[10]

(三) 政治の役割

では、経済等の社会システムは自己崩壊の危険をどのようなメカニズムで察知することができるのであろうか。以上の①から③を法的問題として読み替えたうえでそれらに取り組む法システムの作動を反省することにより[11]、経済等の社会システムはカタストロフのおそれを察知できる一方、政治システムを含む広義の「政治」もこの点で重要な役割を果たしている。

トイブナーは、国家における憲法制定に代わる、レジームの憲法化を推し進める政治／法／社会システムの新たな配置を描き出している。[12] この憲法化の見取り図において、トイブナーは一方で、各レジームを自生的領域と組織的・職能的領域に二分化したうえで、両者の緊密な連関とそこに加わる相互作用によるレジーム内の政治化（反省の政治）、そして民主化の可能性を指摘する。自生的領域は、職能的組織が社会システムの崩壊の切迫を認知して学習するように圧力をかけてやまない[13]。他方で、各レジームの外にある国家や国際組織といった「制度化された政治」も、独立して、あるいは以上の自生的領域やNGOs等の市民社会と協働して、職能的組織に同様の学習圧力を加えることができるという。世界社会の政治システムは、各レジームに「憲法刺激」ともいえる刺す力を及ぼす機構を備えているのである。

二 「民間憲法」論に対する批判

以上ごく簡単にみてきたトイブナー説は、トランスナショナル憲法を根拠づけるうえで重要な示唆を与えてくれる。他方で、この見解に対しては、看過できない批判が提起されている。

たとえばヴェスティングは、「民間憲法」論における憲法概念がさまざまな構造的カップリングの可能性という極度に変動的な関係概念へと変異していることを問題視する。構造的カップリングが時にはここで、時にはあすこで発生する事態は、社会システム理論の枠組みでは想定されえないという[14]。これに対してトイブナーは、世界社会の中で安定した区切りをもつ社会領域の存在、その内部で展開している反省の動態、「下からの憲法」の成立の現実性を強調する[15]。また、世界社会においても、統一的なordre public transnationalがある「かのように」の様式で、一つの包括的な憲法というシンボリックな次元が意味を持ちつつあると反論している[16]。

以上のヴェスティングとトイブナーの論争は、現状認識をめぐるものであるから、社会学の視座から慎重な検討に付す必要がある。(17) トイブナーの認識に誤りがないのであれば、反省プロセスとしての政治の保持という問題意識により「民間憲法」を構想することは、もちろん現実的な基盤を有している。しかし、この場合でも、そこでいう反省プロセスとしての政治は民主主義論にとって十分に耐えうるものかという、ヴェスティングとは方向性を異にする批判にさらされることになる。(18) すなわち、契約等を土台とする「民間憲法」なるものは、民主主義の本質である議会主義により保障されている正当性の指示参照をそもそもはじめから見失っているのではないかという批判である。(19) 同様の認識からレナーは、トイブナーのいう「反省の政治」は、諸々の社会領域の法化、ひいては憲法化に対してアプリオリに正当性を与えてしまう危険があると指摘している。(20)

三　強行的トランスナショナル法としての憲法

(一) 実証研究

以上のような批判を真摯に受け止めるのであれば、「民間憲法」論の可能性は、現状認識の問題とともに、政治的なものの位置をどのように定めるのかにかかっている。こうした論点につき、通商、投資、そしてインターネットの分野における国際商業会議所、投資紛争解決国際センター、UDRP〈統一ドメイン名紛争処理方針〉紛争処理機関の判断例を精緻に分析したうえで、トランスナショナル法は強行規範の形式で純粋に政治的な目的設定をも反省していると指摘するレナーの実証研究が、注目に値する。

レナーは、まず、トイブナーと同様、法をコミュニケーション的実践として把握する社会システム理論を選択して、国際仲裁機関の決定は、自己の先例と国家裁判所の判例・法ドグマーティクからなるコミュニケーションネットワークの一部であると観察する。(21) 具体的には、国際仲裁機関は、それらの基盤であるレジームが有している法・適用・ルール（国際商業会議所仲裁規則二一条、国家と他の国家の国民との間の投資紛争の解決に関する条約四二条、UDRP規則一五a条）、つまり法源とそれら相互の関係を規定する二次的規範に基づいて、さまざまな法的ルールの「ブリコラージュ」を可能にしている。[22]そのうえで、各国際仲裁機関は、国家を超えた法原則（想定上、一般に共有されている公共性構想を国際慣習法および比較法的手法により突き止められた法の一般原則において再構成したもの）と国内の強行規範をも適用することにより、政治システムとのカップリングを図っている。[23]

（二）ドグマーティク

以上の観察を踏まえて、レナーは、グローバルな政治の多面的な連関とそこで展開する多種多様な強行法の協働こそが、強行的トランスナショナル法、すなわちトランスナショナル憲法の概念を正当化すると主張する。トランスナショナル法は、レジームに対応して断片化している。したがって、たとえば法―経済―政治の三側面の結合からなる経済憲法は、このレジームを土台としている。そのうえでレナーは、政治と法の結合にやや力点をおくことによりトイブナー説の問題点の克服を試み、あるべき構造を実現すべく一般的な強行的トランスナショナル法ドグマーティクの構築に向かう。[24]

このドグマーティクを簡単に紹介すると、以下のようになる。

強行的トランスナショナル法ドグマーティクは、同じ対象を規律する強行規範の適用についての優先ルールの形式をとる。優先して適用されるべきなのが、自動執行力のある国際条約法と国際慣習法、そして法比較により突き止められる法の一般原則である。[25]

しかし、以上の規範の欠缺により補完が必要となる場合、国内法の強行法規を適用せざるをえず、それを指示参照する抵触規範が求められる。レナーは、国際私法の特別連結理論（第三国の絶対的強行法規の特別連結の可否に関する理論）を参照しつつ、国内法の強行法規の適用のための三つの一般的な原則を提唱している。

第一は、国内法の強行規範の普遍化可能性を問う「関連性基準」である。国内法の強行法規は、国際的に承認された法的基準の表現であるほど、それだけに考慮に値する。

第二は、実態に対する関係法秩序の近接関係を問う基準である。問題の法秩序が実態と近い関係にあるほど、いっそう、この法秩序の強行法規の適用が正当化される。この近接関係を判断するための重要な要素は、履行地、当事者の通常の居住地、および可能な執行地である。

第三は、ルール違反の重大性を問う基準である。当事者の自律に基づくルールが強行法規から逸脱する程度が低いほど、後者の適用は正当化されがたい。(26)

（三）トランスナショナル憲法秩序の構築に向けて

さて、以上のレナーの見解は、国際仲裁機関の実務を精密に分析しているだけに、トランスナショナル憲法の可能性を説得的に示している。また、トランスナショナル憲法のあるべき構造に指向してドグマーティクを提示しているとも評価できる。

後者について、政治システムとのカップリングを図ることにより、トランスナショナルな文脈で憲法概念を用いることは同概念に過重な負担を課すことになるとのヴェスティングの批判をかわすことができる。それだけではない。国家において組み立てられた議会制民主主義を土台とする政治的ディスクルス、そこで成立した強行規範にも連絡することは、トランスナショナル法の民主的正当性の観点からもきわめて重要である。そもそも法は、政治的・民主的意思形成を再構成できる場合にのみ、多元的な（世界）社会の複雑性を適正に反省できる。議会制民主主義は、認知的な価値をも有しているのである。(27)

ドグマーティクにおける強行規範適用の優先関係は、政治は、世界規模の次元を有する自己言及的な社会システムである一方[28]、国家という領域的なセグメントが実効的なままであるという二重構造を前提にしてのことであろう。

優先して適用される国際条約法、国際慣習法、法の一般原則は国際法の法源として国際司法裁判所規程三八条で定められているものであるが、レナー説における前二者は国際政治のコンセンサスを反映させたものである必要がある。しかし、こうしたコンセンサスは直ちに想定されがたいため、トランスナショナル強行法としての国際条約法、国際慣習法の適用は、伝統的な国際法の法理に一致させて、規範それ自体において自動執行性を有していなければならない[29]。すなわち、かかる規範は、内国の執行行為を要求する必要はなく、一点のあいまいさも残さないほど明確に規定されていなければならない。そして、個人の行為を正当化または義務づけることができなければならない。加えて、特定の国家機関ではない国際仲裁機関による法適用が問題になっているため、普遍的な構成資格に基づく法規範である必要がある。さらに、国際慣習法については、一般的な行使と承認という要件が求められる。

レナーによれば、以上の条件を満たすのは、国際条約法については、個人保護規範を有している人権条約、国際慣習法については、国際法の ius cogens に数え上げられている奴隷・拷問の禁止、侵略戦争の禁止、民族自決権くらいである。このように、自動執行性を有している国際条約法と国際慣習法の数は限られているのではあるが、それらはいわゆる「国際法の憲法化」（個人保護機能の獲得、ius cogens と erga omnes な義務の形成による国家意思の制限）の脈絡で把握されよう[30]。そして、「国際法の憲法化」は、グローバルな市民社会による圧力による反省の結果でもあるとすれば[31]、トイブナー説とも両立できるように思える。

他方で、レナーによれば、法の一般原則が強行的トランスナショナル法を第一次的に規定する。法の一般原則は、すべての国家の法秩序の基礎にある強行的な原則であり、法比較の手法により突き止められなければならない。しかし、比較の基礎をさまざまな法域にとって代表的な法秩序に限定せざるをえないという選択の契機により、国際仲裁機関は、法の一般原則の探求において、法を発見するのではなく、法を定立している。したがって、国際仲裁機関は、トイブナーが注目するグローバルな市民社会の圧力のもと、政治的構造決定を行っているものの、それは法的論証の強制に結びつけられている。法の一般原則は、決定の根拠づけのための法的論証の準拠点を提示する原理としての性格を有している、換言すれば、政治的ディスクルスと法的ディスクルスの構造的カップリングを果たしているのである。法的ディスクルスにおいて、原理は衡量の視点として働き、論証上の考慮義務を確立する。それを土台とした衡量プロセスにおいて、包摂能力のある事例規範が展開し、強行法として適用されることになる(32)。

おわりに

以上みてきたドグマーティクは、優先して適用されるべき強行規範の由来を市民社会に求める一方、一段「下」のレベルで国家の強行規範の適用の可能性を認めて議会制民主主義を顧慮するという書法へと発展する潜在力を持つ。この発展型は、国際仲裁機関の存在を前提にしつつ、トランスナショナルな世界でも非公式の公共圏と議会主義の適正な均衡を追求する理論的意識に下支えされたものといえよう。

ただ、冒頭で述べたように、トランスナショナル憲法を分析するアプローチは多種多彩である。本稿は、憲法社会学との対話を意図して「民間憲法」論に検討を加えてきたが、あるべきトランスナショナル憲法を探究するためには、それに踏み止まらずさらに国際私法、国際法とも対話していく必要があることは論を俟たない。こうした多面的な対話を今後の課題として、筆を擱きたいと思う。

(1) 日本における「トランスナショナル憲法」あるいは「グローバル憲法」についての数多くある優れた業績の中で、さしあたり本稿の問題意識の観点から、近年の次の文献を挙げておくにとどめる。日本の議論の分析については別稿で行う予定である。須網隆夫「グローバル立憲主義とヨーロッパ法秩序の多元性――EUの憲法多元主義からグローバル立憲主義へ――」国際法外交雑誌一一三巻三号(二〇一四年)一五頁以下、山元一「『憲法的思惟』vs.『トランスナショナル人権法源論』」法律時報八七巻四号(二〇一五年)七四頁以下、江島晶子「グローバル化社会と『国際人権』――グローバル人権法に向けて――」法律時報八七巻一三号(二〇一五年)三四八頁以下、本秀紀(編)『グローバル化時代における民主主義の変容と憲法学』(日本評論社、二〇一六年)。

(2) 本稿の記述については、西土彰一郎「トランスナショナル憲法の可能性」井上典之・門田孝編『憲法の理論とその展開―浦部法穂先生古稀記念論集』(信山社、近刊)の一部を基礎にしている。

(3) 社会システム理論を法理論プログラムとして用いることの意味については、トーマス・ヴェスティング〔毛利透=福井康太=西土彰一郎=川島惟・訳〕『法理論の再興』(成文堂、二〇一五年)Rn. 6-18. を参照。

(4) *Moritz Renner*, *Zwingendes transnationales Recht. Zur Struktur der Wirtschaftsverfassung jenseits des Staates*, 2011, S. 211f.

(5) 小松丈晃にならい「外部化」を説明しておくと、それは「システムにおける問題/問題解決の差異が、つねにシステム内部で構築されるものであるにもかかわらず、あたかも、その当のシステムにとっては『それ以上問題化されえないもの』として現象する」こと、「こうした非対称性は、当のシステムのオートポイエーシス的(自己創生的)オペレーションによって作られたものでありながら、アロポイエシス的(外部創生的)なものとして、つまり当のシステムにとってはコントロールしえないものとして現象する」ことを意味している。要するに、「構築されたはずのものから〈構築性〉が抜け落ち『自然化』される」ことである。小松丈晃『リスク論のルーマン』(勁草書房、二〇〇三年）一〇三頁以下。

（6）*Lars Viellechner*, Transnationalisierung des Rechts, 2013, S. 124, 204. なお、構造的カップリングとは、相互に自律的で閉鎖的でありながら、相互のシステムの環境条件をつくり出しているようなシステム間の関係を意味する。ニクラス・ルーマン〔馬場靖雄＝上村隆広＝江口厚仁・訳〕『社会の法2』（法政大学出版局、二〇〇三年）五七八頁を参照。

（7）グンター・トイブナー〔瀬川信久・編〕『システム複合時代の法』（信山社、二〇一二年）七頁以下〔尾崎一郎＝綾部六郎・訳〕一八頁によれば、グローバル・レジームとは、行為者の予期を所与の問題領域内に収斂させる原理、規範、ルール、意思決定手続セットとして通常定義されるものの、実質的には公式の組織以上のものを包含する概念であり、複雑で可変的な、制度、組織、アクター、関係、規範、ルールの――公式で非公式でもある――集合体であるという。

（8）Vgl. *Andreas Fischer-Lescano*, Globalverfassung. Die Geltungsbegründung der Menschenrechte, 2005, S. 220. これを法システムの視座に立って書き分けるならば、「民間憲法」は次の三つの標識を示す。第一に、「民間憲法」は、長期にわたるレジーム形成プロセスの中で成立する。第二に、「民間憲法」は、その「下」にある法の構造の中に胚胎する。第三に、「民間憲法」の発展では、法定立と法適用が重なり合う。*Gunther Teubner*, Globale Zivilverfassungen: Alternativen zur staatszentrierten Verfassungstheorie, ZaöRV 63, 2003, 14f.

（9）*Gunther Teubner*, Constitutional Fragments. Societal Constitutionalism and Globalization, 2012, pp. 81–82.

（10）*G. Teubner*（Fn. 8）, 10.

（11）トイブナーによれば、「民間憲法」の構造は、社会システムの反省と法システムの反省の構造的カップリング、すなわち「二重の反省」という様式をとる。*G. Teubner, supra* note 9, at 105–107.

（12）トイブナー・前掲注（7）一四頁。

（13）*G. Teubner, supra* note 9, at 88–94.「民間憲法」は、職能的組織の支配要求に対抗する自生領域の異議申し立てを保護することにより、社会システムの成長過剰を防ぐべきであるといえよう。

（14）*Thomas Vesting*, Constitutionalism or Legal Theory: Comments on Gunther Teubner, in: *C. Joerges, I.-J Sand, T. Teubner* (Eds.), Transnational Governance and Constitutionalism, 2004, at 37-38.

（15）*G. Teubner, supra* note 9, at 116.

（16）*G. Teubner, supra* note 9, at 157-158

（17）*T. Vesting, supra* note 14, at 38.

（18）なお、社会システムの部分的重なり合い、ハイブリッドなもの、ネットワークのネットワークという新しい現象の下でも、さまざまな構成要素の相互観察、影響、制限において新しい形式の民主政を認める議論もある。Vgl. *L. Viellechner* (Fn. 6), S. 215.

（19）*Armin von Bogdandy/Sergio Dellavalle*, Die Lex mercatoria der Systemtheorie. Verortung, Rekonstruktion und Kritik aus öffentlichrechtlicher Perspektive, in: *G.-P Calliess, A. Fischer-Lescano, D. Wielsch, P. Zumbansen* (Hrsg.), Soziologische Jurisprudenz, 2009, S. 695ff.

（20）*M. Renner* (Fn. 4), S. 239f.

（21）*M. Renner* (Fn. 4), S. 214.

（22）*M. Renner* (Fn. 4), S. 217ff.

（23）*M. Renner* (Fn. 4), S. 242.

（24）*M. Renner* (Fn. 4), S. 248.

（25）トイブナー説は、国際法の機能を軽視しているとも批判されよう。Vgl. *A. Fischer-Lescano* (Fn. 8), S. 219.

（26）*M. Renner* (Fn. 4), S. 248ff.

（27）*M. Renner* (Fn. 4), S. 244f. Vgl. auch *A. Fischer-Lescano* (Fn. 8), S. 260f.「相対的真理・相対的価値のみが人間的認識にとって到来可能なもの」であるとのケルゼンの見解を土台にして、議会主義の認識理論上の必要性を力説するものとして、*Oliver Lepsius*, Die erkenntnistheoretische Notwendigkeit des Parlamentalismus, in: *M. Bertschi, T. Gächter, R. Hurst, A. Reller, B. Schmithüsen, M. Widmer, M. von Wyss, P. Klaus* (Hrsg.),

Demokratie und Freiheit, 1999, S. 123ff., S. 146ff. なお参照、ハンス・ケルゼン〔長尾龍一・植田俊太郎・訳〕『民主主義の本質と価値』（岩波文庫、二〇一五年）一二八頁。

（28） *M. Renner*（Fn. 4）, S. 241ff.

（29） もとより自動執行性については精緻な分析が必要である。参照、山田哲史「憲法問題としての国際的規範の『自動執行性』」帝京法学二九巻一号（二〇一四年）三四三頁以下。

（30） *L. Viellechner*（Fn. 6）, S. 85ff., 255ff. レナーは、包括的な主権概念の限定化を目的とする個人の主観的権利の強化、権利侵害に対する個人の国際法上の責任の拡大をめぐる議論を捉えて、「国際法の民間化」と呼んでいる。*M. Renner*（Fn. 4）, S. 226.

（31） Vgl. *L. Viellechner*（Fn. 6）, S. 161. トイブナー説は、ハーバマスと同様、非公式の公共圏に注意する、批判的システム理論、あるいは規範的システム理論ともいうべき位相を有している。

（32） *M. Renner*（Fn. 4）, S. 259ff.

法律制定後における立法者の憲法上の義務
――事後的是正義務を中心に――

入井凡乃
（駒澤大学）

はじめに

本論文が主題とする「立法者の事後的是正義務」とは、法律制定後において法律の執行状況を監視し、適宜再検討し是正する義務のことである。立法者自身が法律制定後においても法律を統制する義務である。ドイツ連邦憲法裁判所によれば、「立法者が、法律の前提となる事実、もしくは、法律の効果について、十分に信頼のおける決定を法律の制定時点ではまだなしえなかった場合において、立法者は、さらなる展開を監視し再検討することが義務付けられる。また、根底にある想定がもはや妥当しないと判明した際には是正することを義務付けられうる（1）」。

この義務を主題化する背景には、「立法者が法律制定者として遵守すべき義務」が存在するのではないか、法律制定後を含む立法プロセス全体を視野に入れて立法者の義務を動態的に考察する必要性があるのではないかとの問題意識がある。確かに、憲法上、権利という実体的ルールや議事手続に関するルールはあるが守るべきルールはそれらに限られるのだろうか。

ドイツでは、「憲法義務としての立法の最適な方法[2]」として「法律制定の際の一般的ルール」に関する議論があった。この議論は「法と政治」の区別から憲法裁判権の限界が定まるという当時の議論状況から政治的責務にすぎないとして一蹴されてしまったが、その後「法と政治」の対置が権威失墜して[3]、現在改めて詳細に議論する余地がうまれている。

また我が国の判例では、一人別枠方式違憲状態判決田原裁判官反対意見[4]にて「立法を制定した後においても、常に立法目的の達成状況を点検し、その目的を達成した後に当該立法を存置することの必要性や存置した場合の憲法適合性の有無等についての検討を加えるとともに、立法制定後の状況の変化を注視し、当該法律の憲法適合性について疑問が生じ、あるいは国会以外のところから疑問が投げかけられるに至ったときには、国会自らがその自立的権能を行使して、その憲法適合性を検討すべき責務を負っているものというべきである……一人別枠方式それ自体の見直しに着手してしかるべきであったといえよう。ところが、国会は、…検証作業すら開始するに至っていないのであって、立法機関としての怠慢は責められてしかるべきである。……本件区割規定は違憲である」との指摘もある。

本研究は、法律制定後も立法過程の一部として捉えた上で、「法律制定のためのルール」のうち、法律制定後の立法者の義務について考察する。立法者を拘束する義務について考察を深めることで、立法者の行為規範を明らかにし、立法者が立法を合理的に行うことを可能としようとするものである。

本論文が対象とするのは、①法律制定時から、②法律が状況の変化に伴い合理性を失い違憲となり、そして③実際に違憲となった法律が改廃されるまでの一連の時系列である（特に②）。「法律の一生」のうち生まれる前ではなく、生まれてから死を迎えるまでに着目するため、法律制定作業の作法については基本的に立ち入らない。

近年では法律自体に議会の自己拘束として「見直し規定」がおかれることも多いが、本研究はあくまで憲法上の要請を探究し、我が国での立法、裁判実務への貢献を目指すものである。

一　法律制定後における立法者の憲法上の義務

まず確認しなければならないのは、法律制定後の義務である事後的是正義務と、違憲判決後の義務である新規律義務（Neuregelungspflicht）は区別されなければならないということである[5]。この二つの義務はともにNachbesserungspflicht（直訳すると後で直す義務、文脈に照らすと法改正義務）という単語で表されることがあり、法改正義務という点で共通するが、まず問題となる時期が異なる。時系列でいうと、事後的是正義務は②の時期をカバーし、新規律義務は③の時期をカバーする。新規律義務は、違憲確認判決に付随する、立法者が違憲な法律を改正する義務である。ドイツ連邦憲法裁判所の違憲判決には二種類あり、無効判決と違憲確認判決とがある。ドイツの連邦憲法裁判所法上、無効判決は法律と同様の効果をもつため、無効判決と同時に法律が破棄されることになる[6]。そのような事態を何らかの理由で回避したい場合、違憲確認判決が選択される[7]。違憲無効判決を回避したい典型例は、形成立法、授権立法であって無効とすると立法者の形成の余地を侵害する場合である。また、法律が長年にわたり通用してきた場合も直ちに法律が破棄されることで弊害が生じる場合がある。そこで、違憲を確認するにとどめ、立法者に法改正を義務付けるのである。この法改正の義務付けが新規律義務である。二つの義務の判別方法は、事後的是正義務は、法律の合憲判決が下されたうえでその後の「事情の変化」の可能性をもとに法改正義務等が指摘される点であり、新規律義務は、違憲判決が下されたうえで「無効回避の必要性」があるために法改正が義務付けられる点である。

以上のように、法律制定後の義務は、細分化すると事後的是正義務と新規律義務に分けることができる。そしてそれに応じて、「法律制定後の統制」もまた、「（狭義の）法律制定後の統制」と「違憲判決後の統制可能性」に分けることができる[8]。当初は合理性を有していた法律が違憲に至るまでの統制、裁判所によって違憲判断がなされた後の統制を各々検討する余地があるのである。

二　事後的是正義務のメルクマール

以上、事後的是正義務と新規律義務との相違点について述べてきたが、次に、事後的是正義務といわゆる「事情の変化論」との相違点についてみていきたい[9]。

まず共通するのは、制定当初合憲であった法律が時の経過のなかで事情の変化ゆえに違憲となるという現象である。

他方で、「事情の変化論」との相違点は以下のようになる。

まず、作為義務であるという点である。日本では、例えば、事情の変化の判断方法に疑問はあるが国籍法違憲判決[10]では国内的国際的な社会環境の変化、在外国民選挙権制限違憲判決[11]では地球規模での通信手段の目覚ましい発達といった「事情の変化」の「結果」に着目し法律を違憲とするのに対し、ドイツでは、法律制定後も立法プロセスの一部と捉えた上で立法者の作為義務を見出す。

また、漫然と放置してはならない場面への着目も特徴的である。ドイツ連邦憲法裁判所は事後的是正義務が問題となる場面について「法律の前提となる事実、もしくは、法律の効果について、十分に信頼のおける決定を法律の制定時点ではまだなしえなかった場合」とするが具体的には以下の場合である。

事例を大きく分けると、不確実な事実に基づく決定をした場合と、将来事実に関する予測が不確実な場合に分類することができる。前者はまず、科学的知見に基づく決定が挙げられる。原子力発電所設置許可において高速増殖炉型原子炉の安全性が問題になった事例[12]、航空機騒音防止対策が十分であるかが問題となった場合に騒音受忍限度が問題になった事例[13]があげられる。また、前者の不確実な事実に基づく決定をした場合には新基準の策定も含まれる。保険医の診療報酬基準を決定する場合[14]、大学改革のなかで教育研究の評価基準を策定する場合[15]、大学入試の評点調整基準を決定する場合[16]においてそれぞれ指摘されるのは、信頼できる統計などの資料が制定時にまだ存在しないということである。後者である、将来事実に関する予測が不確実な場合は、経済的展開に関する予測[17]や、胎児の保護が構想通りにうまくいくかといった予測[18]、郵送投票制度が悪用されないであろうといった予測[19]などが例として挙げられる。これらは改正が予定される、ないし、すべき法律であることが指摘できよう。

　以上のような事例による類型化では、どのような場面で事後的是正義務が登場するのかわかりづらいが、法律の合憲性審査の際の審査基準に着目するとまだわかりやすいであろう。この義務がドイツ連邦憲法裁判所の判例上明示される典型的状況は、本来厳格な審査が要請されるべきではあるが、「ある」理由で裁判所が厳格審査に踏み切れないというケースである。航空機騒音の受忍限度が基本権保護義務に照らし問題となったケース[20]では、生命・身体といった重大な法益が問題になったものの、基本権保護義務の実現に際し作為義務ゆえの形成の余地の広範さや、科学技術的知見の不確実性（法律の実験的性格）から、裁判所は立法者の形成の余地を考慮し明白性の統制[21]にとどまっている。また、職業の自由や契約の自由などの経済的自由を制限する形での経済政策立法では、自由の制限という場面にかかわらず、経済政策の効果に関する予測を吟味するという裁判所の判断にはなじまないケースゆえに中間審査である主張可能性の統制にとどまる。このような厳格審査に踏み切れない事例において、合憲判決とともに、いわば「但し書き」のように今後の監視・是正が立法者に要求される。

なお、事後的是正義務論における「不確実性」であるが、リスク社会論におけるいわゆる「不確実性」に限られず、「トライアンドエラー」が想定される法律に対して事後的是正義務が指摘される。その際、生命・身体の保護といった重要な法益はあくまで一要素にすぎない。

このように事後的是正義務の対象となる事項の類型化が難しく広範であることから、立法者の履行可能性、そして裁判所の統制可能性がとくに問題になる。

三　事後的是正義務の名宛人・法的根拠・義務内容

（一）名宛人

まず、このような事後的是正義務の名宛人であるが、議会及び行政であるとされている。

連邦憲法裁判所の判例によれば、「〔議会と〕同様に、規律の施行権限のある選挙組織及び地方自治当局は、郵送投票制度の執行状況について監視し、郵送投票において選挙の秘密及び選挙の自由が保障され続けるために自身の能力の範囲内で配慮することを義務付けられている[22]」。また、「立法者は、適切な時間的間隔において、ふさわしい方法で――例えば定期的に行われる政府による報告によって[23]」再検討を行わなければならないとされる。学説においても、「この義務の名宛人は、立法に大きく関与している国家機関、すなわち政府と議会である。その際、――立法手続におけるのと同様に――審査の主導権は、通例、議会に必要な情報を提供する執行府にある[24]」と指摘される。

そもそも「立法」とは、「立法過程ないしは立法者とは、議会だけではなく、連邦政府を含む立法作業の全過程を指す[25]」との指摘もあるように、「立法」における議会の相対的地位が見て取れる。事後的是正義務を課せられることで議会に過大な負担がかかるとの批判はあたらない。

（二）法的根拠

なお、これらの義務はあらゆる憲法規範から導出されると考えられている。例えば、「全ての憲法規範が問題となり、基本権保護義務に並んで、立法をコントロールする過剰侵害禁止の要素、すなわち適合性、必要性、狭義の比例性が問題となる[26]」との指摘や、「基本権保護義務の場合と同様に従来どおりの侵害法律の場合にもあてはまる[27]」との指摘がある。

（三）義務内容

事後的是正義務は三つの義務に細分化することができる。監視義務、再検討義務、法改正義務である。義務内容、履行期限、義務違反の認定方法がそれぞれ異なる。本稿では紙幅の都合上要点のみ記す。

まず、監視義務は、法律制定時点では、統計などの監視体制を整備し、法律施行後には、情報を収集し、蓄積し、評価する義務である。第二次堕胎判決は「監視義務は、立法者が自らの権限の枠のなかで、法律の作用の評価のために必要なデータを計画的に収集し、蓄積に、評価することへの配慮を含む。信頼のおける統計は、そのために欠くことができない。妊娠中絶に関するあらゆる国家統計を放棄することは基本権保護義務と両立しえない[28]」としている。監視義務には、法律制定後に監視をすることができるように法律制定の際に監視体制構築義務も含まれるのである。上述の学説の指摘もあるように、通例、行政が主導的な役割を果たすと思われる。

再検討義務は、当初の決定がいまだ合理性を有しているか否か見直す義務である。なお、再検討義務は、上述の判例からも分かるように、行政にとっては、議会が再検討することができるよう議会への報告義務ないし、法案提出義務といった形であらわれる。再検討のタイミングであるが、まず、適切な間隔において定期的に再検討することが求められる。連邦憲法裁判所が自ら期間を指摘することもある。旧債務免責決定において連邦憲法裁判所は、「目的達成の不確実性ゆえに、立法者はさらなる展開を監視し、場合によっては規律の是正を行わなければならない。その際、立法者に対して、対象の複雑性ゆえに、経験を収集するための相当な期間が当然に与えられるべきである。立法者の構想によれば大半のケースで負債の弁済が達成されるには約二〇年の期間が必要であるという場合において、その際、ドイツ統一の確立及び清算のための免責の導入から一〇年の期間が適当であると思われる。この期間の経過後に、達成されようとしている目的が採用された方法でさらなる一〇年間のうちに達成されうるのかどうかの再検討が行われなければならない[29]」と指摘する。また、変化の兆し、ないし新たな展開が生じたタイミングでも再検討を行う必要があるであろう。例えば、事情の変化ゆえに合理性のあった法律が違憲になりつつあることを裁判所が指摘しそれに応じて国会が再検討しなければならないというパターンである。

法改正義務は、通常の場合、法律の改正、廃止、もしくは新法制定の義務であり、議会が主体となる。もっとも、法律で決定すべき必要性がない場合、行政や裁判所による修正で十分であるとの判示がある「明確性の要請は、立法者に、立法者が技術的な介入手段を厳密に指定し、それにより、受け手が規範の内容をそれぞれ認識しうるよう保障するよう要求する。しかしながら、明確性の要請は、犯罪技術の進化を考慮することを排除するような法律上の記述を要求しない。情報自己決定権の保護にとってリスクとなる情報技術上の急速な変化ゆえに、立法者は技術的な展開を注意深く監視し、予測に反するような展開の場合においては、開かれた法律概念の具体的な充塡に関して、刑事訴追当局及び刑事裁判所によって、場合によっては補足的な法定立によって、修正しなければならない[30]」。

（四）制度論的アプローチの可能性

これまで解釈論をみてきたが、やはりあくまで以上のような議論はそもそも立法内部の問題なのではないだろうかという指摘があるようにも思われる。また、現実問題として実際にどのように履行することが可能なのかも問題である。この点ドイツでは行政と議会が協働して「法律実施後の事後的審査[31]」を行う仕組みがある。施行後GFA（規範効果評価）といい、連邦省共通事務規則において規定されている。期待通りの効果を法律があげているか、副作用が生じていないかを法律の施行後に点検する仕組みである。

施行後GFAでは、法律の効果的な事後的コントロールのために、制定段階で前もってどの項目についてどのような範囲でどのようにデータ収集分析を行うかを決定しておく。また、データ収集及び分析が所管官庁の役割であると考えられているのに対して、どの項目を評価すべきかを決定するという開始部分、また、所轄官庁がまとめあげた推奨案をどのように生かすかは政治的に責任のある機関、法律の場合議会にゆだねられており、議会側も州の議会議長会議でGFAの有用性を認め活用することで一致している。

この施行後GFAにつき、学説においては、解釈論を補うものとして、実際に立法行政実務が事後的是正義務を果たすための一つの選択肢として好意的に捉える者もいる[32]。

四　事後的是正義務の違反とその法的効果

以上のような立法者の義務を裁判所はどのように統制すべきだろうか。まだ検討の途中であるが、主要な争点について示すとともに、義務違反の効果だけは明らかにしておきたい。

（一）義務違反の認定方法

まず、そもそも裁判所の審査の対象は法律か行為かといった議論がある。(33) 審査の際に立法者の主観的要素をみるのか客観的事実をみるのかといった問題でもある。事後的是正義務論に固有の問題ではないが議論する必要がある。客観的事実をみる場合に特に顕著であるがそもそも「事情の変化」をどのように認定することができるかが問題となる。(34) なお、そもそも主観的要素と客観的要素の境界線は曖昧なところがあるだろう。(35)

また審査の際の審査基準もまた問題になる。事後的是正義務違反の審査の際に、例えば平等原則違反の場合そもそもの平等原則違反の審査基準と同様の審査基準で審査しなければならないのか問題となりうる。事後的是正義務違反の審査は、事後的是正義務が作為義務である、すなわち、その手段の選択の余地や時間の必要性から広い裁量が認められるという点に多く左右されるであろう。とはいえ、そもそも見直しがされてしかるべきケース（実験的法律や法益の重大性）とそうではないケースとでは審査基準に違いが生じるようにも思われ、今後の検討が必要である。

（二）義務違反の効果

義務違反の効果については、判例によると、義務違反の効果は違憲であり、義務履行の効果は合憲となるように思われる。

まず監視義務については、学説上、裁判所で貫徹されうる義務か、すなわち、法律の違憲を導くのかについて争いがある。(36) しかし、ある判例は、監視体制構築義務違反ゆえに監視義務を導出した基本権保護義務に違反したとして違憲判決を下している。「監視義務は、立法者が自らの権限の枠のなかで、法律の作用の評価のために必要なデータを計画的に収集し、蓄積し、評価することへの配慮を含む。……

妊娠中絶に関するあらゆる国家統計を放棄すること…によって、保護構想の作用を監視するために必要な経験のための資料を放棄している。……妊娠中絶に関するあらゆる国家統計を放棄することは、保護義務と両立し得ない(37)」。

再検討義務についてはその履行ゆえに合憲になることが指摘されている。「複雑な事情の場合において、…立法者が後になってからの再検討…を怠ったときにはじめて憲法上の異議にとっての理由となる。…憲法上の評価にとって重要なのは、収益段階が年に一度、現在の状況になお合致しているかに照らして再検討されることが最初から明文で規定されているのみならず、むしろ、収益段階が実際にもすでに二年後に根本的に変化し、それに引き続いて、今となっては不十分な細分化で意義が認識できない方法ではあるものの、改良されたということである(38)」。なお、この判例は、既に客観的に看過できない状態にもかかわらず立法者の行為義務の履行ゆえに合憲を導いており、議論のあるところであろう。

法改正義務は、「選挙の自由もしくは選挙の秘密が必然的に危険にさらされうる乱用が露見した場合には、本来の規律を法改正によって補足するもしくは変更する憲法上の義務が生じる(39)」といったように指摘される。別の判例であるが、「この既になされた諸措置、もしくは法律の改正のもと、立法者が事後的是正義務によって生じる義務に明白に違反したという非難は明らかに理由がない(40)」として合憲判決が出されている。

以上から明らかであるのは、事後的是正義務が「政治的責務」にとどまらず裁判所で貫徹されうる「法的義務」であるとドイツ連邦憲法裁判所は捉えているという点である。

おわりに

最後に、まとめにかえて本議論において今後重要となる点について指摘しておきたい。

(一) 立法者と裁判所との間の動態的考察の必要性

まず、本議論、特に、裁判所による違憲審査についての議論を我が国において参照する際には、法律を取り巻く状況がドイツと我が国では異なることに留意が必要であろう。「事情の変化」に関する審査のあり方については、ドイツ連邦憲法裁判所が、再検討・法改正義務につき違憲と下した判例は見当たらない。とはいえそのような抑制的姿勢の背景には、判例[41]でも指摘されるように十分な法改正があるという状況がある。他方、我が国では、「事情の変化への対応を立法に求める日本の判例はドイツよりも立法者に厳しいように映るが、…実はいずれも長期にわたる立法不作為が争われており問題のあり様が大きく異なると見るべきであろう[42]」との指摘が重要である。我が国の裁判所では積極的姿勢が見えるようにも思えるが、本来立法裁量に委ねられるべきケースであっても度重なる義務違反ないし不作為という状況が例外をもたらすこともあるであろう。本議論においては法律を取り巻く例外状況、すなわち立法者の機能不全の有無を注視し、その際裁判所がどう対応していくことができるのかが議論されなければならない。

(二)「立法者」自身による統制の強化

そして、違憲審査手法、ないし、裁判所による統制についての議論が最終的に重要であることは言うまでもないが、裁判所に問題が持ち込まれる前に何がなされるべきかがまずもって考察されなければならない。本稿は「法律制定後の統制」のうち法律が生まれてから違憲となるまでを主たる対象にするものであるが、「法律制定前（時）の統制」、法律が生まれるまでのルールも明らかにしなければならない。そして、その統制を行うのは第一義的に「立法者」である。「法律の一生」を統制する責任がある立場である、ないし、「製造物責任」を負う「立法者」に対して行為規範を明示することで、立法活動の合理化[43]をもたらすことができれば幸いである。そのような統治システムの整備ないし改良は、結局のところ、基本権侵害の未然防止につながるであろうし、また、裁判所では事の性質上扱いづらい問題の解決にも資するであろう。「立法者」の果たすべき役割とはそもそも何か、改めて検討が必要である。

（1）BVerfGE 110, 141 (158).

（2）*Gunther Schwerdtfeger*, Optimale Methodik der Gesetzgebung als Verfassungspflicht, in: Rolf Stödter/Werner Theieme (Hrsg.), Hamburg, Deutschland, Europa-Beiträge zum deutschen und eurpäischen Verfassungs-, und Verwaltungs-und Wirtschaftsrecht, Festschrift für Hans Peter Ipsen zum 70. Geburtstag, Ralf Stödter und Werner Thieme, 1977, S. 173ff.

（3）宍戸常寿『憲法裁判権の動態』（二〇〇五）一六六頁以下。

（4）平成二三年三月二三日最大判民集六五巻二号七五五頁。

（5）詳しくは拙稿「事後的是正義務と新規律義務」法学政治学論究一〇一号（二〇一四）一〇三頁以下参照。

（6）連邦憲法裁判所法三一条一項二項。

（7）畑尻剛、工藤達朗編『ドイツの憲法裁判〔第二版〕』（二〇一三）一三五頁以下参照。

（8）なお、違憲判決後の統制可能性として以下の判例が特徴的である。「その（新規律義務が指摘されたにもかかわらず法改正がなされない）ような未解決の状況があまりに長く続く場合は、それ自体が憲法違反となりうる…適切な期間内に解決されない場合、裁判所は憲法適合的解釈を行わなければならない」（BVerfGE 82, 126 (155)）。

（9）以下詳しくは拙稿「立法者の予測と事後的是正義務——ドイツ連邦憲法裁判所判例を中心に」法学政治学論究九六号（二〇一三）三四三頁以下参照。
（10）最大判平成二〇年六月四日民集六二巻六号一三六七頁。
（11）最大判平成一七年九月一四日民集五九巻七号二〇八七頁。
（12）BVerfGE 49, 89.
（13）BVerfGE 56, 54.
（14）BVerfGE 33, 171.
（15）BVerfGE 111, 333.
（16）BVerfGE 37, 104.
（17）Vgl. BVerfGE 25, 1: 30, 250; 95, 267.
（18）BVerfGE 88, 203.
（19）BVerfGE 59, 119.
（20）BVerfGE 56, 54.
（21）Vgl. BVerfGE 25, 1: 30, 250; 95, 267.
（22）BVerfGE 59, 119（127）.
（23）BVerfGE 88, 203（310）.
（24）*Rudolf Steinberg*, Verfassungsgerichtliche Kontrolle der "Nachbesserungspflicht" des Gesetzgebers, Der Staat 26, 1987, S. 166（167）.
（25）*Klaus Stern*, Staatrecht III/1, 1988, S. 1353.
（26）*Stern*, a. a. O., S. 1316.
（27）*Dietrich Murswiek*, Die Staatliche Verantwortung für die Risiken der Technik, 1985, S. 186.
（28）BVerfGE 88, 203（310f.）.

（29）BVerfGE 95, 267（314）.

（30）BVerfGE 112, 304（317）.

（31）手塚貴大『租税政策の形成と租税立法』（二〇一三）二六三頁。GFA（本書では法律の影響アセスメント）について詳しくは本書二六一頁以下参照のこと。

（32）*Eda Tekin*, Die Beobachtungs-und Nachbesserungspflicht des Gesetzgebers im Strafrecht, 2013, S. 160.

（33）我が国では、大石和彦「『立法不作為に対する司法審査』・再論」立教法学八二号（二〇一一）一三〇頁以下参照のこと。

（34）我が国では、櫻井智章「事情の変更による違憲判断について」甲南法学五一巻四号（二〇一一）七五九頁以下参照のこと。

（35）我が国では、山本龍彦「立法過程の脱『聖域』化——主観的憲法瑕疵への注目」法学セミナー六八五号（二〇一二）六六頁以下参照のこと。

（36）*Stefan Huster*, Die Beobachtungspflicht des Gesetzgebers, Zeitschrift für Rechtssoziologie 24, 2003, S. 3（17ff.）.

（37）BVerfGE 88, 203（310f.）.

（38）BVerfGE 33, 171（187f.）.

（39）BVerfGE 59, 119（126）.

（40）BVerfGE 56, 54（86）.

（41）BVerfGE 56, 54（80ff.）.

（42）宍戸常寿「立法の『質』と議会による将来予測」西原博史編『立法学のフロンティア2立法システムの再構築』（二〇一四）七三頁。

（43）政治的価値判断の以前に淡々と行わなければならない最低限の任務があるであろう。

フランス財政法制の転回と国家像

岩　垣　真　人
（東京学芸大学）

はじめに

現在、日本の憲法学において、財政という領域に、大きな関心が寄せられることは少ない。研究においても、予算法律説を巡る論争以来、財政が学界に波紋を広げることは少なくなってしまっている。むしろ、論の展開、深化は、行政法の一分野である財政法の領域に拠点を移し、進行している。

しかしながら、進化する財政法での蓄積に加え、憲法学の領域でも、それに対応し、憲法上、それが如何に評価され、位置づけられるべきであるのかを、検討することが欠かせない。なぜなら、「財政と憲法秩序の全体的構造把握[1]」があってこそ、財政を、人権論や他の統治論と接合させ、そしてそこで統一的な秩序を構築することが出来るからである。既に、半世紀近く前に、木崎喜代治は、財政（および財政学）への問いが、「政治体の秩序（の学[2]）」として再度問われなくてはならないことを喝破している。なぜ、私たちは、納税をし、その運用を国家に任せなくてはならないのか、という問いは、私たちがいかなる存在として、国家（木崎のタームに従えば、政治体）を位置づけるのか、という問いへと接続される。つまり、財政を問うことは、私たちがいかなる国家像を描いているのか、それを必然的にえぐり出す作業となるはずである。

財政と国家像を考える上で、注目に値するのが、フランスの財政法制である。未曾有のユーロ危機の中、フランスの財政についても、EUから制限が強化された。それについての反発や受容の方法には、「フランス共和国はいかなる国家であるべきか」という国家像の論争を通じた再定義が反映されている。以下では、近年、財政の規制を通じ、国家像の変容を迫るEUへの、フランスによる対応を描き、さらなる「財政と国家」への分析の基礎としたい。

一　フランス予算制度の発展

現在の日本では、日本国憲法において、その第七章に「財政」という章を配し、財政に関する基本事項が定められている。しかし、あくまで憲法典に記載されている事項は基本的なものに留まり、いずれも財政処理についての基本的な考え方や原則を示しているに過ぎない。財政処理に関する具体的な方法や基準については、財政法や会計法(3)によって、それが定められている。フランスにおいては、やや様相が異なり、憲法典においては予算制度が前提とされるものの、具体的な処理方法のみならず予算・決算の基本原則に関しても、伝統的に下位の法令によって定められてきた(4)という歴史を持っている。後に詳述するが、例えば現在の憲法では、予算制度に関して「予算法律は、組織法律に定める要件および留保のもとで、国の歳入と歳出を定める」(三四条四項)とするなどに留まり、具体的な原則以下は、二〇〇一年八月一日組織法律(LOLF)に依拠することが前提となっている。

フランスは、大革命以降、政治体制の変転を繰り返し、(少なくとも共和国・フランスとして)安定した国家制度が実現したと評することが出来るのは第三共和制においてからと言えよう。その第三共和制期においては、三つの法令（元老院の組織に関する一八七五年二月二四日の法律、公権力の組織に関する一八七五年二月二五日の法律、公権力の関係に関する一八七五年七月一六日の法律）をまとめたものが憲法として扱われたに過ぎず、「薄い憲法典」が存在したに留まっていた。これに対し、財政システムを規制する下位法令たる一八六二年五月三一日デクレは、会計制度から予算・決算制度に至るまでを扱う、大法典であった。

ヴィシー政権と第二次世界大戦を挟み、戦後に成立した第四共和制では、憲法典で「組織法律が、予算提出の方法を定める」（一六条三項）と定め、現在も続く、組織法律による制度構築という方式が採用されたが、にもかかわらず、政局の混乱などにより、結局は組織デクレという形での制定（一九五六年六月一九日組織デクレ）に至った。この組織デクレにより初めて、予算制度の諸原則（毎年性（annualité）の原則、[5] 特定性（spécialité）の原則、収支均衡（équilibre）の原則など）が法令上確立することとなった。

第五共和制の憲法では、前述の三四条四項と、「国会は、組織法律が定める要件にしたがって、予算法律案を表決する」とする四七条一項に基づき、組織法律によるシステム構築が要請されている。[6] しかし、経過措置としてのド・ゴールへの全権委任を定める憲法九二条により、この時もまた、組織法律という形式ではなく、オルドナンスの形を取って、法令が定められることとなった（一九五九年一月二日オルドナンス（五九―二号））。[7] 従って、組織法律の形で予算制度が法定されるのは、一九五九年オルドナンスの改正法令である、一九七一年六月二二日組織法律（七一―四七四号）からとなる。

第五共和制憲法の規定と、それを下から支える一九五九年オルドナンスにより、第五共和制は、救国の英雄ド・ゴールの指導の下、強力な政府権力が国家を牽引していくシステムとしてスタートした。しかし、冷戦の終結とヨーロッパの一体化の進展という世界構造の変化の中、そのようなフランスのあり方を貫徹することも難しくなった。特に、国家主導の経済運営は、多額の支出を強いるものであり、そのようなシステムを変えていくことが急務となってきた。

そこで、第五共和制成立当初の、行政権中心の国家運営を見直し、議会権限を再拡張し、適切なコントロールを加えられるように改革が行われた。一方で、その試みは、二〇〇八年の憲法大改正として結実し、他方、財政の領域を中心として、透明性の確保と、それによる効率化の達成を志向した、LOLF（Loi organique n° 2001-692 du 1 août 2001 relative aux lois de finances、二〇〇一年八月一日組織法律）が、一九五九年オルドナンスに変わるものとして成立した。しかし、フランスを取り巻く情勢の変化は、LOLFによる改革のみで終える事を許さず、一層の変革を迫ることとなる。それは、次章で展開する、統一通貨ユーロの導入に伴う要請が、特にその中心となるものであった。

二　統一通貨ユーロと財政規律の必要性

（一）欧州統合の進展と共通通貨ユーロへの道

第二次世界大戦後、再び惨禍を招くことがないように、また、米ソの二大国の争いの中に自国が埋没してしまうことがないように、独仏の協力を軸として、ヨーロッパは集合と統合を進めてきた。経済の領域に関しては、共通市場の構築が進められていくこととなったが、それはやがて、その先に共通通貨構想を抱くものとなっていった。ドルからの自立は、戦後、大国アメリカと比して小国の位置に置かれたヨーロッパ各国の悲願であったが、その思いは、ブレトン・ウッズ体制の崩壊により、国家が合従して対抗する、という方法で具現化することになった。

ニクソン・ショックの後、「スネーク」と称される共同フロート制の時代を経て、一九七九年に諸国はEMS（European Monetary System）を成立させる。これは、「スネーク」と同様に、参加各国が中心レートを定め、その上下六％の範囲で相場を維持するようにした仕組みであり、この手法により、ドルの変動と連動し、ヨーロッパ諸国の通貨が一体となって変化することが可能になった。この制度の内でも、特に国家間決済に仮想通貨ECU（欧州通貨単位、European Currency Unit）が利用され始めたことは重要である。やがて、このECUの発想は、現実に流通する統合通貨としてのユーロ、として結実することになる。

EMSへの参加は、フランスの経済・財政にも大きな影響を及ぼすことになった。フランスは、一九八一年に社会党のミッテランが大統領に就任し、国有化政策を軸としつつ、大規模な財政支出を伴う景気回復策を採用していた。しかし、失業率は改善せず、経常収支は大幅な赤字を記録し、そしてそれにより繰り返し、中心レートの切り下げを行わざるを得ない状況に至ってしまう。他のEMS参加国は、改善の見込みがないようであれば、フランスの離脱もやむなしとの姿勢を見せ、ここに至り、ミッテランは持論を捨て、経済通のジャック・ドロールを財相に採用し、財政規律を重視した政策へと転換を試みた。ド・ゴールからの、やや傲岸にも映るフランスの独自路線は、ここに至り、「ヨーロッパのためのフランス」へと、転轍されたのである。

（二）ユーロ危機と財政規律

フランスの財相として辣腕を振るったドロールだが、首相に就任することは叶わず、欧州委員会の委員長として、その能力を発揮することになった。一九八九年には、経済・通貨同盟（EMU、Economic and Monetary Union）を提唱するドロール報告を送り出し、その構想は、後のドイツ統合に端を発する欧州不況、投機による相場の乱高下という動きにより、その歩みを早めることとなり、一九九二年に調印されたマーストリヒト条約によって、三段階を踏みながら、統一通貨へと至ることが合意された。

この、マーストリヒト条約では、ユーロに参加するために、四つの条件を設けている。そのうちの一つは、健全財政に関する条件であり、ユーロ参加のためには、年間財政赤字額の対GDP比が三％を超えず、政府債務残高が対GDP比で六〇％以内であることが求められた。これは、統一通貨を導入するに際しては、流通する領域は、均質なものであることが望ましく、少なくとも、参加国の経済・財政状況に極度の差が存在すれば、通貨統合は困難を極めると考えられたからである。特に、単一通貨、単一中央銀行の体制化では、金融政策を利用した、各地域での景気調節が行えないため、労働力や資本移動の自由な移動によりその調節が果たされるため[8]にも、その前提として、ある程度の財政（状況）の均質性が要請されることとなる。

マーストリヒト条約に現れる、こうした財政規律方針は、一九九七年に安定・成長協定（SGP、Stability and Growth Pact）としてより具体化されることとなる。この協定に基づき、欧州財務相理事会（Ecofin）は総合経済政策ガイドラインを作成し、それをベースに各国は財政均衡化ないし黒字化のための中期財政目標を作成することとされた。また、この協定でも、財政赤字の対GDP比を三％以内にし、維持することが義務づけられ、ユーロ参加後の放漫な財政運営を規制しようとしたが、二〇〇三年には、軸となるドイツ、フランスの二大国がこれに抵触するなど、必ずしも堅持されることはなかった。

十分にSGPが機能しない中でも、情勢の変化に対応すべくSGPの改訂を繰り返すなど、ユーロの安定のために、有効な方策が模索され続けてきた。しかし、二〇〇九年にギリシャの「隠れ赤字」が発見されたことに端を発するユーロ危機は、それら従来の手法の手直しで対応できる範囲を遥かに超える、まさしく未曾有の危機と言えるものであった。この危機に対応するため、一方で常設のEMS（欧州安定機構、European Stability Mechanism）を置き、制度的な対応を試みるとともに、他方、財政規律、そしてガバナンスの強化を意図した、規制による対応が行われることとなった。前者は、ECB（欧州中央銀行）と軌を一にしつつ、危機的状況に陥った国を支える制度であり、後者は、六パックや二パック、そして財政条約（TSCG、Treaty on Stability, Coordination and Governance）などからなる、法規範の集合である。特に、最後の財政条約は、各国に財政規制を義務づけ、財政赤字是正措置を導入するものであり、フランスの財政法制を考える上でも、重要な存在となっている。

三　財政条約とフランスにおける複数年度型予算制

財政条約では、まず、三条一項において、各国の年度構造的収支が、構造的赤字について対GDP比で〇・五％以内とする中期目標に適合することを要求している。[9] その上で、そこからの重大な乖離が存在すれば、自動的に修正メカニズムが発動されるようにしなくてはならない。このシステムを支えるために、三条二項において、各国は、できる限り憲法の形式をとった拘束力のある恒常的な規定によって、もしくは、国内の財政プロセスにおいて厳格に遵守されることが何らかの形で保障される形式によって、国内法的に発効されることが要請される。その上で、各国は、構造的赤字の枠を遵守出来ているか否かを確認する、独立した機関を置かなくてはならず、また、修正メカニズムを国内法で定めることも求められる。しかし、厳格な規制が要請される反面、条約は、修正メカニズムについて、各国の国会の特権を全面的に尊重する内容とする、という配慮も示している。

（二）フランスにおける複数年度型予算制

財政条約が、中期目標に適合するような財政運営を求めているということは、すなわち、複数年度型の予算管理を強く志向しているということである。予算単年度主義と厳しく対立しつつも、継続する行政の観点、そして財政運営の効率性の観点から、フランスにおいても、複数年度型予算システムは、繰り返し求められてきた。既に第三共和制期においては、暫定予算（douzième provisoire）制度を念頭に置きつつではあるが、単年度主義を乗り越える方法が、バルテルミ[10]やオーリウ[11]など、当時を代表する公法学者の手によって、模索されていた。

第五共和制では、一九九六年の憲法改正により、複数年度型予算制への橋頭堡にも映る、プログラム法律（lois de programme）制度が導入された。三四条七項の新設により導入されたこの手法は、「国家の経済・社会活動の目標を定める」ものであるが、法的拘束力は無く、毎年の予算法律が必要と解されている。憲法院も、予算の参考数値を設定するものと解し、合憲との判断を下している[12]。

二〇〇八年の憲法大改正においても、この複数年度型予算制への漸進が見られる。三四条七項の規定は、計画策定法律（lois de programmation）という名称へ変更され、「国の活動目標を定める」と文言を修正した上で六項へ移された。代わりに、七項には、「複数年度財政方針は、計画策定法律において定められる。計画策定法律は行政の会計の均衡を目的とする」という、一歩進んで、財政均衡にも触れる規定が追加されることとなった。しかし、この条項を財政均衡条項（いわゆる黄金律（règle d'or））として、現実的な効力を持ったものと考えるのは難しく、均衡財政路線を追求するサルコジ政権は、更なる改憲を模索する。

二〇一一年七月には、財政均衡枠法律（lois-cadres d'équilibre des finances publiques）の導入が、次なる改憲案として提案され、一一日に上院で、一三日には下院で可決される。財政均衡枠法律は、複数年度の財政方針、財政の見通し、管理に関する規範を定めるものであり、具体的には、各年度の歳出上限と歳入増加の最低限度を定めた上で、予算法律と社会保障財政法律を包括的に拘束する、というものであった。さらに、財政均衡枠法律を修正する方法は、組織法律で制限され、安易な修正を退けるように設計されていた。両院で可決されたものの、反対意見は少なくなく、その後のステップである両院合同会議（Congre）で必要な五分の三を確保するのは難しいと判断されたため、両院合同会議の開催自体が見送られ、結局、この改憲案は廃案となり、従って、財政均衡枠法律も、日の目を見ることはなかった。

（二）財政条約へのフランスの対応

以上のような複数年度型予算システムの受容史、あるいは、それへの抵抗史を下敷きにしつつも、フランスは財政条約に調印した。まず、この条約については、二〇一二年八月九日に憲法院が、憲法改正を経ることなく、国内法を条約に適合させることが可能という判断を下している[13]。三条一項に関しては、「従来の予算規律に関する約束と比較して、国家主権の行使に関する重要な条件に制約をもたらすものではない」とされ、三条二項に関しても、「国内の財政プロセスにおいて厳格に遵守されることが何らかの形で保障される形式」によるので構わないとすれば、改憲の必要はなく、国内法化が行えるという形で、留保を付け（他には、欧州裁判所の裁判権に関する留保も付されている）、判断を下した。

憲法院の判断を踏まえ、国内法化の作業が行われ、二〇一二年一二月一七日法が成立した。この法では、財政計画法律（loi de programmation des finances publiques）という手法が採用されているが、これは、その中心事項として、複数年度にわたる財政方針を決定するものであり、具体的には、少なくとも三年以上の期間について、国家および地方、社会保障機関の行政全般に対し、財政収支の見通し、会計年度ごとの上限額を設定するものであった。この法については、成立以前に行われる、憲法院の事前審査[14]が、法規の性質を決定づけるものとして重要である。

憲法院は事前審査において、条約の要請に基づく独立機関（財政高等評議会、Haut Conseil des finances publiques）に関して、権力分立などの観点から、いくつかの違憲判断を下し、また、複数年度財政方針に関しても、解釈留保を付した上で合憲と判断している。中心となる後者に関しては、「国民の政策を決定および統率する憲法二〇条から導かれる、政府の判断および順応の自由を害する」ものではなく、また「国会の予算法律案、社会保障財政法律案、その他法律案の審議に当たって、国会の特権を害さない」ものである、という留保が付されることとなった。これはすなわち、予算毎年度性を確認した解釈留保であると考えられており、従って、財政計画法律がその後の立法者を拘束することはなく、その規範的意義を大きいものと考えることは難しい。

こうした性質を与えられた本法律に関し、財政法の泰斗である木村琢麿[15]は、「憲法に財政均衡条項を盛り込むことが政治的に失敗し、なおかつ学説の批判も強かった」フランスなりの、「フランス的な解決方法のひとつとして位置づけられる」と総括し、その上で、ＬＯＬＦ制定過程より出現した「財政ガバナンス（gouvernance financière）の概念を明確に採用し、その方向性に竿を差すものとして、一定の評価を与えている。財政法の領域を離れ、憲法学が問題とする国家像という観点からの考察においては、この認識の上に、もう一つの大国であるドイツを筆頭に、諸国が憲法規範として財政条項を導入する中で、どこまでフランス的な対応策で問題を乗り越えることができるのか、ＥＵを巡る「国家像の政治」をより一層注視していくことが必要になるだろう。それは、さらなるヨーロッパ連邦化への志向と、反EUを掲げ躍進する国内勢力との対抗関係として、そしてその抗争が、財政に留まらず国家全般に展開する変化として、広く考察されるべき問題である。

おわりに

フランスの財政法学界を牽引するブビエ（Michel Bouvier）は、現段階を「二つの世界の過渡期」と表現し[16]、財政均衡条項（の導入、具現化）が、両者をつなぐ橋の出来を左右するキー、と位置づけている。旧世界とは、国家が国内の財政政策の権限を完全に掌握していた時代であり、新世界とは、その上に超国家的な存在が出現する時代である。その言の通り、フランスは、EUによってもたらされた変化の、まだその途上にいると言え、いかなる形で決着がつくのかは、未だ判然としない。確実なことは、EUの変化にあわせ、フランス国内で、国家像を巡る論争が、ますます激しく行われることになるだろう[17]、ということである。既に、憲法学の領域においても、ボー（Olivier Beaud）が主権論から連邦を問い[18]、論客の一翼を担っているが、争われる問いの一層の深化は、現実政治の変転に応じ、引き続き進むことになるだろう。その際、現代国家の中核をなす財政を抜きに、国家・国家像は語れない。広く憲法学界から、（フランス、EU）財政への注視が要求される所以である。

【参考文献】

岩垣真人（二〇一四）、「フランス財政システムの変容と会計院」（『一橋法学』一三巻二号）
小沢隆一（一九九五）、『予算議決権の研究』、弘文堂

小沢隆一（二〇〇五）、「財政法学の可能性」（日本財政法学会編『財政法の基本課題　財政法講座Ⅰ』、勁草書房）
尾上修悟（二〇一四）、『欧州財政統合論』、ミネルヴァ書房
門輪祐介（二〇一四）、「憲法学と国家・連邦」（『一橋法学』一三巻二号）
木崎喜代治（一九七六）、『フランス政治経済学の生成』、未来社
木村琢麿（二〇〇六）、「フランスにおける複数年度型予算管理」（日本財政法学会編『複数年度予算制と憲法　財政法叢書二二』）
木村琢麿（二〇一五）、「財政均衡条項を巡るフランス法の動向」（『季刊行政管理研究』一四九号）
小村武（二〇一一）、『予算と財政法　四訂版』、新日本法規
田中秀明（二〇一一）、『財政規律と予算制度改革』、日本評論社
田中秀明（二〇一五）、「財政健全化と予算制度」（日本財政法学会編『財政健全化をめぐる法と制度　財政法叢書三一』）
長山貴之（二〇〇二）、「明治二二年会計法と予算制度」（香川大学経済学部『研究年報』四一号）
樋口陽一＝三浦信孝＝水林章＝レジス・ドゥブレ（二〇〇六）、『思想としての共和国』、みすず書房
星野郁（二〇一五）、『ＥＵ経済・通貨統合とユーロ危機』、ミネルヴァ書房

Albert, J.-L.（2011）, *Finances Publiques*（*7e ed.*）, Dalloz
Barthélemy, J. et Duez, P.（1933）, *Traité de droit constitutionnel*（*nouvelle éd.*）
Beaud, O.（2007）, *Théorie de la Fédération*, P.U.F.
Bouvier, M.（2012）, La «règle d'or» des finances publiques a-t-elle un avnir?, *Revue Française de Finances Publiques*（*RFFP*）, No. 117
Emile Chabal（2015）, *A Divided Republic*, Cambridge University Press
Hauriou, M.（1929）, *Précis de droit constitutionnel*（*2e éd.*）

Jean-Antoine, B. (2010), *Les normes constitutionnelles financières en droit français de 1789 à nos jours*, L.G.D.J.
Jean-Antoine, B. (2012), La règle d'équilibre ou «règle d'or», approche comparée, *RFFP*, No. 117
Levade, A. (2012), Les normes de l'Union européenne et l'équilibre budgétaire des Etats, *RFFP*, No. 117
Levoyer, L. (2002), *L'influence du droit communautaire sur le pouvoir financier du parlement français*, L.G.D.J.
Mundell, R. (1961), A Theory of Optimum Currency *Areas, The American Economic Review*, Vol. 51, No. 4
Pariente, A (2010), L'équilibre budgétaire: un principe juridique insaisissable?, *RFFP*, No. 112
Soulay, C. (2010), La «règle d'or» des finances publiques en France et en Allemagne: convergence au-delà des différences?, *RFFP*, No. 112

（1）小沢（2005 pp. 15–6）。
（2）木崎（1976 p. iii, pp. 19–29）。
（3）現行の会計法は、戦後の昭和二二年に制定されたもの（昭和二二年三月三一日法律第三五号）であるが、戦前にはそれと異なる旧会計法（明治二二年二月一一日法律第四号）が存在していた。旧会計法は、収支手続に関する規定だけではなく、現在は財政法で規定される、予算、決算制度に関する事項も、統一的に配されたものであった。旧会計法とそれに依る財政システムに関しては、長山（二〇〇二）を参照のこと。
（4）なお、憲法典での規定はなされていないものの、本文中で後述する一九五九年オルドナンス以降（Décision n° 60–8 DC du 11 août 1960）、憲法院はそれらの組織法律を「憲法ブロック」の構成要素とし、憲法的な価値を持つものと判断している。木村（2006' p. 33）では、とは言うものの「内容的には、日本でいえば法律としての『財政法』レベルであり、憲法と法律の中間的なイメージで捉えるのが適当」と位置づけられている。
（5）フランスでは、「予算毎年制の原則」というタームが用いられることが多いが、これは、予算単年度主義と、会計年度独立の原則の双方を含んだものとして理解されている（Albert（2011, pp. 84–5）を参照）。
（6）なお、第五共和制の憲法においては、以前までの憲法典よりも充実した形で（とは言え、もちろんそれは十分な量ではないが）予算法律に関する手続などか記載されている。特に、国会が七〇日以内に予算法律案を議決しない場合はオルドナンス形式で予算を施行できるとする四七条三項の規定は、「合理化された議会」体制をバックアップする強力な武器となっており、議会体制を論じるに際しても重要な条項である。

（7）一九五九年オルドナンスと、それを一つの武器として運用する、ド・ゴールが意図した、行政中心の財政システム（および、LOLFによるその変革）に関しては、拙著・岩垣（二〇一四）を参照頂きたい。

（8）単一通貨としてのユーロが成功しうるという考えを後押ししたものが、後にノーベル経済学賞を受賞する、ロバート・マンデルの「最適通貨圏」の理論である。Mundell（一九六一）を参照。

（9）従来、単なる財政赤字のみが注目され、実情に合った財政運営を妨げることに繋がったという批判を受け、景気変動の影響を除外した数値として、構造的という概念が採用された。条約では「年度構造的収支とは、経済変動による修正をした収支であって、偶発的かつ一時的な措置を控除したもの」と定義されている（三条三項）。

（10）Barthélemy et Duez（1933, pp. 798）.

（11）Hauriou（1929, pp. 525-6）.

（12）Décision n° 2002-461 DC du 29 août 2002. なお、この判決自体は、裁判に関する基本計画法律である、二〇〇二年九月九日法律（2002-1138号）に関するものである。

（13）Décision n° 2012-653 DC du 9 août 2012.

（14）Décision n° 2012-658 DC du 13 décembre 2012.

（15）木村（2015 pp. 10-1）を参照。

（16）Bouvier（2012 p. 147）.

（17）フランスでは、国家像を巡る問いは、「共和国」を巡る問いとなる。ドーヴァーを挟んで俯瞰する労作としてChabal（二〇一五）。また、「共和国」については樋口ら（二〇〇六）をさしあたり参照されたい。

（18）さしあたり、Beaud（二〇〇七）を参照。また、ボーやその連邦論を通じ、国家論の深部を再検討する労作として、門輪（二〇一四）は一読に値しよう。

フランスにおける執行権の政治責任原理とその「刑事化」

三上佳佑
（早稲田大学・院）

はじめに―問題の所在

本稿は、一九九三年七月二七日の憲法改正以降、フランス政治生活において顕在化する閣僚責任の「刑事化」現象を主たる検討対象として、代表民主政の「生理」と「病理」とを分つメルクマールとして「対話」という概念を見出だそうとする一つの試論である。ここでの「刑事化」とは、閣僚の職務遂行上なされた行為に伴う責任を、刑事的な性質のものとして把握し、裁判的手段によってサンクションしようとする近年のフランス政治生活の傾向を指す。「刑事化」に関する諸問題は、一九八〇年代の薬害エイズ禍「汚染血液事件」を巡る公法学論争を契機として、大きくクローズ・アップされた。過去の厚生行政の不手際を巡って、元首相以下三人の閣僚が「毒殺罪の共犯」その他の告訴箇条を以て訴追されるという事態が、政治・社会生活、そして学壇に与えた影響は深甚たるものであった。本稿の検討対象である如上の状況は、第五共和制における執行権の権限―責任に関する第一人者が共和国大統領であったことに鑑みれば、また、執行権の行使に伴う責任が所謂「政治責任」というモデルで理解されてきたことに鑑みれば、二重の意味で倒錯的な性格を持つと云える。

本稿は、現代フランス「法治国家」論の存在、事前規制型社会から事後規制型社会へのフランス社会の転換を与件としつつ[1]、しかし、これらの理論的・実際的動向が「刑事化」という形の下で「憲法」と「民主政」の領域に否応なく侵入する現状への批判的な視角を設定する。かかる視角の下で、本稿は、フランス第五共和制という文脈の上での民主政と責任との動態に関して、一つの素描を試みるものである。

一　一九九三年七月二七日憲法改正—その意義と経緯—

（一）一九九三年政治司法改革

閣僚の刑事責任[2]に関して、通常の司法系統に属する裁判所とは別の、特別の裁判機関でサンクションを行うというアプローチは、フランス憲政史の伝統である。この特別の裁判機関は、体制によって名称は多少異なれども大凡は「高等院 Haute Cour」と呼ばれている。そして、例えば第三共和制下の高等院がイギリス弾劾制度に倣った組織を有していた様に、裁判体の政治的構成を最大公約数的要素として、裁判体の超法規的権限や訴追手続の政治的性格などの共通の特徴を有する。そして、一九五八年憲法においても、当初から高等院 Haute Cour de justice は置かれており、閣僚は政府構成員として政治的に責任を負うだけでなく、刑事的・個人的な責任を負い、上下両院の議員によって構成される法廷によってサンクションされることとなっていた。この様に、人的管轄と裁判体との二重の政治性を帯びたフランス憲政史に特有の制度を「政治司法 justice politique」と呼ぶ[3]。

状況が大きく変化したのが一九九三年七月二七日憲法改正による新たな第一〇章と、同年一一月二三日の組織法律第九三―一二五二号による制度改革である。新たな憲法第一〇章によって「共和国法院Cour de justice de la République」が創設され、閣僚の刑事責任追及機関としての高等院は廃止されることになった。

同制度改革は「脱政治化」と「司法化」を基本的な性格としている。従前、高等院への訴追には、訴追提案が構成議員の絶対多数によって、上下両院での一致した議決が得られる必要があった。共和国法院においては、訴追の可否を決定するのは「申請委員会commission des requêts」であり、同委員会は破毀院判事、コンセイユデタ評定官、会計検査院主席評定官によって構成されており、議員は完全に放逐されている(4)。高等院においては不可能であった私人による閣僚の提訴も可能となった(5)。また、裁判体も、従前は上下両院から十二名ずつ、計二四名の議員判事だけで構成されていたのが、共和国法院においては上下両院から十二名、破毀院判事から三名の混合構成となった。また、従前の高等院判決が一審かつ終審のものとして不服申し立てを認めないものであったのに対して、共和国法院の判決は破毀申し立ての制度を設けており、政治司法を通常司法に近付けようとする制度改革の性格が読み取れる。

(二)　制度改革に至る経緯―政治責任原理の機能不全―

ここでは、一九九三年政治司法改革を第五共和制の政治的展開の中に定位することで、同改革が今日の文脈の中で有する性格を顕在化させてみたい。

改革に至る文脈の始点を設定するにあたっては、一九七〇年という象徴的な年号に如くものはない。第五共和制のポスト＝ドゴール期が始まった時点である。

周知の通り、第五共和制は第三・第四共和制における政治的退嬰主義immobilismeへのアンチテーゼであり、実際、対外的自律主義と統制経済に象徴されるドゴールの政治運営は、レフェレンダムという手段によって、強力な権限と強力な責任を一つのラインで結び付けるものであった。ドゴールによる決断主義的な政治は、一九六九年におけるレフェレンダムがドゴールへのモナルコマキを構成した限りで、独裁政治の全称判断を免れるのであり、体制の定礎者による第五共和制運用の一つの手本である。すなわち、共和国大統領無答責原則を定める憲法規定にも係わらず、ここでは共和国大統領が執行権の主任責任者となっている。

しかし、後継大統領は、レフェレンダムの行使について総じて及び腰であり[6]、しかもレフェレンダムの結果に対して責任を負わない、という態度さえ示す様になった[7]。更に、直近の立法府選挙の結果に対して政治責任を感じない共和国大統領によって、コアビタシオンと云う象徴的現象が生起するに至る。つまり、ポスト・ドゴール期第五共和制とは、体制が想定する主任責任者不在の体制である。無論代表民主制である限り責任者は必要であるから、国家元首無答責原則が顔色を取り戻し、首相以下閣僚が執行権の主任責任者として登場する。本稿冒頭にて指摘した第一の倒錯的状況である。

そして、ポスト・ドゴール期の深刻な問題は、首相はじめ閣僚らの政治責任もまた機能しないところにある。ドゴール期第五共和制において、かつてのモザイク状と評された世論分布[8]は大きく変化し、所謂「多数派状況 fait majoritaire」が生成していた。かつて強力な執行権と政治的安定、それに基づく繁栄をフランスにもたらした多数派状況は、ポスト・ドゴール期にあっては、寧ろドゴール期の負の遺産としての側面を顕現させる。政府と議会多数派の自同性を現象させることで、下院による政府統制を著しく形骸化させることになるのである。かくて、一九五八年憲法第四九条における「責任」は機能不全を呈する。「合理化された議会制」を規定する制度的諸条件の下で、議会が政府に対して切り得る札がもとより著しく制限されているところ、実際に機能し得るのは、憲法では明文規定のない首相以下政府構成員の対大統領責任のみとなった(9)。しかし、権限と責任の起点たる共和国大統領が無答責である以上、そこでの政治責任原理は民主的正統性との連絡を失っていることになる。

如上の状況下では、政治司法も機能し難い。訴追のために上下両院での構成員の絶対多数による一致した議決が求められる以上、何れか一方の院の多数派に属している閣僚は訴追からの安全を享受する。仮に訴追が実現したとしても「同輩による裁き」は実を得ない。ポニアトウスキ事件(10)、ヌッチ事件(11)などの政治スキャンダルは、政治司法の機能不全を象徴するものである。

以上の様に、執行権の責任に対するサンクションは隘路に陥っていた。そこで生起したのが、汚染血液事件である(12)。政治家階層に対する国民の処罰感情は強烈であり、事件発生当時の首相であるロラン・ファビウス他元閣僚二名が「毒殺罪の共犯」その他の告訴箇条の下で高等院、その後、共和国法院に訴追されるに至った。彼らの訴追は困難を極め、また「告訴箇条の選択における政治的術策(13)」とも評される、時効にかかる罪名の意図的な選択など、同事件でも政治司法は様々の困難を顕在化させた。しかし、何れにせよ、「我々の歴史上初めて、元首相を含む三名の閣僚が、国家反逆罪についてではなく、軍事的失敗についてでもなく、或いは汚職についてでもなく、政策について法廷で責任を取る立場に置かれている(14)」と評された様に、同事件は、「刑事化」という閣僚責任論の新局面を構成していたのである。

したがって、本稿冒頭に述べた第二の倒錯的状況、すなわち政治責任原理の後景化と刑事責任原理の前景化という状況は、ポスト・ドゴール期の閣僚責任の機能不全を構造的要因として、そして、汚染血液事件という突発的事件を直接的要因として、生起した。畢竟、刑事化という動態を制度的に担保するのが一九九三年政治司法改革であり、それは、世論の昂揚に対する、政治家階層による一つの回答であった(15)。

二　刑事化の動向と学説の対応

さて、如上の「刑事化」動向へのフランス公法学による対応について、刑事化を肯定する学説と批判する学説とを相互に検討することで、現在の動向を検討する視座を得たい。

(一) ドゴフによる刑事化肯定論

学檀の大勢が刑事化動向を批判する中で、刑事化肯定論を展開している代表的な論者がミシェル・ドゴフである。閣僚の職務遂行上の行為、特に政策形成行為を刑事的責任原理の下で把握するという、議会制民主主義の本道から著しく外れたアプローチを、彼は以下の三つの論拠を以て擁護する。

第一に、政策形成行為として現象する執行権に対して、その行為と責任とを「構造的」に把握する発想への批判である。議会制民主主義におけるこの様な通説的な発想は、責任の所在を「集合体の匿名性」の中に埋没させ、閣僚責任を有耶無耶にすることに繋がる。[16]

第二に、議院による調査活動への疑念である。政治責任の追及にとって、議院による調査権の行使は重要な意義を持つが、しかし、ドゴフは、その価値を低く見積もる。議院による調査活動は大凡政治的な動機の下で行われるので、公明正大を期待し得ない。しかも、政治責任の最大のメルクマールは権力の喪失に求められるので、「元」閣僚に対するア・ポステリオリな責任追及は議会の能く為し得るところではない。したがって、政治責任は実効性に乏しい責任原理である。[17]

第三に、閣僚の職務遂行上の行為について、その過失に係わる責任を一般市民の行為と同じく通常司法においてサンクションすることを妨げる憲法原理は不在である、と再認識する必要性である。[18] 一般人であれば「犯罪」としてサンクションを受けるべき行為を、閣僚は一般利益の追及の名の下に職務遂行上の行為として不当な免責を受け得る。それ故、ドゴフは、全市民の法の下での平等という大革命以来の原理を閣僚の職務遂行上の行為に関しても全面的に適用することが強く要請される、とするのである。

一九九三年政治司法改革と刑事化動向を肯定するドゴフ理論の根底にある発想は以下の様なものである。第一に、政治責任と刑事責任との質的相違を否定する発想である。つまり、政治責任と刑事責任とは、彼にとっては等価の技術である。閣僚責任が何れの論理に従ってサンクションを受けるべきかという問題は原理的問題ではなく、その効果の大小という合目的性の問題である。この様な発想は、彼の行論においては、大革命以来のフランス共和制が「法の下の平等」という原理に従って発展してきたという認識と整合する。(19) そして彼は、自らの行論の窮極的な正当性を、一九九三年七月二七日憲法改正の主権者意思に求める。(19) すなわち、憲法と民主政の領域における一般法droit communの支配の貫徹が憲法制定権力によって望まれたのは明白であり、かかる事実こそが、現下の閣僚責任論の趨勢に関して評価する際の基準となる、とするのである。

(二)　ボーによる刑事化批判論

今日のフランス公法学における閣僚責任論の水準を形成している論者がオリヴィエ・ボーである。政治責任原理の再活性化を強く指向する彼の理論は、以下の諸論拠によって閣僚責任の刑事化動向を批判する。

第一に、ボーは、刑事化動向を議論のすり替えであると批判する。彼は、かかる動向の背景に体制の構造的欠陥が控えている以上、議論の方向性が政治責任の活性化を指向するものでなければ筋が通らないとするのである。彼によれば、刑事化動向は、民主政における責任原理の地位に対する原理的な検討を欠く皮相な性格を持ち、「憲法の後退」(20) を招いているとされる。

第二に、ボーは、今日の刑事化動向の合目的性もまた、否定する。刑事化動向は、脱政治化と一般法の支配の貫徹として自己定義するが、「政治」を「司法」の言葉に変換する試みには限界があり、その様な試みは結局、「政治司法」というハイブリッドの域を出ない、と云うのがボーの見立てである。加えて、刑事化動向は、単なる政治的営みを「司法 justice」として喧伝することで、政治的闘争に対して「公平」「公正」の外皮を与えるイデオロギッシュな効果を持つ、と彼は批判する。従来の政治責任が刑事責任に転換すれば、責任主体の地位も「権力統制の客体」から「防禦権の主体」[21]へと転換せざるを得ない。刑事化という試みの帰結は、適正手続の保障によって権力統制の実を失うか、或いは超法規的な政治的営みに裁判と云う形式を提供するに留まるか[22]、この何れかである。

政治責任原理を強く指向するボー理論の基本的な視角は次の様なものである。第一に、閣僚責任の刑事化動向は、体制の病理に対する対症療法に過ぎず、議会政の再活性化による原因療法に取り組むべき、という視角である[23]。実定法の次元で新たな憲法第六八―一条が定まったとは云え、閣僚責任の基本像が転換した訳ではない。同条文が第五共和制の中で有すべき地位は、憲法全体の体系的解釈から導出されなければならず、果たして、憲法第二〇条と第四九条、すなわち代表民主制と議院内閣制という中核的領域を有する一九五八年憲法の中では、第六八―一条の有する地位は例外的・副次的なものと結論される。これが一九九三年政治司法改革に対するボーの答えである[24]。そして、第二に、より根源的な次元における視角として、「一般法」には「一般法」の、「公法」には「公法」の、それぞれ独立固有の意義があり、両者の混同は政治的・社会的に望ましい結果を生まない、という視角である。事ある毎に「犯人捜し」に躍起になる今日のフランス社会において、最早「刑事化」は全社会的問題になっていることが法社会学によって指摘されている[25]。ボーは「『主観化』による不安定な傾向を見ている今日…客観法たる公法の、つまり、国家及び代表者を固有の行き方で組織することによって社会を最終的に保障する法としての公法の効果を想起するのは有為である。つまり、政治責任とは、社会の規律化、平穏化の一手段である。[26]」と指摘する。

（三）小　括

執行権の責任に対するドゴフ─ボーの理解は、明快な対立軸を持つ。すなわち、一般法の優越を前提として、政治責任と刑事責任との質的相違を否定する見方と、一般法と公法との相互独立を前提として、政治責任と刑事責任との質的相違を肯定する見方との対立である。また、立憲主義constitutionalismeという視角に立った場合に、近年の刑事化動向を法治主義の進展として肯定するか、憲法の後退として否定するか、という対立である。現状を批判的に検討する際に、何れの視角がより説得的かと云えば、ボー理論の方が、より適切な思考のモデルを提供するものと思われる。

政治責任と刑事責任との質的相違を説くボーの理論は、代表民主制における「動態的主権者意思」への責任たる政治責任と、「静態的主権者意思」への責任たる刑事（法的）責任との原理的相違に換言する形で[27]、その妥当性を確認できる。執行権への司法的統制は民主政の原理と鋭い緊張関係に入る。責任原理の目的論的理解においても、刑事責任が社会秩序の維持を目的とするのに対して政治責任が治者の被治者への一定の帰属関係を確認することを目的としている様に、両責任原理の質的相違は否定し難い。「刑事責任を規定する原理は、忠実に、政治責任を規定する原理とはコントラストを描く[28]」のである。

また、実効性の観点からも、刑事化動向は疑念を生じさせる。構造的な現象としての政治責任を個人化した形で把握する試みは、イギリスにおける弾劾制度の衰退において既に歴史的に清算済みのものだからである。[29]弾劾制度の衰退は政治構造の転換だけでなく、政策形成責任を「大逆罪」という個人的・

刑事的形態で把握する試みの限界が露呈したところにも多くを負っている。[30] 政策形成行為は「構成要件」としての把握には馴染まないのであり、結局、閣僚責任の刑事化という動向の合目的性は疑わしいものである。

おわりに──若干の省察

閣僚による政策形成と云う形で問題となる執行権の責任を、個人的・法的形式の下で思考する「刑事化」動向は、「政治責任」という余りにも一般化された視角からすれば、突飛な思考と映るだろう。とは言え、長年に渡る執行権「無責任」の事情に目を遣るとき、現状のラディカルな閣僚責任論を理由のないものとする訳にもいかない。

そこで肝要であるのは、「責任」という概念それ自体に立ち返った原理的考察である。美濃部達吉を読み返す蟻川恒正が正しくも指摘する様に、「責任」の概念の精髄は「被批評可能性」「相互対話」に在り、責任は「責任者ひとりの裡に生起し消滅する概念」ではない、という理解が重要である。[31] この様な理解においてこそ、政治責任の「生理」が描かれる。したがって、政治責任の「生理」は、責任者たる執行権者と掣肘者たる議会、主権者たる国民との間における「対話」の中に現象するのである。

対して、政治責任の「病理」は、「対話」の不在の中に現象する。一九七〇年から一九九三年に至る第五共和制は、レフェレンダムの衰退によって執行権者と国民との直接の対話を滅殺し、また、多数派状況によって執行権者と議会との対話も成り立たなかった。これが一つの病理である。対して、一九九三年以降の「刑事化」動向は、危険の排除と云う刑事─社会防衛の本質を剥き出しにした点で、対話とは無縁である。そこには存在するのは排除の「客体」であり、対話「主体」同士の彼我の関係性は存在する余地がない。

したがって、執行権の責任不在の状況が病理であるとしても、政治責任の刑事化という劇薬は新たな病理を現象させる。「対話」可能性の創出という療法こそが、フランス第五共和制にとって必要である。その為には対話主体の「彼我」の関係性を創出する必要があるが、二〇〇八年七月二三日憲法的法律による憲法第四八条第五項、第五一の一条は、院内少数会派への特権付与によって議会政治の再活性化を図るものであり、執行権と議会との間の対話の場を設定する企図として評価できよう。そこでの対話が対等な「彼我」の関係の下で展開していくかは、今後の検討に譲らざるを得ないが、一縷の望みを託し得るものであろう。今後のフランス政治生活とフランス公法学説との「対話」にも期待しつつ、筆を擱くこととしたい。

（1）この様な視角の中での議論の重要性については、山元一「責任と統治の主体としての裁判官―最近のフランスにおける裁判官をめぐる議論について―（一）」『法学』（第六七巻五号、二〇〇三年）二六〇‐二八三頁に大きな示唆を受けた。

（2）ここでの「閣僚の刑事責任」とは、「閣僚の職務遂行上の行為に関する刑事責任」を指す。以下本稿中で「閣僚の刑事責任」と述べる場合、基本的にはこの意味で用いる。

（3）「政治司法」に関するまとまった検討として、橋爪英輔「フランス憲法における閣僚裁判権：高等院制度の展開と特徴」『法学政治学論究：法律・政治・社会』（第一〇七号、二〇一五年）一〇一‐一三六頁。また、拙著「第三共和制下高等院と「主権的権限」：フランスにおける責任追及の特殊政治的形態の観察と検討」『早稲田法学会誌』（第六五巻一号、二〇一四年）四六九‐五二〇頁。

（4）憲法第六八―二条第一項。

（5）同上第二項。

（6）レフェレンダムの回数は、一九六〇年代に四回と最高潮と記録した後、七〇年代、八〇年代、九〇年代、二〇〇〇年代において各一回ずつと、低調である。

（7）一九九二年、マーストリヒト条約批准に関するレフェレンダムに対してミッテラン大統領が示した姿勢である。

（8）Paul Bastid, *Le régime Assemblée*, Edition Cujas, 1956, p. 357.

（9）一九七二年のシャバン・デルマスの退陣、一九八四年のピエール・モーロワの退陣など、共和国大統領の要請による内閣の辞職には多数の例が存在する。

（10）ある下院議員の暗殺事件に関する元内相ポニアトウスキについての訴追提案が、下院多数派を占めるＵＤＦのイニシアチブによって阻まれた一九八〇年の案件である。

（11）ヌッチ協力・発展相の汚職に関する一九八七年の案件である。高等院への提訴は難航しながらも実現したが、審理中に下院で恩赦法が成立した。

（12）同事件に関する閣僚責任論として、高橋泉「閣僚の政治責任（二・完）—刑事責任との交錯をめぐる議論から—」『上智法学論集』（第四五巻二号、二〇〇一年）八一－一二二頁。

（13）Philippe Ségur, *La responsabilité politique*, 1re éd., PUF, 1998, p. 120.

（14）共和国法院附検事総長ブルジュランの見解である。voir, *RDP*, n°2, 1999, p. 339.

（15）一九九三年政治司法改革を「政治家階層と司法化階層の妥協案」と正当にも指摘するものとして、Georges Vedel, La poursuite des infractions commises par les ministres en droit français, E. Delpérée et M. Verdussen (dir.), La responsabilité pénale des ministres fédéraux, commentaires et régionaux, Bruylant, 1997, p. 37.

（16）Michel Degoffe, Pour la Cour de justice de la République, *RDP*, n°2, 1999, p. 417.

（17）Michel Degoffe, La responsabilité du ministre, Olivier Beaud et Jean-Michel Blanquer（dir.）, La responsabilité des gouvernants, Descartes & Cie, 1999, p. 246.

（18）Michel Degoffe, Responsabilité pénale et la resaponsabilité politique du ministre, *RFDC*, n°26, 1996, p. 402.

（19）Degoffe, *supra note* 17, p. 266.

（20）Olivier Beaud, Le traitement constitutionnel de l'affaire du sang contaminé: Réflexions critiques sur la criminalisation de la responsabilité des ministres et sur la criminalisation du droit constitutionnel, *RDP*, 1997, n°4, p. 1000.

（21）*Ibid*, p. 1011.

（22）*Ibid*, p. 1007.

（23）Olivier Beaud, *Le sang contaminé: Essai critique sur la criminalisation de la responsabilité des gouvernants*, PUF, 1999, p. 101.

（24）Olivier Beaud, La Cour de justice de la République est-elle vraiment compétente pour juger les ministres dans l'affaire sang contaminé? *D*, 1999, 8e., pp. 79-80.

（25）法社会学者アントワーヌ・ガラポンによって、この消息が極めて纏まった形で検討されているのが、アントワーヌ・ガラポン（河合幹雄訳）『司法が活躍する民主主義―司法介入の急増とフランス国家のゆくえ』（勁草書房、二〇〇二年）である。

（26）Olivier Beaud, Le double écueil de la criminalisation de la responsabilité et de la justice politique, *RDP*, n°2, 1999., p. 454.

（27）吉田栄司『憲法学的責任追及制論Ｉ』（関西大学出版部、二〇一〇年）九頁。

（28）Pierre Avril, Trois remarques à propos des réquisitions du ministère public dans l'affaire du sang contaminé, *RDP*, *dossier spécial: sang contaminé*, 1999, p. 397.

（29）Jean-Michel Blanquer, Un enjeu central: la reponsabilité des ministres. Ou comment eviter les pièges de l'illusoire VIe République? *RDP*, n°1/2-2002, p. 246.

（30）Denis Baranger, Parlementarisme des origins: *Essai sur les conditions de formation d'un exécutif responsible en Angleterre (des années 1740 au début de l'âge victorien)*, PUF, 1999, p. 271.

(31) 蟻川恒正「責任政治」『法学』(第五九巻二号、一九九五年)九頁以下。

イタリア共和国憲法における「地域国家」と連邦制

芦田　淳
（国立国会図書館）

はじめに

本稿は、「一にして不可分の共和国」という理念とともに、自治と分権の理念を掲げた共和国憲法五条[1]に由来する「地域国家（地域制）」概念を、連邦国家（連邦制）との対比で検討するものである。一では、イタリア及び我が国の研究者の分析を踏まえ、項目ごとに、連邦国家と地域国家を区別する主要な要素は何か、二つの国家モデルの間の差異は実際にどの程度かについて検討する。二では、上院改革、国と州の間の立法権限配分、税財政関係の三項目について、二〇一六年四月に国会が可決した共和国憲法改正法律[2]を主な素材として検討を行う。

イタリアにおける「地域国家」と連邦国家及び単一国家との関係をめぐる議論は、大きく三つに分けられる[3]。①州の「国家に従属し、国家によってつくられた自治体」という性格を強調する、地域国家を単一国家の亜種と考える立場、②州に立法権が与えられ、硬性憲法にその権限事項が列挙され、国の権限が及ばないということにかんがみ、「州の自律性は、地方団体[4]の自律性とは異なる」という点に立脚する、地域国家を連邦国家と単一国家の中間型と考える立場（ただし、「主権」と結び付いた連邦国家を構成する主体とも州は異なる。）、③そもそも連邦を構成する州も、むしろ国家ではなく自治体であり、連邦主義と地域主義の違いは、質的なものと言うより量的なものとする立場から、地域国家は、連邦国家と同様、分権化された国家の一類型をなし、単一国家と区別されるべきとの立場である。

一　連邦国家と地域国家の比較

（一）州等の性格・憲法上の権限配分

連邦国家と地域国家を区別する典型的な特徴としては、連邦構成主体が、国家の伝統的な三つの機能（立法・行政・司法）を保持することに代表される、主権的要素を持つことがある。連邦国家において、連邦構成主体が独自の憲法を制定できるのに対して、地域国家において、州が独自の憲法ではなく憲章の制定権を持つにとどまり、中央政府が認める範囲内で自らの組織を決定できるとされてきたのも、州の性格を示すものであろう。

また、中央と地方の権限配分に関して、連邦国家においては通常、明示的に権限配分を規定した憲法が存在する。そこでは、立法・行政・司法の各機能について、連邦構成主体に一般的権限が帰属し、憲法に列挙された権限のみが中央政府に留保されるのが原則である。他方、二〇〇一年憲法改正前のイタリアを例にとれば、地域国家において、州は司法権を持たず、立法権及び行政権についても、中央政府が一般的な権限を有し、州は憲法で列挙された権限を有するにとどまる。(5)

しかし、アメリカを除き、司法機能に関する状況は多岐に亘っている。連邦国家でもオーストリアにおいて司法機能は国の専属的権限であり、(6)ドイツでは、訴訟の規律はすべて連邦に留保されており、州の権限は付随的な事項に限定されている。

権限配分に関しても、次のとおり、差異が弱められている。①スペイン憲法は、国の権限と自治州の権限それぞれを列挙しており、地域国家において一様ではない。②カナダ、インド、南アフリカでは、一般的な立法権限が連邦に属しており、連邦国家においても一様ではない。③連邦国家において、連邦の列挙された権限の持続的な拡大傾向が以下の三つの局面で見られる。第一は、慣習及び憲法条項の拡大解釈の局面である。一例として、合衆国憲法における通商条項は、州の権限の制限とともに連邦の権限拡大をもたらした。第二は、連邦又は州等の権限事項の当初の一覧の見直し（一例としてオーストリア）、又は地方の権限の厳格な（制限的な）解釈と中央の権限の拡大解釈の局面である。第三の局面は、補完性原理の適用で、ドイツで見られるように、国の全領域で統一的な規律を保障する必要性・全体的な経済的要求を保護する必要性のため、当該原理に基づくことで州に憲法上配分された分野への連邦の介入が正当化されている[7]。このように、権限配分に関して、連邦国家と地域国家の間で一定の差異が見られるとはいえ、変容の過程にあり、単純ではない。

（二）地域代表たる第二院の存在

「地域代表たる第二院」という要素は、地域国家であるイタリアにおいて存在しないのと対照的に[8]、連邦国家においては、州等が連邦の機関の形成に参加でき、地域代表たる第二院が存在すると言われる。しかし、非連邦国家においても、地域代表たる議院は存在し得る。フランス上院は、地方公共団体の代表を確保する院と位置付けられる。また、スペイン上院は、スペイン国民を代表するが、地域代表をもって組織する議院でもある。その選出方法も、直接選挙と自治州議会による間接選挙、つまり、全選挙人の代表と自治州の代表が混在する。他方、連邦国家において、実際に地域代表と言い切れない議院もある。例えば、アメリカ上院は、下院選挙と同じ論理に従って全選挙人によって選出され、必然的にその内部の力学を反映しており、真の地域代表たる議院であるか再考する余地がある。[9] オーストラリア上院も、州民の直接選挙により選出され、州民の代表とされるが、地域ではなく党派による行動原理を持つと指摘されている。[10] さらに、オーストリアは、上院が州議会によって（原則として州議会における各政党の議席数に比例して）選出され、「人口に応じて州を代表する」と規定されているものの、実際には州の利害より所属する政党の意向に沿って（下院と同様に）行動している。[11] また、二〇一四年改正以前のベルギー上院の議員選出方法も、直接選挙（比例代表制）、間接選挙（共同体議会選出）及び上院議員による指名等となっており、独特の選出方法と言えた。むしろ上院が各州政府の代表であるドイツが、真の意味で「地域代表たる第二院」といえる数少ない例と言え、議員選出方法の差異は、上院の活動にも影響を及ぼし得る。[12] また、「地域代表たる第二院」を欠く連邦国家の例として、カナダ等がある。カナダ上院は、議員定数が各州同数ではなく、連邦政府の任命によるため、「人口比例に基づく下院に対して、地域代表の原則をとり、人口の多寡に関わらず、地域の声を連邦レベルに反映させ、力や数の論理のみに左右されない政治参加の機会を与える」という、上院が一般的に期待されている機能を果たすようにはデザインされていない。[13]

（三）連邦の重要な権限行使（憲法改正手続等）への州の参加

ドイツでは連邦憲法改正に際して連邦議会と連邦参議院が対等な権限を有しており、アメリカでも州は憲法修正において中心的役割を担っているというように、連邦国家においては、連邦が重要な権限を行使する際に、州自身又は州代表的性格を有する連邦機関が重要な役割を果たすことが予定されている。[14]
連邦が立法その他の権能（例えば、行政権能、条約の締結、最高裁判所裁判官等の任命）を行使する際も、州代表機関は相当に大きな役割を担う。カナダに関しては、上院が上述のような機能を果たしていない反面、憲法に規定されていない、連邦―州首相会議をはじめとした連邦―州関係機関が発達しており、当該機関が連邦構成主体の連邦政治への参加手段としての機能を果たしている。(15)

これに対して、地域国家であるイタリアでは、州に関する事項について州議会は憲法的法律の発案権を有し、(その他の事項も含め) 憲法的法律案が国会でその議員の三分の二を下回る投票で可決された場合、五つの州議会の要求があれば、当該法律案は国民投票に付される。また、イタリアにおける国レベルの重要な決定への州の参加として、大統領選出に際して州代表が参加すること、州の利益に関わる国の法令等について州の意見を政府に伝える場として「国家―州会議」が設けられていること等が挙げられる。

(二) とあわせて考えれば、ひとまず、地域代表たる第二院という要素は連邦制に必須とまでは言えず、逆に、統治機構全体でどのように連邦構成主体の意見を権限行使の際に取り込んでいるかは慎重に検討する必要があると言えるのではないか。

(四) 権限争議に係る憲法裁判制度の存在

連邦と連邦構成主体の間の権限争議を扱う憲法裁判制度の存在という要素は、一般にアメリカ、オーストリア、ドイツ、ベルギーといった連邦国家と緊密に結び付いている。しかし、地域国家であるイタリアやスペインにおいて、以前から(16)権限紛争解決の権限を委ねられた憲法裁判所があることを考えても、当該制度が連邦国家のみに典型的な特徴を表しているとはいえない。(17) また、スイスでは、伝統的に国民投票、つまり、国民によって連邦と州の仲裁が担われてきた部分もあるのではないか。(18)

（五）税財政制度

一般的に、連邦国家における租税制度は、連邦と州等が各自でその必要のために課税を行い、収入を得ていると説明される。しかし、連邦国家においても、実際には各租税制度を連結する様々な調整制度が存在しており、例えばドイツでは州相互及び連邦と州との間に財政調整制度が存在する。また、オーストラリアでは歳出面で州の役割が大きい一方、歳入面では権限の多くを連邦政府が保持し、結果として生じた垂直的財政不均衡を財サービス税（ＧＳＴ）交付金等の大規模な財政移転で調整している[19]。他方、地域国家において、州の財政自治権は中央政府が決定する限界によって制限されてきたが、二〇〇一年憲法改正を経たイタリアを見れば、国庫からの資金による州財政から、州自身による財政（財政的自治）へと徐々に変化しつつある。

（六）連邦構成主体と地方団体の関係

理念的には、連邦国家において、連邦構成主体は、その領域に対してその同意なく変更できない権利を有している。他方、地域国家において、地方団体の自治は憲法によって保障されており、州の介入が排除されている。

実際に、連邦構成主体の地方団体の制度に関する権限に関して、歴史的な連邦モデル（アメリカ、カナダ、オーストラリア等）において、連邦憲法による保障的な規定なく、連邦構成主体は、地方団体に関するすべての権力を保持している。他方、欧州の連邦モデルにおいては、連邦憲法における連邦構成主体に向けられた地方団体に有利な保障規定とともに、連邦構成主体への権限の付与が見られる。そして、ブラジルや南アフリカ等の新しい連邦憲法においては、連邦及び連邦構成主体に対して、地方団体の自律性を憲法的に承認し保障することを介して、複数の階層を持つ連邦を構築する試みが見られる。

これに対して、イタリアでは、均衡予算原則を導入した二〇一二年憲法改正により、州単位の収支均衡実現のため、州にはその領域内の地方団体を対象とした新たな調整機能が付与されている。また、憲法一一四条一項に基づき、国の法律が地方団体の権限を侵害したことを州が訴えることを認めた憲法裁判決が存在する。以上からは、両国家モデル間で一定の接近がうかがえるのではないか。

（七）小　括

以上から、少なくとも外見的には、地域国家と連邦国家の差異は小さくなる傾向にある。両者の発展は、異なる要素を持続させながらも、様々なバリエーションを生み出し、完全に典型的といえる特徴を次第に失いつつある。この観点に立ち、さらに、国家機能（立法・行政・司法）の統一的行使の完全な実現がもはや見られず、国と州等が協働する多元的な状況を考慮するならば、二つの類型を完全に別のものと評価するのではなく、国家連合から集権化された単一国家に至る連続線上に含まれるバリエーションとして論じ得る可能性もある。しかし、（連邦国家の多くが求心的な力によって誕生したとすれば、地域国家は遠心的な力によって生じたものという）歴史的起源を傍らに置くとしても、連邦国家にお いて連邦構成主体に国政の重要な政策決定への参加が担保されることにかんがみれば、やはり両者の差異もうかがえる。そこで、イタリアの二〇一六年の憲法改正法律を素材としてさらに検討を進めたい。

二　二〇一六年イタリア共和国憲法改正法律等に対する検討

（一）上院の性格・権能の見直し

イタリアの上院に関して、憲法上「共和国上院は州を基礎として選ばれる」という文言がある。しかし、同時に国民の代表であることが明示されており、地域代表の議院ではなかった。こうした上院の見直しは、戦後の早い時期から模索され[20]、二〇〇五年に議会で可決され、二〇〇六年に国民投票で否決された憲法改正法律でも、州議会選挙と同時に州を基礎とした普通選挙で選出される議員と、表決権なしに参加する州の政治機関（州及び県、大都市、コムーネの議会）の代表から構成される「連邦上院」の設置が規定されていた。この試みに対しては、真の地域代表の議院ではなく、混合的な性格を持つものとの評価がある[21]。

これに対して、二〇一六年憲法改正法律は、共和国上院を領域団体の代表と明示した。上院議員の構成も、大統領の任命による五名を除き、一〇〇名のうち九五名を領域団体の代表とした。その選出方法も、州議会（トレント及びボルツァーノ自治県の県議会を含む。）が、比例的な方法で、その構成員の中から複数の上院議員を選出し、さらに、各州で一名ずつ、各領域のコムーネの長の中から上院議員を選出するとして、州議会による間接選挙の規定が置かれている。以上の特色は、一で述べた事例と比較すると、オーストリア型に近いものと言える。上院の権能に関しては、憲法改正法律及びその他の憲法的法律のほか、地方自治関連法律、ＥＵ関連法律、上院選挙法等の制定については両院の権限を対等にとどめる一方、その他の法律の可決を下院に委ねた。あわせて、従来、下院と対等であった政府の信任権限に関しては、上院について削除した。憲法裁判所裁判官の任命についても、両院合同会議で五名と規定する現行規定を、下院が三名、上院が二名と各院が任命するよう改めている。以上の改革は、上院の役割を、従来の下院と対等なものから、地域代表の色彩を帯びた限定的なものへと変化させている。

（二）立法権限配分

憲法制定当初、憲法一一七条の規定する国と州の間での立法権限配分は、州が、国の法律の定める基本原則の範囲内で実施できる、列挙された競合的立法権限を持ち、その他の一般的権限は国に与えられるものであった。二〇〇一年憲法改正は、これを、国の専属的立法事項、国と州の競合的立法事項を列挙し、その他の事項に関する立法権限を州に与える制度へと改めた。しかし、国の法律の優越規定を大幅に削除しようとした二〇〇一年改正の素朴で曖昧な性格が、国の措置の優越を実質的にもたらす作業を憲法裁判所に行わせたとの指摘がある。[22] 具体的な憲法裁判所の措置としては、先述した二〇〇三年判決第三〇三号のほか、二〇〇二年判決第二八二号以降の「横断的（立法）事項」への言及等が挙げられる。[23] 加えて、条文上も、競合的権限モデルが維持されており、他方では質的に重要な事項（市民的及び社会的権利に係る給付の最低限の水準の確定、環境の保護等）が国の権限に留保されているとの限界があった。続いて、二〇〇五年案も、州のいくつかの「専属的」立法権限を列挙していたが、当該権限は、実際には専属的ではなく、国に該当事項に係る専属的権限（例えば、保健に係る扶助及び組織に関する州の権限に対する、健康の保護に関する国の専属的立法権限）をとどめていた。

これに対して、二〇一六年改正法律は、競合的立法事項を無くして一部を国の権限事項とするとともに、州に対して、一般的立法権限を残しつつ、「言語的少数者の代表」をはじめ立法権限を有する九事項を列挙した。ただし、「共和国の法的若しくは経済的統一の保護又は全国的な利益の保護の必要があるときは、政府の提案に基づいて、国の法律は、専属的立法に留保されていない事項について介入することができる」と規定して、憲法五条の要求する全国レベルでの統一の要求が明示された。

（三）税財政関係

イタリア共和国憲法一一九条において、州には財政自治権が認められ、州は課税権及び固有財産を有する。制定当初に財政自治権に付された「国の法律で定める形式と範囲内において」との制約は、二〇〇一年改正で削除された。しかし、二〇一六年改正法律は、税財政制度に関しても、州等が、憲法とともに「財政及び税制の調整のための国の法律の規定に基づき」、課税等を行い、自らの領域に交付される国の税収の配分の決定に与る（一一九条二項）と改めている。

また、第二次世界大戦後、法律レベルにおいては、一九七三年に福祉国家の拡張及び税制業務の効率化を目指して行われた税制改革により、税源の中央集権化が進んだ。一九九〇年には、州の歳入に占める税収の比率は二％を下回った。しかし、その後は、次第に分権が進み、二〇〇九年には法律第四二号をもって財政連邦主義の原則及び指針が定められた。[24] 二〇一一年の数値では、州の歳入に占める税収の比率は約四八％となっている。しかし、経済・金融危機の発生以降、財政連邦主義の実施過程には歯止めがかけられている。

（四）小括

上院に関する見直しは、上院に（オーストリア上院と同様の留保は付くものの）地域代表としての性格を刻印し、そのような上院が憲法改正に下院と対等に参加するという意味で、自治の強化につながる可能性を持つ。これに対して、立法権限配分等の見直しは、二〇〇一年改正後に憲法裁判所が憲法の体系的な解釈を通じて強調してきた「統一の要求」を憲法上に取り込むなど、国（中央政府）の権限を強化するものとなっている。

おわりに

以上の検討から、暫定的に結論を引き出すとすれば、次のことが言えるのではないか。まず、連邦国家における多様性にかんがみ、地域代表たる第二院の存在は必ずしも連邦国家の要件とは言い切れず、憲法上の権限（特に立法権限）配分のあり方や、連邦の重要な権限行使への州の参加のあり方にもかかなりの幅がある。また、ベルギーの連邦化のような「歴史的起源」の存在を踏まえれば、成立過程の面でも、地域国家と連邦国家の間に決定的違いがあるとは言い切れない。あわせて、憲法裁判制度や、税財政制度、連邦構成主体と地方団体の関係に着目すれば、（特に機能の面で相違を「程度」の問題と考える）連邦国家と地域国家の差異を相対的に考える主張も首肯できるところがある。

イタリアの州は、当初、国家の内部に、国家によって創設され、権限を付与された存在であった反面、現在は、憲法において、共和国の構成主体という意味で国と対等であり、その立法権及び行政権も規定されている。また、憲法裁判所は州が「主権」を持つ団体ではなく「自治」を委ねられた団体と定義しているものの（二〇〇七年判決第三六五号）、二〇一六年憲法改正法律が、上院を州議会が選出する領域団体の代表たる議院に改め、それが国民の代表たる下院と対等に憲法改正等に参加することは、一定程度連邦制に類似した性格を与えるものではないか。つまり、州の「国家的性格」には限界があるものの、制度上、国家レベルの重要な決定過程に地域が関与するルートを設定するものと考えられる。他方、立法等における国と州の権限関係については、実際の問題を踏まえて国の役割の拡張が行われている。このように、現在、イタリア型の地域国家モデルは、その枠組を含めた変容の過程にある。イタリアは、国家統一の状況という「歴史的起源」から非連邦国家となったが、近年、その地域制は、多元性に基づいた国家の統一を目指すものとなっている。ここから、何らかの示唆を汲み取るならば、国民の大多数に（連邦制を求めるほど）大きな差異が存在しない状況を背景に、国家の各機能に関して適切な分担と地方の参加を憲法で規定すれば、地域制は「可能な限り極限まで」分権を進めるのに適合的と言うこともできるのではないだろうか。

（1）憲法五条は、次のとおりである。「一にして不可分のイタリア共和国は、地方自治を承認及び促進し、国家事務において広範な行政上の分権を行い、その立法の原理及び方法を自治と分権の要請に適合させる。」以下、各国憲法の翻訳、解釈に関しては、初宿正典・辻村みよ子（編）『新解説世界憲法集　第三版』三省堂、二〇一四年、阿部照哉・畑博行（編）『世界の憲法集（第四版）』有信堂高文社、二〇〇九年を参照した。

（2）国会の可決した憲法改正法律は、一定の条件の下に国会議員又は州議会等から国民投票の要求が出された場合、国民投票で有効投票の過半数の賛成が得られなければ審署されず、二〇一六年秋以降に国民投票が行われる見込みである。

（3）分類にあたっては、Tania Groppi, *Il federalismo*, Roma: GLF editori Laterza, 2004 等を参照した。

（4）州より下位の大都市、県、コムーネ等を指す。

（5）二〇〇一年憲法改正については、高橋利安「イタリアにおける地方分権をめぐる動向―二〇〇一年憲法的法律第三号の分析を中心に」『修道法学』二七巻二号、四六九‐五一〇頁。

（6）渡邊亙『各国憲法集三　オーストリア憲法』国立国会図書館調査及び立法考査局、二〇一二年、一二頁。

（7）なお、イタリアにおいても、憲法裁判所が、行政権能について規定された補完性原理を適用して立法権限配分を柔軟に解釈し、国の立法権を広く認めた二〇〇三年判決第三〇三号のような事例がある。

（8）憲法六七条は、国会議員はすべて、国民を代表すると規定しており、現在の上院は、あくまで国民代表という性格を有する。

（9）大津浩『分権国家の憲法理論―フランス憲法の歴史と理論から見た現代日本の地方自治論』有信堂高文社、二〇一五年、三三七頁及び大沢秀介「道州制と最近の連邦制をめぐる動き」『法学研究』七八巻五号、一三一‐一四頁。

（10）岩崎美紀子『二院制議会の比較政治学―上院の役割を中心に』岩波書店、二〇一三年、六六‐六七頁。

（11）Manfred Stelzer, *The Constitution of the Republic of Austria*, Oxford: Hart Publishing, 2011, pp. 74-76.

（12）そのほか、ミクロネシア連邦等、一院制の連邦国家が存在するが、そこでは州や少数民族からの代表者を国会に送るような方策が採られている。西修「連邦制国家の諸形態」『法学論集』五四号、八一頁。

(13) 岩崎美紀子「分権と連邦制」『地方自治』五六五号、二九頁。

(14) 林知更「憲法における自治と連邦」『地方自治』七八八号、七頁。

(15) 岩崎前掲論文、二九頁。

(16) イタリアでは共和国憲法で設置され、実際には一九五六年から活動を開始しており、スペインでは一九七八年憲法で規定された。

(17) ただし、連邦国家における憲法裁判所の任務が「権限配分の遵守を保障する」ことであるのに対し、地域国家におけるそれが「中央政府と州との間の権限をめぐる紛争について解決する」とする整理があるように、その任務を一括りにはできない可能性はあり得る。

(18) Beniamino Caravita, Stato federale, Sabino Cassese (diretto da), *Dizionario di diritto pubblico*, Milano: Giuffrè, 2006, p. 5734.

(19) 加藤慶一「オーストラリアの政府間財政関係の特徴と改革の展望―垂直的・水平的財政不均衡とその是正をめぐって―」『レファレンス』七五八号、一四六頁。

(20) 一九六三年には上院の任期を変更し、その定数を現行の三一五名とする憲法改正が行われ、八〇年代以降、各種の見直し案が議論されている。九〇年代以降の案においては、上院に立法機能等の面で地域代表としての性格を付与しようとする傾向がある。

(21) Paolo Careti e Giovanni Tarli Barbieri, *Diritto regionale*, 3 ed., Torino: Giappichelli, 2012, pp. 10–11.

(22) Caravita, ibidem, pp. 5735–5736.

(23) 憲法裁判所は、憲法一一七条二項に規定する国が専属的権限を持つ事項（中でも基本的人権の保障と密接に結び付いた事項）を、単なる一事項ではなく、州が権限を持つ事項にも国の立法者の介入を認める「横断的（立法）事項」として解釈している。

(24) 詳細は、拙稿「イタリアにおける財政連邦主義実施の動向」『外国の立法』二六〇号、八三－九一頁。

ベルギーの第六次国家改革（二〇一二―一四）と連邦化のゆくえ

武居一正
（福岡大学）

一　はじめに（第六次国家改革の背景）

二〇一〇年六月一三日の総選挙後一年以上の紆余曲折を経て、二〇一一年七月二一日に、PS（仏語系社会党）など八党は、選挙勝利者N‐VA（極右に近い民族主義政党、新フラームス同盟）抜きで制度改革交渉をすることに漸く合意した(1)。

五月一六日に国王により組閣者に任命されたPSのディ・ルポは、七月四日に連立交渉のたたき台として覚書を発表していた。N‐VAは、BHV分割に対する見返りが多すぎることなどを理由に拒否したが、他の七党はこれに基づく交渉を受け入れ、最終的に、N‐VA抜きでの交渉はありえないとの立場だったCD&V（中道右派、キリスト教民主フラームス党）も態度を改めた。

また、それまでの間に、N‐VAが付けた「連立交渉の前に制度改革に関する合意が必要」という条件が受け入れられていたから、先ず制度改革に関する交渉が開始されることになった（連立交渉の枠組み決定）(2)。

八月二〇日から実質的交渉が開始され、九月一四日にBHV選挙区分割の合意に至り、その他の論点についてもスムーズに合意に達し、一〇月一一日に国家改革に関する合意が発表された。(3)

二　第六次国家改革(4)

一二月二三日、制度改革実施委員会（略称Comori）が設置され、(5) 協議の結果、国家改革は二段階で行われることになった。

憲法改正、特別法改正等によって行われた「第六次国家改革（二〇一一―二〇一四年）」は、一九七〇年以来の五次に亘る国家改革による連邦化のプロセスの延長線上にあり、またそれを深化させるものとなった。この新たな改革は、ベルギー国の重心を連邦構成自治体である共同体および地域圏へ移すものではあったが、実を言うと、今回の改革は本質的なものというよりは、「技術的なもの」が主であった。

A―第一段階の内容

国家改革の第一段階は、二〇一二年七月に採択された（二〇一二年八月二二日付官報）。最優先課題のBHV選挙区分割、ブリュッセル周辺コミューンの市長任命問題、ブリュッセル地域圏の財政再建などが主な内容であった。

（一）BHV下院選挙区分割

ブリュッセル・アル・ヴィルボルド（BHV）選挙区は、ブラバン・フラマン選挙区とブリュッセル首都選挙区（一九コミューン）、に分割された。すなわち、言語便宜措置を認められた六コミューン以外のブラバン・フラマン州の住民は、ブラバン・フラマン州で提出された選挙名簿の候補者にしか投票できない。言語便宜措置を認められた六コミューンの住民は、ブラバン・フラマン州またはブリュッセルの候補者への投票選択権を持つ。ブリュッセル首都選挙区の選挙民は、ブリュッセルの候補者にしか投票できない、と定められた。

この他に、他の選挙区と同様に、五％の最低得票率が適用され、選挙協力（apparentement）も排除された。つまり、ブリュッセル首都選挙区の選挙名簿とブラバン・フラマン選挙区またはブラバン・ワロン選挙区のそれを一つにまとめることが排された。

（二）ブリュッセル司法区の改革

その管轄地域がＢＨＶ選挙区のそれと一致するブリュッセル司法区は、ＢＨＶ選挙区分割と同じ考え方で改革された。つまり、ＢＨＶ検察庁は、ブリュッセル検察庁（二言語、フランス語系検事一名とオランダ語系検事補一名が配置）とアル・ヴィルボルド検察庁（オランダ語系検事一名が一定数の二言語事務官により補佐される）に分割され、フランス語系裁判所とオランダ語系裁判所が設けられ、裁判管轄も二分された。

（三）周辺六コミューンの市長任命問題(6)

問題を解決するために、特別の手続きが定められた。すなわち、市長の推薦は、市議会の投票により確認される。この投票により、推薦された者は「指名市長」になる。フラマン政府は、任命権行使のために、市議会議決の受理から六〇日の検討期間を与えられる。フラマン政府が「指名市長」を任命し、または六〇日以内に決定をしないとき、任命は終局的になされたものとする。フラマン政府が任命を拒否するとき、事案はコンセイユ・デタ訴訟部総会に付託される。指名市長は三〇日以内に意見書を提出しなければならない。コンセイユ・デタは意見書提出後九〇日以内に判断を示さなくてはならない。総会がフラマン政府の決定を支持するとき、任命拒否は確定し、市議会は三〇日以内に新たな推薦をしなくてはならない。総会がフラマン政府の決定を支持しないとき、「指名市長」は最終的に任命される。コンセイユ・デタの判決は、従って、任命に相当する。この手続きは二〇一二年のコミューン選挙後発効することとされた。

（四）在外投票手続き

手続きの簡素化が行われた。すなわち、選挙人登録コミューンを客観的な結び付きの基準で処理することとされた。例えば、ベルギーでの最後の居住地、誕生地などの順で。選挙人名簿登録の永続化および各選挙毎の登録義務廃止なども決定された。

（五）選挙法改正

民主主義を強固なものとし政治の信頼性を高めるため。例えば、新たな任期で選出された議会議員は、この任期を全うし、以前の議員職を放棄すること。選挙人名簿において、候補者（candidat titulaire）と交代候補者（candidat suppleant）に同時になれないこと。地方選または欧州議会選の同日選挙において異なる名簿で立候補できないことなどが決定された。

B—第二段階の内容

国家改革を具体化する憲法や特別法などの改正は一〇〇〇頁以上の法文となった（二〇一四年一月三一日付官報）。これらの法文は、共同体および地域圏への権限の委譲および財政特別法の重要な改正を内容とするものであった。また、上院改革が行われ、下院の役割が強化された。

（一）政治再生…二院制の改革

「上院」が大改革の対象となった。二〇一四年の共同体および地域圏議会選挙後、上院は〝非常設〟

となり、〝連邦構成自治体を代表する議院〟となった。

構成―新しい上院は二種類の議員により構成され、その総数は六〇名とされた。すなわち、五〇名の間接選挙で選ばれる議員と一〇名の互選により指名される議員である。五〇名の間接選出議員は、共同体および地域圏議会により、その中から選出される。二九名がオランダ語グループに、二〇名がフランス語グループに属す、そして一名がドイツ語系共同体議会により指名される。一〇名の互選議員は、間接選出議員により各言語グループのために別々に指名される。六名がオランダ語グループの議員により指名され、四名がフランス語グループの議員により指名される。この指名は下院選挙の結果に基づいて行われる。

また、直接選挙による議員と当然の議員は廃止された。

権限―上院の権限は大きく削減された。残された権限には、憲法改正宣言、憲法改正、特別法、利害対立、憲法裁判所並びにコンセイユ・デタの裁判官および司法高等評議会委員の任命、上院の権限に属する一定の条約の批准等がある。

熟慮の議院としての役割は無くなり、第二読会の手続きは下院で行われることになった。

「下院」は、先ず政府に対するコントロール権を独占し、権限が強化された。二〇一四年から任期は五年に延長された。また、下院の選挙は欧州議会選挙と同じ日に行われることにされた。共同体および地域圏議会選挙が欧州議会のそれと同じ日に行われることになっているので、下院および、共同体、地域圏、欧州議会の選挙は同一日に行われることに（同日選挙）。勿論、共同体議会等が建設的自律を行使してその任期および選挙日について異なる決定をすれば、別である。

この他に、下院の管轄下に置かれる独立した「政治倫理委員会」が新設され、連邦議員や大臣、公務員、公企業従業員なども審査対象となることや憲法裁判所が「連邦への忠誠原則」に基づき監視を行い、加えて共同体・地域圏と連邦の良き協力についても留意することに（協力による連邦制と連邦への忠誠）なった。

(二) 財政特別法の改正

いくつもの目的を追求するものだが、地域圏の税務自治の強化、共同体と地域圏の責任の明確化、共同体と地域圏の財政的安定の保障等がそれである。

財政特別法が、共同体と地域圏の財政について定めたのは、移転された権限の有効な行使を可能にするためであった。かくして、二〇〇億ユーロが連邦から共同体と地域圏に移譲された。地域圏は更に一二〇億ユーロの追加財政自律の恩恵に浴することになった。

(三) 権限の譲渡

第六次国家改革は、主に連邦から共同体と地域圏への権限譲渡にかかわるものである。多くの権限が譲渡された。(a)地域圏への譲渡：雇用政策、交通安全（交通ルール、速度制限など）、経済・工業政策、エネルギーと環境、農業、都市計画、地方行政など。(b)共同体への譲渡：医療保険（soins de sante）、家族手当、誕生・養子祝金、未成年者制裁権など。

三 連邦化のゆくえ

A―二〇一四年五月二五日総選挙(7)

PSを筆頭に連立与党左派はみな得票を減らした。これに反し、連立与党右派は続けて選挙民から一定の支持を獲得し、得票を伸ばした。ここからディ・ルポ連立政権自体に対する明解な評価を導き出すのは簡単ではないが、ワロニーでは全体として保守系が伸び、連立左派が後退したことからすれば、左翼支持層が離反し、批判票の多くが右派政党へ流れたのではないかと思われる。勝ったのはＭＲ（自由党）とＰＴＢ―ＧＯ！（急進左派）、それぞれ二議席増。負けたのはＰＳ（地域得票率五・六％減、三議席減）。フランドルでは、勝利したＮ‐ＶＡ（地域得票率三〇・四％、四・四％増、獲得議席数三三、[8]六議席増）以外に、Ｇｒｏｅｎ（環境政党）とＰＶＤＡ（ベルギー労働者党）が得票を伸ばし、社会党以外の左派や最左派へ票が流れている。これは政権左翼への批判票があるということだろう。

さて、大方はこれまでの連立与党が、獲得議席数を総計すると過半数を超えるので、また新たな連立を組むのであろうと考えていた。だが、実際に誕生したのは総選挙直後には誰もが想像もしていなかった組み合わせの連立政権だったのである。何故そのようなことになったのであろうか。

Ｂ―連立交渉とシャルル・ミッシェル（ＭＲ）政権の誕生

（一）ディ・ルポの焦りと誤算

社会党（ＰＳ）およびディ・ルポは、選挙結果に危機感を強め、焦りを感じていた。それは、選挙結果からして、連邦政府の連立交渉に関わることのできる可能性が低いからであった。国王は組閣情報提供者（informateur）などの役割を最大の勝利者に委ねるのが慣例で、今回の最大の勝利者Ｎ‐ＶＡ（アンチＰＳの代表）にその役割が行く。すると、当然右派連立が追求されることになり、ＰＳの出番はなくなる。[9]

この場合に、ワロニーのフランス語系政党で声が掛かるのは、右派ＭＲであって、ＰＳではない。ＰＳと対立しているＭＲは、その得票率の伸び（三・六％増）からして今回選挙の第二の勝利者である。ＭＲも当然共同体や地域圏でその存在を示そうとするであろう。Ｎ‐ＶＡとＭＲが連邦政府で右派連立を目指せば、これを阻止するのは容易ではなかった。実のところ、五月二七日に組閣情報提供者に任命されたドゥ・ヴェーバーは、PSを除け者にする連立（N‐VA／MR／CD&V／cdH〔民主人道主義センター、仏語系キリスト教社会党の後継〕）のみの可能性を追求していたのである（cdHの反対で失敗）。

選挙前にPSも含めほとんど全ての政党が、まず連邦の連立政権樹立を求め、共同体・地域圏のそれは「同時または平行して」と述べていたにも拘わらず、[10]ディ・ルポとPSは素早い動きを見せ、cdHに働き掛けて早々とワロニーでの連立交渉開始を公表した（六月五日）。これは連邦政権樹立のためには自らを無視できない存在だとアピールするためであった。[11]

しかし、ゲームのルールが変わろうとしていた。

（二）NVAの実力ないし潜在能力

N‐VA党首のバルト・ドゥ・ヴェーバーが組閣情報提供者として提出した覚書（六月二五日）は、社会・経済問題の解決に特化し、その党是である「フランドルの分離・独立」に向けた更なる国家改革の要求に全く触れていなかった。

前回の連立交渉では、政党としての未熟さおよび政治家としての未経験などを露呈して、イニシアティヴを取ることさえ出来なかったものが、たった四年後には、党是を引っ込めて現在の課題に真正面から取り組む姿勢を見せることができるまでに成長していた。

どの政党も第六次国家改革を終えたからには、これからしばらくはそれを共同体等で具体的に実施する仕事が待っているとの認識を持っていた（つまり、当分の間国家改革を指向しない）。N‐VAもこの考えを基本的に共有していたのである。驚くべき現実的成長であった。

一連の動きから見えてきたもの、それはN－VAが政党としては柔軟性があり、現実的対応が取れることであった。であれば、その他の保守政党のパートナーとなりうる資質を十分に備えているということである。地域的利益や民族主義的主張を前面に掲げ、その実現を要求し続けている間は、支持者はある程度はあっても、他政党がまともには取り合わないだろうから、まだ安心であった。それが、今や急速に政党としての力量を付けつつあった。

（三）組閣情報提供者シャルル・ミッシェルの闘い(12)

MR党首シャルル・ミッシェル（Charles Michel）は六月二七日に組閣情報提供者に任命された。MRが第二の勝利者だったからである。

実は、ミッシェルは、総選挙直後cdHのリュジェン（Lutgen）を説いて敵対するPSをワロニーの政治から排除しようと試みた。cdHからの返事を待っている間に、PSとcdHは密かに合意に達し、あろうことかMRの方が連立から排除され、野党に追いやられてしまっていた。

そのミッシェルにとって、連邦でMRが政権参加しうるどんな連立の可能性が残されていただろうか？マスコミでは、政党の組み合わせによって、過半数を握りうる様々な可能性が取り沙汰されていた。大方は、結局のところ、前政権同様、伝統的な三党（社会党、キリスト教民主党、自由党）による連立に落ち着くであろうと見ていた。しかし、ワロニーで政権から閉め出されたミッシェルが、そう簡単に政敵・ディ・ルポの作戦に屈するとは思われなかった。そもそも、ワロニーでの選挙の勝利者はMRなのである。

（四）スウェーデン連立の成立と課題

ミッシェルは、MRが唯一のフランス語政党としてオランダ語諸政党と組んで連立政権を樹立するというアイデアを追求した。政権与党のMRは、下院のフランス語系言語グループ内ではかなりの少数派（六三名中の二〇名）となる。従来、連立政権樹立に際しては仏・蘭の言語バランスへの配慮がなされてきたが、これは憲法の要求するところではなかった。

具体的には、MRはN-VA、CD&V、Open VLD（開かれたフラームス自由民主党、右派連立を拒否したcdHの代わり）と連立した。これで下院一五〇議席のうち八五議席を占め、過半数を制することができ、連邦政府樹立にPSとcdHをの力を借りる必要がない。

ただ、この選択は相当な危険性を伴うものと判断された。

MRは連立政権内で、唯一のフランス語政党であること、フランドルの独立、要するにベルギーの分裂、を主張してきたN-VAと組むこと、つまりオランダ語政党に実質的に支配され、しかも第一党N-VAの強い影響を受けざるを得ない危険性である。

それ故、N-VAに好感を持たないマスコミから、危険性を通り越した無謀さを揶揄するために、新政権は「カミカゼ連立」と呼ばれたのである。ただ、直ぐにスウェーデン国旗の青（伝統的に自由党の色）と黄色（N-VAの党色の一つ）と十字（キリスト教民主党を象徴）のデザインからの比喩表現である「スウェーデン連立」と呼ばれるようになった。

首相のポストに就いたミッシェルが、元々自由党の政策を実施しようとしていたのは勿論だが、PSを排除した御陰で、PSが政権内に居ては出来ない改革実現の可能性が出てきた。それは、思い切った「社会・経済的改革」を実行することである（年金受給年齢の引き上げ、給与の物価スライド制の廃止など）。一方で、ミッシェルは、「合理的な中道右派の政策」を取ると述べ、極端なこと（失業保険受給期間限定など）はしないと約束した。他方で、財政再建のために、企業の競争力を回復し（税収増を図るため）、国家財政支出を抑えることも目指している。

四　まとめ

ミッシェル政権は、社会・経済問題に特化して政治を進めようとしており、連立与党の一員であるN－VAは、この任期の間（向こう五年間）は、新たな国家改革の要求はしないと約束している。従って、第六次国家改革の具体化は行われても、これ以上の表だった国家改革への動きはないと言える。(13)ただ、極言すれば、ベルギーでは、何でも共同体的対立の原因となりうる（例えば、首都上空の飛行経路設定等）ことは確かである。

今後の見通しに敢えて触れるならば、N－VAは政権内で重要閣僚ポストをいくつも占め、連邦政府内で政権運営の仕方を学び、現実的な対応の取れる責任政党への脱皮を遂げつつあるのかも知れない。ただ、連立与党となったことに対する批判は支持者の中に少なからずあり、支持率は選挙以来緩やかに低下し続けている。また、多選禁止規定があるため党首ドゥ・ヴェーバーの任期は今回限りだが、誰が後継者となるのかなど不明瞭な部分もある。また、支持者の中でもフランドルの独立に賛成しているのは多くても一〇％程度と報道されているから、その党是・フランドルの分離・独立の達成は今はまだ夢でしかない。

今後の見極めポイントとしては、政権の任期満了時（何もなければ二〇一九年）に、一九五条（憲法改正規定）を「憲法改正宣言」の中に加えることができるかどうかである。

民主的方法によることを前提にするなら、改正手続きを簡略化しないと、フランス語系の同意を得なくてはならない現状ではフランドルの分離・独立の達成は到底不可能だからである。ただ、仮に改正宣言への書き加えが出来ても、上・下両院で憲法改正に必要な多数（3分の2）を実際に確保せねばならず、それにはかなりの困難がある。ベルギーがいまにも分裂しそうだと騒いでいる者がいるが、憲法改正に至るまでに多くの壁があちこちに立ちはだかっていることを知らないらしい。

ベルギー憲法を前提とする限り、一方の言語共同体が他方にその意思を押し付けるというやり方で、連邦が崩壊し、フランドルが分離・独立に至ること（ベルギー分裂）は有り得ない。

（1）この辺りの経緯については、拙稿「ベルギーの政変（2010年—2011年）について—その憲法的問題点を中心に—」福岡大『法学論叢』、五六巻四号、p. 363-413、二〇一二年三月、特に pp. 383-395 を参照されたい。長期政変の原因となったBHV分割については、併せて拙稿「BHV選挙区分割の憲法的問題点—ベルギーにおける言語的少数者保護の一側面—」立命大『政策科学』一三巻三号、p. 93-117、二〇〇六年三月を参照されたい。

（2）下院第一党のN‐VAが野党に転落することになった。

（3）因みに、連邦政府の連立交渉は、環境政党抜きで行われることになり（一〇月一三日）、一一月三〇日に最終的に合意に達し、一七七頁の総合政策合意成立。ディ・ルポ内閣成立へ。一二月七日下院で一般政策宣言。

（4）以下の記述は、Mémento 2012［politicographe］, Kluwer, 2012, pp. 332-345 および二〇一四年一月六日憲法改正（M.B., 31 jan. 2014）、La sixième réforme de l' Etat, www.belgium.be/fr/la_belgique/connaitre_le_pays/histoire（最終確認二〇一六年六月九日）に拠った。

（5）構成としては、制度改革合意に加わった八党から一名ずつ委員が出され、議長は首相ディ・ルポが務めた。二名の制度改革担当連邦政務次官（フェルフェールストラーテン・CD&Vとワトレ・cdH））が国家改革の現場責任者とされた。

（6）詳しくは拙稿「ベルギーの第六次国家改革と周辺コミューン市長任命拒否問題の解決」福岡大学法学論叢、六〇巻四号、二〇一六年三月、pp. 491-529 を参照されたい。

（7）BLAISE (P.), DEMERTZIS (V.), FANIEL (J.), ISTASSE (C.) etPITSEYS (J.), “Les résultats des élections fédérales et européennes du 25 mai 2014”, C.H. CRISP, no. 2242–2243, 2014 参照。

（8）フランドルでのN‐VAの大勝利は、歴史的なものと言える。地域でも連邦でも強さが目立っている。このことから、前回のようにN‐VAを抜きにはできないことがはっきりした。結果として、フラマン政府に加わったのは勿論、首相職を得た。連邦政府にも重要閣僚（内務＋副首相、財務、国防）として入閣した。

（9）背景説明。フランドルでは最右派であるN‐VAが勝利し、中道右派のCD&Vもまずまずの結果を残した。かつてはこの二党は選挙協力をした関係である。つまり、保守の二党がフランドル政府樹立の主役になる蓋然性が高い。すると、連邦政府の樹立にも当然のごとく関わろうとするに違いないのである。

（10）共同体・地域圏の方が先だと、成立する連立が異なりうるので、連邦の連立政権樹立について長期の対立が生じる可能性がある。前回の一年半の政治危機に懲りて、これを避けたい思いを皆が共有していた。

（11）確かに、これは妙手ではあった（ここにディ・ルポの老練さおよびＰＳの与党病が見られる。ＰＳは八八年五月から二七年間連続して連邦連立政権に参加していた）。

（12）DERMERTZIS (V.), FANIEL (J.), GOVAERT (S.) et ISTASSE (C.), “La formation des gouvernements après les scrutins du 25 mai 2014”, C.H. CRISP, no. 2275–2276, 2015 参照。

（13）例えば、教育に関する権限を共同体へ移転する方が良いなどという提案や議論はなされようし、政党内であるべき連邦制の形について突っ込んだ研究などがなされることはあろう。ただ、筆者の言わんとすることは、しばらくの間は具体的な改革が現実の政治日程に載せられることはないという意味である。

神奈川県臨時特例企業税条例事件について

松　本　賢　人
（弁護士・東海大学）

一　事案の概要

原告は、平成一六年三月期及び平成一七年三月期の臨時特例企業税を申告納付したが、その後同税の根拠条例である神奈川県臨時特例企業税条例の違法・無効を理由として、更正の請求をした。これに対し、処分庁は、更正すべき理由がない旨の通知処分をしたので、原告はこの通知処分が違法であるとして審査請求をしたが、これに対する棄却裁決がされたので、平成一七年一〇月二五日、原告は、神奈川県を被告として、臨時特例企業税として納付した約一九億四〇〇〇万円の返還を求める訴えを横浜地方裁判所に提起した。

二　当事者の主張

本件訴訟の争点は多岐にわたるが、大まかに分けるとすれば、①地方公共団体の課税自主権の憲法上の位置づけ及び地方自治法二条一二項の趣旨を地方税法の解釈に反映するか、②本件条例の地方税法適合性を判断する枠組みとして、徳島市公安条例事件判決（最高裁昭和五〇年九月一〇日大法廷判決・刑集二九巻八号四八九頁）の基準が妥当するか、妥当するとすればその範囲はどこまでか、③法人事業税の課税標準を繰越欠損金を控除した所得とする地方税法の規定の趣旨、④臨時特例企業税の趣旨と分けることができる。

（一）原告の主張

原告の主張は、審級によって細かな表現の違いなどはあるものの、おおむね以下のとおりである。

すなわち、①について、地方公共団体に課税自主権が保障されていることは抽象的には認めるものの、具体的内容は法律に委ねられているとし、また地方自治法二条一二項は本件と無関係であるとするので、地方公共団体の課税自主権の憲法上の位置づけ及び地方自治法二条一二項の趣旨を地方税法の具体的解釈論に反映しない立場である。

また、②について、徳島市公安条例事件判決は、「条例が国の法令に違反するかどうかは、両者の対象事項と規定文言を対比するのみでなく、それぞれの趣旨、目的及び効果を比較し、両者の間に矛盾抵触があるかどうかによってこれを決しなければならない。」との一般的な判断枠組みを示した上で、「例えば」として、当該事案に則した具体的な判断基準を例示しているが、原告はこの例示された具体的な判断基準までも含めて、全面的に本件に妥当すると主張していた。(1)

その上で、③については、人為的な事業年度の障壁を取り払って繰越欠損金の全額を必要的に控除して所得の平準化により課税の公平を図り、納税義務者の租税負担を軽減するという法人税のと同様のものと解した上で、④について、臨時特例企業税は、繰越欠損金の控除を遮断するものであるとし、本件条例は地方税法の規定の潜脱ないし地方税法の規定の目的効果を阻害するものであるから違法であるとの主張である。

（二）　被告の主張

被告の主張は以下のとおりである。

すなわち、①について、地方公共団体に課税自主権が憲法上保障されていること及び地方自治法二条一二項の定めからすれば、地方税法が臨時特例企業税のような法定外税の創設を禁止していればともかく、そうでないかぎり本件条例の制定は適法であるとし、②徳島市公安条例事件判決の判示する事項のうち、当該事案に則した具体的な判断基準を例示している部分は本件に適用がないが、仮に適用があるとしても違法ではない、そして③について、繰越欠損金の控除は、応能課税たる法人税制度においてすら、事業年度制の例外として青色申告法人の政策的特典にすぎず、いわんや応益課税たる法人事業税において繰越欠損金を控除した所得に法人事業税を課することとしたのは、昭和二九年当時における徴税側納税者側双方の便宜を優先した結果にすぎないから、地方税法は繰越欠損金を控除した所得に必須税目たる法人事業税を課すこととはしているが、任意税目たる法定外税として新たな応益課税制度を創設する場合に、常に繰越欠損金を控除した所得に課税しなければならないとはしていないとした上で、④臨時特例企業税は、応益課税の観点から繰越欠損金を控除する前の当期利益に、任意税目たる法定外税を課すものであるから、地方税法の規定に違反しない、というものである。

三　裁判所の判断

一審である横浜地方裁判所は概ね原告の主張と同様の理由により原告勝訴の判決を言い渡したため、被告より控訴したところ、控訴審である東京高等裁判所は、法人事業税の理解等細部では被告の主張と異なるものの、概ね被告の主張と同様の理由により一審判決を破棄し、請求を棄却した。これに対し、原告が上告したところ、最高裁判所は、概ね原告の主張と同様の理由によって、控訴審判決を破棄し、原告勝訴の判決を言い渡した。

すなわち、上記①の争点について、普通地方公共団体は、国とは別途に課税権の主体となることが憲法上予定されているものの、普通地方公共団体が課することができる租税の税目、課税客体、課税標準、税率その他の事項については国の定める法律に委ねられるとした。地方自治法二条一二項の趣旨も格別考慮していないことからすると、地方公共団体の課税自主権の憲法上の位置づけ及び地方自治法二条一二項の趣旨を地方税法の具体的解釈論に反映しない立場に立っていると見られる。

また、②の争点について、徳島市公安条例事件判決の一般的な判断枠組みを示している。ただし、同判決が当該事案に則した具体的な判断基準を例示している部分は引用していないことからすると、この部分は本件における判断枠組みとしない立場と評することができる（市原義孝「資本金等が一定額以上の法人の事業活動に対し臨時特例企業税を課すことを定める神奈川県臨時特例企業税条例（平成一三年神奈川県条例第三七号）の規定と地方税法七二条の二三第一項本文（平成一五年法律第九号による改正前は七二条の一四第一項本文）」法曹時報六八巻四号一三四頁）。

次に、③の争点について、法人事業税の課税標準の計算上、繰越欠損金の控除をする理由は、各事業年度間の所得の金額と欠損金額の平準化を図り、事業年度ごとの所得の金額の変動の大小にかかわらず法人の税負担をできるだけ均等化して公平な課税を行うという趣旨、目的から定められているものであるとする。

そして、④について、臨時特例企業税は、課税標準を定めた条例の規定の文言からすると、各課税事業年度における法人事業税の課税標準である所得の金額の計算上、欠損金の繰越控除をしない場合の所得の金額を原則的な課税標準とするように見えるものの、その実質は繰越欠損金額それ自体を課税標準とするものにほかならず、特例企業税の創設の経緯等に鑑みると、本件条例は、欠損金の繰越控除のうち一定割合につきその適用を遮断することを意図して制定されたものと言うほかはないとし、本件条例は地方税法の趣旨目的に反し違法、無効であるとしている。

四　解　説

以下、上記最高裁の判示するところへの問題点と今後の課題について言及する。

なお、当職は、本件訴訟の被告側代理人として訴訟追行した弁護士であるので、もとより公平な第三者による論評でもなく、本稿の意見の部分は、当職個人の見解に過ぎないことを、念のためお断りしておく。

本判決の判示事項のうち、争点①について判示する部分は、判決が「主体」となることは保障されているとか、課税自主権という用語ではなくあえて「課税権」という用語を用いていることからすると、地方公共団体の課税権は憲法によって与えられたものではなく、地方自治法二二三条および地方税法二条によって与えられたものであるという考え方（例えば、東京地裁平成二年一二月二〇日判決・判時一三七五号五九頁）と同様の立場に立つと思われる。しかし、この論点に関する近時の考え方としては、地方団体は、憲法上の自治権の一環として課税権（課税自主権）をもち、それによって自主的にその財源を調達することができるという自主財政主義の考え方が有力であり、上記のような判示内容には、憲法無視の制定法準拠主義といった批判も当を得ているように思われる（阿部泰隆「憲法無視の制定法準拠主義」税二〇一三年七月号三八頁以下)。今後の課題としては、地方自治体の課税権が憲法上保障されていることの意味について、議論を進化させる必要があるように思われる。また、地方自治法二条一二項が存在するにもかかわらず、その規定するところが解釈論に全く反映されていないことは奇異なことであり、同条項の意味をどのようにとらえているのか不可解と言わざるを得ない。

次に、争点②については、徳島市公安条例事件判決の基準の適用としては正しい解釈のように思われる。本件訴訟において原告は、徳島市公安条例事件判決の当該事案に則した具体的な判断基準を例示している部分も含めて適用されると主張していたが、税条例の法適合性の判断基準としては有効に機能しない基準といわざるを得ないからである。

問題は、争点③についての判断であるが、この点は大いに疑義がある。

本判決は、各事業年度間の所得の金額と欠損金額の平準化を図り、事業年度ごとの所得の金額の変動の大小にかかわらず法人の税負担をできるだけ均等化して公平な課税を行うという趣旨から、法人事業税の繰越欠損金の控除が強行規定であり、条例で変更できないルールであると説くが、そのこと自体が誤りである。

本判決が判示する繰越欠損金の控除の制度趣旨は、繰越欠損金を控除した所得に法人事業税を課すという原則の合理性を説明するにとどまり、法定外税として「法人」の「事業」に課税できるのか、課税できるとしてどの範囲でどのような課税ができるのか、本件の臨時特例企業税のような課税が許容されるか、については全く説明になっていない。

法定外税の規定からすると、「法人」の「事業」並びにそれから生じる「収入」に法定外税を課税することができ(二六二条反対解釈)、その課税標準が法定税である法人事業税と同一であってもそのことのみでは不同意とならない（二六一条一号）と文理解釈されるところ、本判決が示唆する解釈論を取ると、実際問題としては、既存の法人事業税の課税標準への超過課税くらいしか許容されないなどということになりかねないが、そうであればそもそも総務大臣の同意なくしてできるのであって、現実問題としては、「法人」の「事業」への法定外税は許容されないという結論を取っているに等しい。本判決はそれでもいいという結論を取っていると思われるが、そうであればその積極的理由が理由中に示されてしかるべきところ、この点が明確に明示されていない。本判決については、被告側で意見書を作成された先生方のみならず、本件訴訟に関連して意見書を作成していない研究者の意見としても、判決を手放しで賛成するものばかりでないことは、本判決が核心的理由の記載を欠いていることに原因がある（角松生史「臨時特例企業税条例の適法性」ジュリスト一四六六号五五頁以下）。

この点、金築補足意見には踏み込んだ考察があり、法定税と課税標準が重複する場合であっても、当該地方公共団体における実情に即した、その税自体として独自の合理性が認められるものであれば法定外税として許容される余地があるとするが、本件条例は、その税自体として独自の合理性が認められないから許容されないとする。しかし、その税自体として独自の合理性が認められるものに限定する根拠が不明確であり、この点で補足意見もまた核心的理由の説示を欠いているように思われる。

最後に争点④についてであるが、本件条例が、欠損金の繰越控除のうち一定割合につきその適用を遮断することを意図して制定されたものとする点は、一面的理解といわざるを得ない。本判決が指摘する条例の制定過程に着目するならむしろ、制度設計にあたって考慮された「応益課税」や「当期利益」が事業規模の指標となるかどうかという問題点も合わせて本件条例を評価すべきではなかろうか。この点でも疑問が残る判示と言わざるを得ない。

本判決の理論的問題点は上記に言及したとおりであるが、しかしながら、本判決は結局のところ、法人事業税の課税標準は法律によってのみ規定されるべきだという価値判断から出発して理論構成しているように思われ、そうであるとすると、細かな理論構成ではなく、その価値判断そのものが適切だったかどうかに尽きるようにも思われる。しかし、その価値判断そのものが多くの論者が指摘するとおり地方分権改革の流れとは食い違う、近時の議論と符合しないものであり、そのことこそが問題のように思われる。なお、現在においては、法改正により法人事業税の付加価値割の割合が拡大し、本件条例のような制度を創設する必要性はなく、立法的手当てがされている。

(1) 徳島市公安条例事件判決は、具体的判断基準として、以下のように判示している。特定事項について国の法令中にこれを規律する明文の規定がない場合でも、当該法令全体から見て同規定の欠如が特に当該事項についていかなる規制を施すことなく放置すべきものとする趣旨であると解されるときは、これについて規律を設ける条例は国の法令に違反することになり得る、特定事項についてこれを規律する国の法令と条例とが併存する場合でも、条例が法令とは別の目的に基づく規律を意図するものであり、その適用によって法令の規定の意図する目的と効果を何ら阻害することがないとき、両者が同一の目的に出たものであっても、国の法令が必ずしもその規定によって全国的に一律に同一内容の規制を施す趣旨ではなく、それぞれの普通地方公共団体において、その地方の実情に応じて、別段の規制を施すことを容認する趣旨であると解されるときは、いずれも条例が国の法令に違反するものではないとしている。

第五部　人権における対話的憲法理論の展開

憲法二四条によるジェンダー差別是正の可能性
——最高裁夫婦別氏訴訟の検討を通して——

川口かしみ
（早稲田大学・院）

はじめに

二〇一五年一二月一六日、最高裁は民法七五〇条が合憲であるという判決を下した。民法七五〇条は、婚姻の際、夫婦のどちらかの氏を称することを規定しており、確かに、女性に氏の変更を強制していない。

本稿は、民法七五〇条を間接差別禁止の視点から捉え直し、憲法二四条が間接差別を禁止していると解釈できる可能性があると論じることを目的とする。

憲法二四条は、家庭生活における個人の尊厳と両性の本質的平等を理念として掲げ、その理念に基づく法律の制定を立法裁量に委ねている。戦後、その理念を受けたとされる民法七五〇条では、夫婦が婚姻届を提出する際に、協議の上でどちらかの氏を称すると決定する夫婦同氏制度が規定されている。

現在、婚姻を契機に[1]約九六％の女性が夫の氏に変更している。このような婚姻時における女性の氏の変更をめぐる現状は、民法七五〇条の中立的な規定の下で社会の根強い慣習から生じる差別の存在が黙認されていることを示しているといえるであろう。こうした差別は一般に間接差別といわれているものに該当するのではなかろうか。

民法七五〇条の下では、婚姻の当事者同士が共に生来の氏を婚姻後も戸籍の氏としたいと望む場合、必然的に夫婦どちらか一方に対して生来の氏の保持が制限されていることになる。つまり、夫婦同氏制度は、生来の氏の保持を望む者にとって、人格的利益の放棄を婚姻とともに強制することになっている。氏は個人が自分自身であるということを他者から識別する機能を有し、自分の人格を象徴するものであり、そして個人のアイデンティティを構成するものであるので[2]、きわめて重要な人格的利益に結びついている。

従来の研究では、主にこうした人格的利益の観点から民法七五〇条が憲法に反しているのではないかと論じられてきた。しかし、間接差別の観点からの検討は本格的にはなされていないと思われる。そこで本稿は、間接差別禁止の考え方を憲法二四条が包含していると解釈する可能性はあるのかという問いを設定し、そうであるという解答を次の順で論証しようとするものである。まず、民法七五〇条が憲法二四条に反するという従来の見解を確認する（一）。次に、憲法二四条は間接差別禁止を含意すると解釈できる可能性を示す（二）。そして、民法七五〇条が間接差別に該当する規定であることを分析し（三）、民法同条が憲法二四条に反するか否かを検討して（四）、最後にまとめをする。

一　従来の見解

二〇一五年一二月一六日の最高裁判決（以下、「本判決」）で問題となった民法七五〇条の下では、九六％もの圧倒的多数の女性が婚姻後に夫の氏に変更している。この現状は、憲法二四条の理念の一つである「両性の本質的平等」が侵害されている状況を映し出していると考えられる。

憲法学の立場から辻村みよ子によれば、民法七五〇条は形式的には男女平等な規定であり、婚姻の際に、女性に夫の氏への改氏を強制する規定ではないから憲法一四条の違反ではなく、憲法二四条二項の両性の平等原則に反すると解することが妥当である(3)。また、君塚正臣によれば、民法七五〇条は、夫婦となる者同士が夫婦の称する氏を決めることから、それは婚姻及び家族に関するその他の事項における憲法二四条の問題である(4)。このように、民法七五〇条の氏の問題は、夫婦という限定された家族の構成員の問題である。したがって、本稿では憲法一四条や一三条ではなく、家庭生活について規定された二四条との関連で検討する。

そこでまず、本章では従来の憲法と民法七五〇条の関係について検討した学説を確認する。従来の見解として、民法七五〇条が憲法一三条に関する説と憲法二四条を主な根拠としながらも一三条に言及する説が存在する。本稿では、紙幅の都合上、後者のみを取り扱うことにしたい。

憲法二四条の理念を主な根拠とし、一三条の氏に関する個人の尊重にも言及して民法七五〇条の限界を検討している見解として、辻村みよ子の説と犬伏由子の説がある。

まず、辻村みよ子は、夫婦同氏制度に関する民法改正の議論で、現行制度維持論の根拠が夫婦同氏による「夫婦一体論」や「夫婦秩序論」とする秩序維持等の合理性を優位させることは、憲法を根拠とする主張に対して十分な説得力を持ちえていないとしている。また、そのことは憲法論との関係から本末転倒の誹りを免れえないと辻村は主張している(5)。辻村によれば、民法七五〇条の問題点は夫婦同氏原則における夫婦間で一方の氏の変更も強制する点であり、次のように述べている。第一に、「婚姻において夫婦同等の権利を保障する二四条一項に違反(6)」する。「第二に、一方の改氏が婚姻届出の要件とされることによって実質的に婚姻の自由を制約[7]」していることから二四条一項に反する。そして、「第三に、婚姻に際して夫婦の一方が必ず氏の変更を強制される点で、憲法一三条の氏名についての自己決定権ないし氏の不変更権・氏名権を侵害するものとして理論構成することが妥当である[8]」。

さらに、本判決を受けて、その三点の違憲性をLRA基準に照らして主張することが適切であったと辻村は指摘している[9]。というのは、多数意見が憲法の範囲内で、選択的夫婦別氏制「を採る余地がある点についての指摘をする部分があり…そのような制度に合理性がないと断ずるものではない」としているからである。このことから、辻村は上告人や憲法学説が指摘するLRAの原則も、最高裁は許容しうることを認めていると注目している[10]。このように、最高裁は、立法裁量で選択的夫婦別氏制が容認された場合にはこれを合憲判断としうるとして、辻村は立法裁量によって、これまで夫婦同氏制が憲法二四条と一三条に抵触すると議論されてきた問題の解決を推進する方向が示唆されたと評価している[11]。

次に、犬伏由子も辻村と同様に、民法七五〇条の根本的な問題点として、夫婦双方に同等な権利を認めていない点をあげている。犬伏は、個人の自由やライフスタイルの多様性を許容する成熟した社会へ向かいつつある状況の変化に鑑み、夫婦同氏を原則として登場した夫婦別氏論における課題点をあげている。まず第一に、「個人の氏についての人格的利益としての氏名権の確立と氏名についての自己決定権の承認である[12]」。第二に、夫婦両者が自己の氏を選択することを可能にするために、「憲法二四条一項に基づけば夫婦別姓を求めて、夫婦に同等の氏名権を認める必要がある[13]」。第三に、「夫婦のいずれかの一方が氏名保持権を放棄しない限り婚姻届を出すことができないということは、憲法条二四条一項が定める婚姻の自由に違反するという問題がある[14]」などと、犬伏は課題点を指摘している。

本稿と関連して、民法七五〇条を間接差別であるという指摘に留まる論者として、君塚正臣の見解がある。君塚は民法同条が夫婦同氏を強制していることについて、「婚姻時の（氏の──筆者）変更が女性に偏ることを予想しながら、固定的な制度を維持してきたことは、間接差別であった」[15]と指摘する。しかし、君塚は民法七五〇条が間接差別であると述べているが、憲法論の含意に関しては詳細な検討は行っていない。

そこで、民法七五〇条下で家制度の影響による慣習に人々が支配されていることが、民法同条の効果として映し出されていると考えられるので、民法同条は間接差別に該当する規定であるのかについての考察が必要である。次章ではその考察の前に、そもそも憲法二四条と間接差別が関係あるのかに関する検討をしておきたい。

二　憲法二四条と間接差別の関係

従来の学界における憲法二四条の法的性格は長い間定まってこなかったが、近年において平等権と解するのが通説的見解とされている[16]。そのなかで、間接差別禁止の解釈は想定されてこなかったが、本章では、憲法二四条は間接差別を禁止していると解釈することが可能であるのかについて検討する。

憲法二四条の制定時の目的であった家制度の解体は、現行の戸籍制度が家族を基本単位とする方法を採用していることからも、その目的の実現を果たしていないと考えられる。戸籍法六条では「夫婦及びこれと氏を同じくする子」と規定し、夫婦を中心とした家族を基本的な単位としている。このように家族を団体と把握するシステムの下で夫婦を中心とした家族を導く戸籍は、家制度による慣習の根強さから夫婦間で差別的に機能する作用があったといえるからである[17]。その夫婦と子どもという家族モデルでは、夫を「主人」としてみる家父長意識が重ねられていくとされている[18]。

その家族構造は、高度経済成長期に性別役割分業型家族として形を変えて成立した。それは、夫が勤労者として稼ぎ、妻が家庭で家事や育児を担う構造である。[19] その構造下では、たとえば、妻は経済的に自立できないので、夫に経済的に依存せざるを得ないのである。

このような構造から、法的に家制度は廃止されたが、家族はそれに替わる夫婦による協議の規定などの運用によっていた。その「協議」は、性別役割分業によって経済力をもつ夫の主導権を確保するものであった。[20] このように、家制度の廃止が近代家族秩序の形成であるとする主体は、実際のところ、その家族を担うとする夫のみを意味するものである。[21]

同様の構造は、間接差別にもみられる。間接差別は、法規定が中立的であり、かつ、個人の自由に任せるということは、社会的差別や役割区分などがあるときには、その差別が一気に噴出する。[22] これは、上述の夫婦の協議による規定のように、夫婦の協議の自由に任せられるとしながら、経済力をもつ夫の主権を保障するものであり、実際に性別役割分業下で事実上の夫婦間格差を防止できないことを間接差別の効果として表している。

しかし、憲法二四条は間接差別を否定していると考えられる。憲法二四条は、「形式的平等の建前の下で形成された『近代家族』における女性支配構造（資本制と家父長制）による階級支配や性支配等の限界を克服して、男女の実質的平等と個人の尊重・自律を確保しうる現代憲法原理に支えられている」[23] とされる。さらに、若尾典子は次のように指摘している。憲法二四条の「前近代的『家』制度の否定が、それに続く近代市民家族にとどまることなく、女性差別撤廃条約に表現されている今日的な家族理想への展望をも含んだ」[24] 点が画期的である。つまり、戦後社会に広く成立した性別役割分業型家族のもつ性差別性をも、二四条が批判しうることが認識されるようになったのである。[25]

その女性差別撤廃条約では、婚姻する同一の権利（一六条一項ａ）や夫及び妻の同一の個人的権利（姓及び職業を選択する権利を含む）（同ｇ）などが明記されている。このように規定された権利は明らかに家制度と矛盾する。この明記された権利を家制度の否定を含んだものとして憲法二四条で捉えるのであれば、夫婦の協議規定などの運用が性別役割分業を反映させるとする間接差別も否定されることになる。したがって、憲法二四条は間接差別をも禁止していると解釈できる可能性があるといえる。

では、次に民法七五〇条が間接差別の概念に該当する規定なのかについて検討したい。

三　民法七五〇条と間接差別

間接差別とは、「外見上は性中立的な規定、基準、慣行等が、他の性の構成員と比較して、一方の性の構成員に相当程度の不利益を与え、しかもその基準等が職務との関連性がない等合理性・正当性が認められないものを指す[26]」。間接差別は、日本では現在、主に労働分野で扱われている差別問題である。二〇〇六年の改正男女雇用機会均等法の七条で、労働省令で定められている三点の措置と限定的ではあるが、間接差別禁止規定が盛り込まれた[27]。それは、（一）募集・採用における身長・体重・体力要件、（二）労働者の募集・採用、昇進または職種の変更[28]における全国転勤要件、（三）昇進における転勤経験要件である。

日本における間接差別についての一般的な理解は、イギリスの性差別禁止法の下における間接差別理論から影響を受けている。同理論はジェンダーに関する格差、とりわけ性別役割分業に根差す不平等の是正をもその射程としている[29]。

上述のように、日本において間接差別はこれまで主に労働法で問題とされてきた。しかし、本稿で扱っている夫婦同氏の問題に関していえば、圧倒的多数の妻が婚姻時に夫の氏に変更している原因は、性別役割分業に根差すものであると考えられる。その分業構造を原因とするその差別は、家族領域においても生じている。たとえば、二〇〇二年の大阪高裁の被災者自立支援金請求事件判決(30)のように、家族領域の性別役割分業構造に起因する間接差別が社会で問題とされつつある。

日本の間接差別研究の第一人者である浅倉むつ子は、間接差別概念の革新性を四点あげている。それは次の通りである。

第一に、間接差別は、中立的な基準や規範自体が一方の性に与える影響に注目する。つまり、その一方の性がその基準や規範を満たしにくい事実を問題にするので、その基準や規範の普遍性自体が疑われることになる。

第二に、間接差別は、集団としての男性や女性に対する影響に注目する概念である。

第三に、間接差別は、従来、社会において通用してきた基準や規範などのなかにも性差別的な機能が内包されているという事実をあぶり出す。つまり、人々は従来、社会通念として疑問を投げ込まなかった性差別性に気づくことになり、間接差別は、その社会通念の包括的見直し機能を持つことになる。

第四に、間接差別は、違法とされた後の差別是正方法にも見出される。たとえば、違法な直接差別の是正方法は、多くの場合、男性に適用された基準や規範そのものが変更されるわけではなく、女性を男性並みに扱っていた。しかし、間接差別の場合は違法となった基準や規範は無効となり、正当性が認められる基準によって置き換えられる(31)。

では、民法七五〇条は間接差別概念を含む規定なのであろうか。次に、浅倉が提示した間接差別の革新性に民法七五〇条を当てはめて検討していく。

第一に、民法七五〇条は、夫婦の氏とする選択肢に夫と妻のそれぞれの氏をあげていることからジェンダー中立的な規定である。しかし、夫婦の氏をどちらかに決定することは、夫婦の一方が自己の生来の氏を婚姻後も保持するが、もう一方がそれを放棄することを意味している。確かに、妻の氏を夫婦の氏にすることも可能であるが、実際は、妻が夫の家の嫁になるという婚姻に伴う意味の残滓やまた性別役割分業の下で、仕事をする夫の氏を改めることは実行しにくいという事情がある。そのために、女性が婚姻時に生来の氏を保持するという選択は、家族の間でも職場の関係でも相当の努力を伴う。(32) その結果、圧倒的多数の妻が夫の氏に変更する状況が生じている。

実際に、婚姻の際に改氏している女性のなかには、生来の氏を婚姻後も維持することを望んでいたが、自己の意に反して改氏した者もいるだろう。しかし、他方で女性自らが望んで改氏した者もいると考えられる。つまり、その九六％の女性の改氏に対する想いは一様ではないのである。

しかし、氏を変えることが、婚姻時まで形成してきたアイデンティティを失うことには変わりはない。つまり、氏の変更そのものを目的に婚姻する者でない限り、個人の人格的利益を喪失させることになる。というのは、改氏した者全員が、婚姻を契機にして自己の形成してきたアイデンティティを捨て去りたいというわけではないと思われるからである。

また、改氏を望むか望まないかに関わらず、婚姻時の氏の変更に伴う不便さを受けることは同じである。それは、手続き面での煩雑さである。(33) このことから、婚姻時に氏の変更を行わない側は、それを行う側と比較すればその手続きから解放されているので両者の手続き上の差も生じている。

第二に、夫婦同氏制で問題とされるのは、これまで圧倒的多数の女性が婚姻の際に夫の氏に変更してきたことである。しかし、そうであるからといって圧倒的多数の男性が妻の氏に変更したり、夫の氏と妻の氏の称する割合が半数ずつになったりすれば、問題が解決するのではない。

確かに、間接差別禁止の概念は、集団としての女性に対する影響に注目するものである。しかし、それと個人に着目する憲法の概念との関係に矛盾が生じるものではない。なぜなら、間接差別禁止の法理は、集団相互間の平等に着目するとはいえ、それによって保護されるのは、やはり、差別を受けないという個人の権利だからである(34)。

第三に、民法七五〇条は、多くの場合、女性が氏を変更するという社会通念の浸透を背景として社会で通用してきた。そのために、民法同条の中立的規定にほとんど疑いが持たれなかった。

しかし、反対にその中立的な規定のために、女性が婚姻の際に氏を変更するという効果が生じ、民法七五〇条が性差別的な機能をもたらしている事実をあぶり出している。それによって、憲法二四条の個人の婚姻の自由(35)、ひいては両性の本質的平等に照らして民法同条を見直す必要が出てきたのである。

第四に、憲法二四条の観点から民法七五〇条を見直す必要性によって、民法同条に夫婦別氏を強制するように是正するものではない。夫婦両者がそれぞれ生来の氏を婚姻後も称することを望む場合、それを可能にするために、夫婦で別氏を称する選択肢も婚姻制度のなかに規定すべきである。このことは従来の夫婦同氏制度に別氏制度を加えることになるので、夫婦同氏を希望する者にとっては、当然にその自由が侵害されないことも保障されている。

このように、浅倉が提示した間接差別概念に民法七五〇条を当てはめて分析すると、民法同条はその効果という点において間接差別を温存、助長する規定であるといえるのではなかろうか。したがって、民法七五〇条は間接差別に該当する規定と考えられる。

四　憲法二四条と民法七五〇条

前章までみてきたように、まず憲法二四条は間接差別禁止を解釈する可能性がある。次に民法七五〇条は間接差別の概念に該当する。そうであるならば、民法七五〇条は憲法二四条に違反することになる。本章ではそれを確認したい。

本判決で反対意見も述べているように、女性の「九六％もの多数が夫の氏を称することは、女性の経済的な立場の弱さ、家庭生活における立場の弱さ、種々の事実上の圧力など様々な要因のもたらすところであ」り、「夫の氏を称することが妻の意思に基づくものであるとしても、その意思決定の過程に現実の不平等と力関係が作用しているのである。そうすると、その点の配慮をしないまま夫婦同氏に例外を設けないことは、多くの場合妻となった者のみが個人の尊厳の基礎である個人識別機能を損ねられ、また、自己喪失感といった負担を負うこととなり、（本件規定は——筆者）個人の尊厳と両性の本質的平等に立脚した制度とはいえない」のである（傍点、筆者）。つまり、法廷意見は妻になる女性を取り巻くこのような社会状況を考慮せずに、民法制定当初の「妻は家庭内において家事育児に携わる」ものという従来の慣習の影響から、圧倒的多数の女性が夫の氏に変えるという呪縛を解いていないのである。

これまでの慣習の影響による夫婦間格差を排除しなければ、夫婦は本質的に平等にならないだろう。それは、法廷意見も触れていない視点である間接差別が、憲法二四条に規定された夫婦のあり方を阻害してきたということである。

たしかに、民法七五〇条はその中立的な規定から形式的に平等な規定であると解されてきた[36]。しかし、それは憲法二四条の意味を反映しきれていない。すなわち、民法同条は夫婦の当事者間で氏の選択を行う場合、夫婦の個人間の本質的平等を保障していないのである。民法同条下では現在、夫の側は妻の氏に変更するかあるいは生来の氏を保持するかの選択肢がある。これに対し、妻の側は夫の氏に変更するか事実婚にするかあるいは婚姻そのものをしないかという選択肢を持つことになる。したがって、ほとんどの場合、妻は婚姻の際に夫が妻の氏への変更に同意しない限り、生来の氏を保持する選択肢がないのが現状である。

このように夫婦間を個人で検討した場合、民法七五〇条は、自己の生来の氏を保持する権利を夫婦に同等に保障していないのである。

おわりに

本稿では、憲法二四条の解釈について、民法七五〇条を間接差別の視点から捉え直して検討してきた。その結果、憲法二四条が間接差別を禁止していると解釈できる可能性があることを明らかにした。本判決の法廷意見は、従来の慣習に基づく夫婦の力関係――夫婦を形成する個々人――に注目していなかった。民法七五〇条の下で婚姻時に夫婦両者が共に生来の氏の保持を選択した際、どちらか一方の人格的利益が放棄されることになる。その放棄はほとんどの場合、妻が担うことになる。本判決では、それを是認する間接差別の議論がなされていったのである。

本稿は、憲法二四条の間接差別禁止の解釈可能性の検討に留まる。その二四条による間接差別禁止の解釈の詳細な考察は今後の課題である。

(1) 厚生労働省大臣官房統計情報部「人口動態統計」夫の氏となった婚姻件数及び割合(二〇一四年)。

（2）二宮周平「氏名の自己決定権としての通称使用の権利」『立命館法学』二四一号（一九九五年）六一七頁参照。

（3）辻村みよ子『概説　ジェンダーと法』（信山社、二〇一三年）一一五頁など参照。辻村は、その他にも女性差別撤廃条約一六条g違反としても言及している。

（4）君塚正臣「何が『性』『差別』か」『文明』七七号（一九九七年）五一頁参照。

（5）辻村みよ子『ジェンダーと人権』（日本評論社、二〇〇八年）二四六－二四七頁参照。

（6）辻村・前掲注（3）一一五頁。

（7）辻村・前掲注（3）一一五頁。

（8）辻村・前掲注（3）一一五頁。

（9）辻村みよ子『憲法〔第五版〕』（日本評論社、二〇一六年）一七五頁。

（10）辻村みよ子『憲法と家族』（日本加除出版、二〇一六年）二五七頁以下参照。

（11）辻村・前掲注（10）二八〇－二八一頁参照。

（12）犬伏由子「夫婦別姓」『民商法雑誌』一一一巻四号・五号（一九九五年）五七九頁。

（13）犬伏・前掲注（12）五八〇頁。

（14）犬伏・前掲注（12）五八〇－五八一頁。

（15）君塚正臣「憲法とジェンダー」『法律時報』七八巻一号（二〇〇六年）六頁など参照。

（16）君塚正臣「日本国憲法二四条解釈の検証」『関西大学法学論集』五四巻一号（二〇〇二年）一頁、一六頁以下、阿部照哉＝野中俊彦『平等の権利』（法律文化社、一九八四年）一四四頁など参照。

（17）その影響として、次のような作用があると考えられる。「二〇一四年度雇用均等基本調査」（厚生労働省、二〇一五年）によれば、二〇一四年の育児休業取得率は男性が二・三〇％、女性が八六・六％。これに関連して総務省の「二〇一一年社会生活基本調査」（総務省、二〇一二年）によれば、男女、年齢階級別家事関連時間は男性が四二分、女性が三時間三五分。また、総務省の「二〇一五年労働力調査」（総務省、二〇一六年）によれば、年齢階級別非正規の職員・従業員の内訳は男性が三二・〇％、女性が六八・〇％。このような結果は、本稿では紙幅の都合で具体的に言及できないが、男女別の働き方の非対称性、すなわち性別役割分業構造と関係がある。

(18) 二宮周平『家族と法』(岩波書店、二〇〇七年)三五‐四二頁参照。

(19) 二宮・前掲注(18)四二‐四三頁参照。

(20) 若尾典子「女性の人権と家族」『名古屋大学法政論集』二一三号(二〇〇六年)一三九頁参照。

(21) 若尾・前掲注(20)一四〇頁参照。

(22) 君塚正臣『性差別司法審査基準論』(信山社、一九九六年)三〇一頁参照。

(23) 辻村・前掲注(10)八七頁。

(24) 若尾典子「『女性の人権』への基礎視角」『名古屋大学法政論集』一〇九号(一九八六年)二六九頁。

(25) 中里見博『憲法二四条+九条』(かもがわ出版、二〇〇五年)三八頁参照。

(26) 厚生労働省男女雇用機会均等政策研究会「男女雇用機会均等政策研究会報告書」(二〇〇四年)一〇‐一一頁参照。

(27) 二〇〇六年の均等法改正時の衆参付帯決議。

(28) 二〇一四年七月一日より「コース別雇用管理制度の下でも総合職の募集・採用」から対象範囲が拡大した。

(29) 相澤美智子「間接性差別禁止規定導入についての思索」『社會科学研究』五四巻一号(二〇〇三年)一七一頁、一九九頁参照。

(30) 大阪高裁平成一四年七月三日『賃金と社会保障』一三四一号(二〇〇三年)三六‐四七頁。本件では、阪神・淡路大震災の被害者自立支援金の世帯主被災要件が世帯間差別及び男女差別をもたらしているとの原告の主張に対し、それらの差別が民法九〇条の公序良俗違反であると判断された。

(31) 浅倉むつ子「間接差別」『法学教室』三一五号(二〇〇六年)二頁など参照。

(32) 二宮・前掲注(18)二七頁参照。

(33) 住民票や印鑑証明、運転免許証、旅券(通称使用の氏の併記が認められているが、その要件は厳格である)など、身分証といわれる文書には戸籍名が記載されるため変更手続きが必要である。

（34）Connecticut v. Teal, 457 U.S. 440（1982）. 本件は、白人の合格率が黒人のそれよりも高かったコネチカット州政府の終身管理職の試験において、それに不合格になった黒人の原告が当該試験は黒人を不当に除外し、かつ、それは職務との関連性がないと主張した訴訟である。原告の主張に対し、被告の州政府は、試験の合格率よりも当該試験を経て管理職の地位に就く黒人の昇進率が白人のそれよりも高いことに注目して抗弁した。判旨は使用者の選別の結果だけではなく、その最終試験の過程全ての手続きの差別的効果が検証されるべきだとして、当該筆記試験は違法であると判断された。

（35）確かに、個人の婚姻の自由に関しては、幸福追求権を保障する憲法一三条を根拠とする議論もある。

（36）辻村・前掲注（3）一一五参照。

生殖補助医療における法の役割
――「権利」と「公序」の選択――

建石真公子
（法政大学）

はじめに―生殖補助医療に関する法的判断の課題

生殖補助医療の進展は、生殖の在り方を大きく変えている。日本では、後述のように、二〇一二年の統計では体外受精による出生児は全出生児の約二七人に一人の割合となり[1]、不妊治療として定着している。国際的にも同様の現象がみられる[2]。

こうした変化は、親子関係や子の権利など生殖や家族を巡る法制度にも対応を迫ることになる。しかし、医療技術の進展の速さに比して、生殖や家族に関する人々の意識や人権概念は後追い的になる傾向がある。科学の進展による選択の可能性が増えることと対して、法はどのように対応することが求められるのだろうか。

そもそも科学と法の関係は、それぞれの国における哲学、科学史および人権保障制度の歴史と切り離すことができない。ルネッサンス・啓蒙期を経て合理的な科学や医学が宗教の制約から解放されたヨーロッパでは、同時に科学を支えたものとして精神的な自由と政治参加を中核とする近代的な人権保護が登場している。いわば科学の進展と人権は一体として発展してきた面がある。しかし第二次世界大戦中に顕著となった医学の政治利用は、医学と人権との対立という深刻な問題を提起し、戦後、ヨーロッパのみならず国際的にも医学に対する規制が人権の観点からの課題となっている。

生殖補助医療に関しても、一九八〇年代の体外受精児の誕生以降、医学の利用に関して同様の問題が提起されている。医学的介助による出生の可能性が増えたことを背景に、「子どもがほしい」という願望を医学がどこまで叶えうるのか。

個人の権利という面では、医学における個人の保護は、戦後のニュルンベルグ綱領に見られるように、本人の同意を前提条件とするようになっている。さらに一九七〇年代のウイメンズ・リブを通じて、主として中絶の権利として女性の身体に関する自己決定権も法的に認められるようになってきている。

反面、こうした自己決定権の重要性と同時に、上述のように医学に対するコントロールも要請され、その境界を画することが生命倫理や法の役割として求められる。生命倫理が「ある社会が、生命科学の進展によって生じた困難やジレンマに立ち向かうために自ら定める行動準則(3)」であるとするなら、法は「何かを知ることを役割とする科学に対して、規範を保護し、どのようであるべきかを述べることが役割(4)」といえる。どのようであるべきかは、当該社会の人権概念や公序等の解釈において、どのような人権か、誰の人権か、またどのような利益を維持・保護するための公序か、によって決まってくる。

日本では、明治期に西欧からの医学の輸入と同時に近代憲法や人権概念も紹介されたが、法制度として導入されたのは「人権」ではなく「臣民の権利」であった。第二次世界大戦後、日本でもニュルンベルグ綱領、ヒポクレスの誓い、ヘルシンキ宣言等が医学教育に導入され、一九八〇年代以降のインフォームド・コンセントの普及などもあり、医学における患者の権利は明らかにされてきた。しかし、歴史的に医学と人権の関係を問う契機が欠如してきた日本においては、医療技術の追認として「法」を考えるのではなく、対立する人権や公序を検討する視点が欠けていることが懸念される。二〇一四年に、生殖補助医療に関する初めての法案として「自民党PT案」が公表されたが、日本という社会がどのように医学の利用に関するルールを定めるかが、現在問われている。

本稿では、生殖補助医療の現状を概観したうえで（一）、「特定生殖補助医療に関する自民党PT法案」が卵子提供、代理懐胎を合法とすることから、代理懐胎を法で禁止するフランスにおいて、フランス人による外国での代理懐胎を巡るヨーロッパ人権裁判所の近年の判例を検討し（二）、法による禁止の根拠や対立する権利間および公序についてどのような考察が行われているのかを明らかにし、「法制化」を考える一助としたい。

一　日本における生殖補助医療の過剰と法の欠缺状態

（一）世界最多の実施機関数、治療周期数

生殖補助医療に関して法制定を求める議論は、日本の現状における生殖補助医療実施の拡大を背景としている。日本の生殖補助医療の状況は、国際的な統計からみると、実施医療機関数（六〇六〜六一八機関）[5]と世界最多、二〇一二年の日本産科婦人科学会倫理委員会報告[6]では、実施医療機関数は五八九施設、そのうち非配偶者間人工授精（AID）を実施しているのは一五施設となっている。

また治療周期数は、生殖補助技術モニタリング国際委員会（ICMART）の二〇一四年のAAB（American Association of Bioanalysts）の年次総会における報告では、二〇〇九年の統計（五九か国参加）で、全一〇八万〇四七九周期のうち、日本は二一万一九四二周期で世界最多となっている。

体外受精による出生児数は、前述の日本産科婦人科学会倫理委員会報告では、二〇一二年には三万七九五三人（全出生数の約三・八％）、非配偶者間人工授精による出生児数は一二〇人、また体外受精児の累積数は、一九八三年の初めての出生以来、三四万一七五〇人、ＡＩＤは、一九四九年以来一万人以上の出生といわれている。

しかしながら、こうした実施の拡大に比較して、それぞれの技術実施に関する法的な規定の面からは、逆に国際的にみて非常に消極的な状況である。[7] 国際不妊学会の二〇一〇年の「調査」では、一〇三国が統計に参加しているが、そのうち四二か国が生殖補助医療に関して法律を制定しており、二六か国がガイドライン、三五か国がどちらも定めていない。日本は、アメリカと同様、ガイドラインによって定める国に分類されているが、しかし日本の場合は、行政的なガイドラインではなく学会による私的な会告というのが現状である。

（二）外国で代理懐胎で出生した子の親子関係と「公序」

こうした状況下、外国での代理出産により出生した子と依頼両親との法的関係について裁判で争われた例が二件ある。二例とも、アメリカにおいてアメリカ人の代理母により双子を得、帰国後自治体に出生届けを提出したが受理されなかったため、不受理の処分取り消しを求めた事件である。代理母を適法とする州での出産であり、州裁判所が申立人が実父母であることの確認の訴えに認容判決を出している。

①最高裁二〇〇五年一一月二四日決定は、夫の精子と提供卵子による受精卵を代理母が懐胎・出生し、カリフォルニア州ロサンゼルス高等裁判所判決により依頼母を実母としていた事例である。最高裁は原審を「是認」したが、決定は未掲載により原審である大阪高裁二〇〇五年五月二〇日決定（判時一九一九号一〇七頁）によれば、準拠法を日本法とし、「母子関係の有無は分娩の事実により決する」（最判昭

和三七年四月二七日民集一六巻七号一二四七頁）とし、「代理懐胎契約は、公序良俗に反するものとして、その効力を否定すべきものであるから、わが国としてはその結果を受け入れることはできず、内国法を適用し、分娩者Aと本件子らの母子関係を肯定するほかな」く、「本件子らの福祉を第一義として、本件子らと抗告人X二との養子縁組の道を探ることを期待したい」と、依頼母との親子関係を認めなかった。

②最高裁第二小法廷二〇〇七年三月二三日決定（民集六一巻二号六一九頁）は、夫と妻の配偶子による受精卵を代理母が懐胎・出産し双子が出生し、ネバダ州地方裁判所家事部によって依頼夫婦を実父母とする出生証明書の発行を命じる「命令」が出された事例である。最高裁は、外国裁判所の判決の効力につき民訴法一一八条に基づき判断し、「我が国の法秩序の基本原則ないし基本理念と相いれないものと認められる場合には、その外国判決は同法条にいう公の秩序に反する」とし、「母子関係は、分娩という客観的事実により当然に成立すると解されて」きており、「民法が実親子関係を認めていない者の間にその成立を認める内容の外国裁判所の裁判は（・・）民訴訟一一八条三号にいう公の秩序に反する」として、母子関係の成立を認めなかった。同決定の補足意見は「実母と認めることによる行為規制への影響」を案じるとともに、子の福祉の観点から「特別養子縁組の成立の余地がある」としている。

これらの判例は、どちらも外国判決の承認という問題を取り扱うが、二〇〇七年決定は民訴法一一八条を援用したことから、その効力を認めたうえで公の秩序に反するとしていると考えられる。代理出生における親子関係の承認が公の秩序に反すると判断した部分は、民法規定と異なると述べるにとどまり、代理懐胎については中立的な判断を示しているといえる。また、母子関係の成立について、最高裁は、養育する意志のある母（社会的母）を退け、「分娩者＝母」としたが、生殖補助医療の進展に伴い学説の分かれている点である。[8] 子については、親子関係を確立するという権利の観点からは考察されず、「福祉」として補足意見で述べられているに過ぎない。

（三）自民党ＰＴ「特定生殖補助医療に関する法律案」

こうした状況の中で、自民党プロジェクトチームは、第三者の介入する出産に関する法律案[9]を公表した。「特定生殖補助医療」とは、「子を懐胎する女性の夫以外の男性の精子又は当該女性以外の女性の卵子の提供を受けて行われる人工授精、体外受精、胚移植その他省令で定める生殖にかかわる医療技術を用いた医療」とし、すなわち提供、代理懐胎など第三者が関与する生殖を指す。注目されるのは、卵子提供、代理懐胎を認めたである。卵子提供は、医学的に夫の精子、または妻の卵子により妻が子を懐胎することができない夫婦に関して、①夫以外の男性の精子による妻に対する人工授精、②夫以外の男性の精子と妻の卵子による体外受精、および当該体外受精で生じた胚の妻に対する体外受精胚移植、③夫の精子と妻以外の女性の卵子による体外受精及び当該体外受精で生じた胚の妻に対する体外受精胚移植を認めている。代理懐胎については、①先天的にまたは摘出により子宮がない場合など明らかに懐胎能力を欠く場合に該当する者が妻である夫婦に限り、②大臣が特に指定する医療機関において、③政令で定める手続きを経て、④その夫の精子と妻の卵子による体外受精で生じた胚について、妻以外の者に対して体外受精胚移植を行うことができる、とする。

さらに、二〇一五年には「特定生殖補助医療により出生した子の親子関係に関する民法の特例に関する法律案」として、[10] 卵子提供や代理出産では生んだ女性を母とし、精子提供では夫を父とする旨の法案を公表している。

これらの法案は、第三者の関与する「特定生殖補助医療」に限定した内容となっているため、そもそも生殖補助医療、特にこれまでの政府や学会の報告書や提言等では必ずしも意見の一致していない卵子提供や代理懐胎をどのような原則に基づいて認容するのか―たとえば人間の尊厳、個人の尊重、受精卵の法的地位、子の権利など―という点については明らかにしていない。卵子提供、代理懐胎の提起する倫理上の問題や女性の間の経済格差を反映するのではないかという実際上の問題、親子関係の法的な調整等に対する議論も社会的にいまだ活発とはいえない状況下での法案で、広く社会の意識を反映するのかが懸念される。また受精卵（胚）の保存期間や廃棄の問題、着床前診断や診断の結果としての中絶の選択の問題等、派生する課題についても触れていないことも、将来的には問題となる可能性があり、生命概念に関わる問題であるだけにより慎重な検討が求められている。

二　フランス及びヨーロッパにおける代理懐胎に関する法制と判例

自民党法案は、当事者の同意に基づいて代理懐胎を認めるアメリカ型の自由な生殖補助医療システムと類似のタイプと考えられる。これに対してフランスは、当事者の同意があったとしても生命倫理法で生殖補助医療の実施及び研究について比較的厳格に規制する国で、代理懐胎も禁止している。

（一）一九九四年生命倫理法の特徴

一九九四年の生命倫理法(11)は、人体の尊重、人体の構成要素及び産物の贈与及び利用、生殖への医学的介助並びに出生前診断、保健の分野における研究を目的とする記名情報の処理に関する、並びに情報処理、情報ファイル及び提供、の三つの法律で構成されている（二〇〇四年、二〇一一年に一部改正）。同法は、生殖補助医療に関する基本原則を定め、違反に対しては刑法による処罰も含めて厳格に規制している。

代理懐胎に関しては、同法を組み入れた民法一六‐七条は「生殖または代理懐胎を内容とするいかなる契約も無効である」と定め、同一六‐一条は「各人は、その身体への尊重への権利を有する。身体は不可侵である。身体、その構成要素、産物は、財産権の対象としてはならない」という身体の不可処分性を定め、さらに一六‐九条は「これらの規定は公序である」とする。さらに、民法規定を担保するために、刑法上の刑事罰規定も創設され、刑法典第二二七の一二条第三項は、「子を得たいと望む人もしくは夫婦と、子を引き渡す目的で子を受胎することを承諾した女性との間で合意する行為は、本条第二項に定める規定で処罰する。この行為が、常習としてまたは営利目的でなされたときは、その刑は二倍とする」とする。

しかし、近年フランスでも外国で代理懐胎によって出生する子の例が増加し、依頼夫婦との間の親子関係が問題となっている。なかでもMennesson事件は、国内裁判所の親子関係を認めないという判決に対して、二〇一四年六月二四日、ヨーロッパ人権裁判所が、「子の最善の利益」の観点からフランスをヨーロッパ人権条約違反とした判決を下したことから、フランス国内法への影響が注目されている。

(二) 外国での代理懐胎により出生した子と依頼夫婦との親子関係に関するヨーロッパ人権裁判所Mennesson対フランス判決

Mennesson夫妻は、妻の不妊のため代理懐胎が合法とされているアメリカ(カリフォルニア)で代理出産を依頼した。夫の配偶子および第三者の卵子による胚を代理懐胎する女性が出産した。Mennesson夫妻と懐胎された子の親子関係について、カリフォルニア最高裁二〇〇〇年七月一四日判決は、第三者が現に懐胎し近々出生してくる子に関して、依頼した夫を「父」、依頼した妻を「夫の配偶者として法的母」の地位を認めた。しかし、Mennesson夫妻はロサンジェルスのフランス領事館においてカリフォルニアの出生証明書に基づきフランス法への登録を申請したところ拒否された。これに対して、Mennesson 夫妻は、フランス国内裁判所に親子関係の成立を求めて提訴したが、最終的に二〇一一年の破棄院判決(12)によって却下された。破棄院は、「家族生活の尊重に関して、代理出産はフランス法の核心となる原則―人間の不可処分性―に反し、代理出産で出生した子にフランス法としての効力を付与することは、民法一六‐七、一六‐九の定める公の秩序に反し無効であ」り、「親子関係の登録を認めないことは、ヨーロッパ人権条約八条の私生活及び家族生活の尊重の権利を侵害するものではなく、子供の自然の利益に反するものでもない。なぜなら、両親と子の親子関係は、カリフォルニア法で認められており、それにより子が Mennesson 夫妻とフランスで生きるのにあたり不都合を生じるものではない」として訴えを退けた。この破棄院判決ののち、Mennesson 夫妻は、ヨーロッパ人権裁判所に提訴した。

ヨーロッパ人権裁判所は、二〇一四年六月二四日判決(13)で、次のように判断し、フランスに対して依頼夫婦と子の間の親子関係を認めないことは条約八条違反とした。

①「公序」の判断を巡るカリフォルニア州裁判所判断の位置づけ

破毀院は、外国の判決がフランス法の基本的原則である人の不可処分性に反する内容を含むことを根拠にフランスの国際的公序概念に基づき子の出生証明書の転記を認めない、とした。これに対してヨーロッパ人権裁判所は、国際私法における「国際的公序の例外」であっても集団の利益と当事者の権利―子どもの最善の利益・及び私生活や家族生活の尊重―との均衡を図る必要があるとし、そのうえで親の権利と子の権利の検討を行った（§八四）。

②親の権利―家族生活を尊重される権利

同裁判所は、「ヨーロッパにおいて、代理出産、および外国で合法的に代理出産により出生した子と依頼夫婦との間の法的な親子関係に関する共通の法制度は存在しない[14]」とし、「加盟国の法制度は多様であり、このような法制度に共通性がない状態は、代理出産が、倫理の問題として難しいからであり、各国に広い裁量の余地がある。この事件は、親子関係という個人のアイデンティティに係るものであることも考慮する必要がある。この点では裁量の余地は狭くなる（§七七）」と述べる。そのうえで、フランス法上の国籍のないことにより幾多の困難が予測されるが、フランス帰国以来家族がともに暮らしていること、国籍のないことはフランスで子どもが暮らすことの障壁にはならないことから、「破棄院の判断は申立人の利益と国の利益の正当な均衡をとっている（§九三）」として、両親に関しては家族生活の尊重違反を認めなかった。

③子どもの権利―「私生活の権利」・「子供の最善の利益」

他方、子どもの権利に関してはヨーロッパ人権条約八条の「私生活の尊重は、各人が人としてのアイデンティティの詳細―親子関係を含む―を確立しうることを要請する。したがって、親子関係に関する場合には個人のアイデンティティの本質的な面に関わることになる（§九六）」とし、ヨーロッパ人権条約八条は「国籍を得ることを権利として保護していないが、国籍が人のアイデンティティの一つであることには変わりがない（§九七）」と続ける。そして、フランスは、国内で禁止されている代理出産を外国で実施することを制約する政策をとることはできる。しかし、出生した子と依頼夫婦の間の親子関係を認めないという方法は、どのような方式で子を持つかを決める両親の選択を減少させるわけではない（§九九）と法制度の不備を指摘したうえで、「子は、各人が自身のアイデンティティを確立する権利―親子関係を含む―が明白に侵害される。この状況は、子の最善の利益との適合性という重大な問題を提起する。両親の片方は、生物学的親であることが証明され、当該親は親子関係を望んでいることを考慮し、親子関係の登録を認めないことは個人のアイデンティティに対する重大な侵害をもたらし、私生活の尊重を侵害し、したがって、国の行為はヨーロッパ人権条約八条私生活の尊重（§九九）に反する、とした。ヨーロッパ人権裁判所は、「人のアイデンティティを確立する権利」に関して多様な解釈を行ってきているが、本判決によって親子関係も明示的に認められ、破毀院が認めなかった「子の最善の利益の侵害」と位置付けたのである。

（三）フランスにおけるヨーロッパ人権裁判所判決の履行

同判決は、フランスで違法とされている代理懐胎について、出生した子にフランス法上の地位を与えることを要請するもので、国内に賛否の議論を誘発した。しかしフランス政府は上訴せず、その後の国内各裁判所の対応も判決の履行に向けて行われている。まずコンセイユ・デタは、二〇一四年一二月、二〇一三年一月二五日に出された法務大臣通達[15]に法的効力を認めるとした。同通達は、外国で代理出産契約を締結し（たとえその契約がフランス法上違法であっても）、フランス人の父の子であれば、出生した子に国籍を付与しないことは子の私生活の尊重と適合しないとして子の国籍を認める内容である。ただこの行政通達によっても、国籍は付与されるがフランスの出生証明の登録が行われるわけではない。出生証明書の問題に関しては、破毀院は、二〇一五年七月三日の二つの判決[16]で、二〇一一年判決における「親子関係を認めないことは私生活の尊重及び子の利益に反しない」という判断を変更し、ヨーロッパ人権裁判所判決を踏襲した。すなわち、「代理懐胎であることのみでは、フランス人の親を持つという外国の出生証明書のフランスへの出生証明書への転記の拒否を正当化しない」とした。同判決以降、父親がフランス人であるという条件の下で、外国で代理懐胎によって出生した子について、外国の出生証明書に基づきフランス人との親子関係が認められることとなった。他方、代理懐胎を希望する親の権利に関しては、各国の裁量に委ねられた形になり、代理懐胎は民法一六－七条「代理懐胎禁止」及び一六－九条「公序」に反するとした破毀院の判断は維持され、代理懐胎は、身体の不可処分原則及び公序に反すると位置付けられている。

Mennesson 事件は、フランスにおいて、国内法原則や国内裁判所判決がヨーロッパ人権裁判所判決によって変更を余儀なくされたことに対する批判に加え、同時期にヨーロッパ議会が代理懐胎に対する非難を人権年次報告書に掲載する反面、ヨーロッパ評議会が代理懐胎を進める方向での決議の検討をしていたこともあり、代理懐胎の是非をめぐる議論を再燃させた(17)。

ヨーロッパ人権裁判所は、ロシアにおける商業的代理懐胎によって出生した子の法的地位に関する二〇一五年一月二七日の Paradiso 対イタリア判決等(18)でも、Mennesson 判決の判断基準である「子の最善の利益」をさらに進化させている。外国における代理懐胎の実施の増加に伴い、「国際的公序の例外」への人権保護の関与がさらに検討を要する課題となってきており、国内法に反するという理由で公序違反としうるのか、あるいは国裁的公序において普遍的な人権保護を考慮する可能性が要請されるのか、検討が求められている。

終わりに──生殖補助医療の法制化における「権利」と「公序」

生殖補助医療に関する法制化は、必然的に科学と倫理と法の関係を問いかける。前述のように、コンセイユ・デタは、「規範を保護し、どのようであるべきかを述べることが法の役割」という認識を示し、フランスはそのように法制度を整備してきた。しかし、外国における代理懐胎の実施という法制度の逸脱に直面し、また人権保護を優先するヨーロッパ人権裁判所判決に対峙し、多様な権利、公序の維持という要請のなかで、将来的にどのような法制度を構築するのかが問われるようになっている。

日本においては、生殖補助医療の法制化の実現はこれからであるが、検討自体は二〇〇〇年代以降、省庁、学会、学術会議等で専門的に行われてきた。最高裁判例からも伺えるように、生殖補助医療に関わる事象は、生命や生殖、家族に関わる重要な事柄であるが、これまでの法の枠組みや概念にはない新しいものであるため、判断基準として「公序」を根拠とする傾向にある。民法上の「公序」、民訴訟一一八条「公序」、そして国際私法における「国際的公序」[19]等に関して、人権との関係でより明確な概念を提示していくことが求められてる。どのような権利の保護が必要か、どの様な内容を公序とするのか、法的な対応が要請されている。

資料「ヨーロッパ諸国における代理懐胎に関する法制度」

一．代理懐胎

①法律によって禁止している国

ドイツ、オーストリア、スペイン、エストニア、フィンランド、フランス、アイスランド、イタリア、モルドバ、モンテネグロ、セルビア、スロベニア、スェーデン、スイス、トルコ、ブルガリア

②法律はないが、他の一般法で抑制的に適用されている国

アンドラ、ボスニア－ヘルツェゴビナ、ハンガリー、アイルランド、リトアニア、ラトビア、マルタ、モナコ、ルーマニア、サンマリノ

③法律によって承認している国

アルバニア、グルジア（ジョージア）、ギリシャ、オランダ、イギリス、ベルギー（医学的理由のみ、出生証明書に関する法案審議中）

④商業的代理出産が可能な国

グルジア、ロシア、ウクライナ

二．外国で実施された代理出産によって出生した子と依頼夫婦との親子関係

①認める国（一三）・・外国での判決、出生証明書の提示、養子縁組を要件として。

アルバニア、スペイン、エストニア、グルジア、ハンガリー、アイルランド、オランダ、チェコ、ギリシャ、イギリス、ロシア、スロベニア、ウクライナ

②禁止、または法律のない場合でも、親子関係を承認している国（一一）

オーストリオーストリア、ベルギー、フィンランド、アイスランド、イタリア（父と子に生物学的つながりがある場合に限り）、マルタ、ポーランド、サンマリノ、スェーデン、スイス、ルクセンブルグ

③親子関係を認めない国（一二）

アンドラ、アルバニア、ドイツ（父が生物学的父親である場合を除く）、ボスニアーヘルツェゴビナ、ラトビア、リトアニア、モルドヴァ、モナコ、モンテネグロ、ルーマニア、セルビア、トルコ

三．参考・代理出産を認めるヨーロッパ以外の国

南アフリカ、アメリカ合衆国（三州が禁止。一〇数か国が依頼夫婦との親子関係を禁止）、アルゼンチン、ブラジル、アルメニア、韓国、香港、イラン、イスラエル、キリギスタン、タイ（二〇一四年一一月二七日、タイ議会で商業的代理出産を禁止する法案が可決、ＡＦＰ）

出典

①ヨーロッパ人権裁判所 Mennesson 判決。

②Parlement European, A comparative study on the regime of surrogacy in the EU Membre States file:///C:/Users/hiroko/Downloads/rapport-surrogacy-european-parliament-二〇一三.pdf

（1）「平成二五年度倫理委員会　登録調査委員会報告（二〇一二年分の体外受精・胚移植等の臨床実施成績および二〇一四年七月における登録施設名）」
http://fa.kyorin.co.jp/jsog/readPDF.php?file=66/9/066092445.pdf（二〇一六年六月四日閲覧）

（2）International Federation of Fertility Societies "Surveillance 2010.

（3）N. LENOIR et B. MATHIEU, *Les normes internationales de la bioéthique*, PUF, coll. « Que sais-je? », 1998 p. 7.

（4）Rapport CE 1998, Bioéthique et Droit, p. 269.

（5）国際不妊学会の二〇一〇年の調査によると、実施医療機関数が日本は六〇六～六一八と統計に参加した一六二か国中、最多である。二位はインド（五〇〇）、三位はアメリカ（四五〇～四八〇）。International Federation of Fertility Societies "Surveillance 2010", p. 8-9.
また、治療の周期数については、生殖補助技術モニタリング国際委員会（ＩＣＭＡＲＴ）の二〇一四年のＡＡＢ（AmericanAssociation of Bioanalysts）の年次総会における報告では、二〇〇九年の統計（五九か国が参加）で、日本に、次いでアメリカの一三万五四〇五、フランスの八万〇九一九となっている。
http://www.aab.org/images/aab/pdf/2014/CRBPPT14/Keynote.pdf

（6）「平成二五年度倫理委員会　登録調査委員会報告（二〇一二年分の体外受精・胚移植等の臨床実施成績および二〇一四年七月における登録施設名）」
http://fa.kyorin.co.jp/jsog/readPDF.php?file=66/9/066092445.pdf（二〇一五年四月四日閲覧）

（7）上掲注一の国際不妊学会の「調査」による。

（8）北村賢哲「外国人代理母が出産した子を日本人夫婦の実子として出生届をすることの可否」千葉大学法学論集第二三巻第二号（二〇〇八）、一八一－一八二頁。

（9）一般社団法人　吉村やすのり生命の環境研究所ＨＰ
http://yoshimurayasunori.jp/blogs/%E7%89%B9%E5%AE%9A%E7%94%9F%E6%AE%96%E8%A3%9C%E5%8A%

A9%E5%8C%BB%E7%99%82%E3%81%AB%E9%96%A2%E3%81%99%E3%82%8B%E6%B3%95%E5%BE%8B%E6%A1%88
%E3%81%AE%E6%A6%82%E8%A6%81/
（二〇一六年六月四日閲覧）

（10）日本経済新聞二〇一五年六月二七日朝刊。

（11）「人体の尊重に関する一九九四年七月二九日法律九四‐六五三号」、「人体の構成要素及び産物の贈与及び利用、生殖への医学的介助並びに出生前診断に関する一九九四年七月二九日法律第九四‐六五四号」、「保健の分野における研究を目的とする記名情報の処理に関する、並びに情報処理、情報ファイル及び政協に関する一九七八年一月六日法律第七八‐一八号を改正する一九九四年七月一日法律第九四‐五四八号」。建石真公子「フランスにおける生命倫理法と憲法―生命倫理法の特徴と憲法院判決について」宗教法第一五号五五頁、また生命倫理学の観点から、小門穂『フランスの生命倫理法―生殖医療の用いられ方』ナカニシヤ出版（二〇一五年）。

（12）L'arrêt de la Cour de casaation du 6 avril 2011.

（13）Arrêt Mennesson c. France, le 26 juin 2014.

（14）ヨーロッパにおける代理懐胎に関する法制度は前掲。

（15）この通達は、同性婚法案の審議中であり、同性婚カップルに対する生殖補助医療の利用に関しては争点になっているために、通達は適用中止となっていた。

（16）Arrêt no. 619（14-21, 323）de Assemblé plénière du 3 juillet 2015., Arrêt no. 620（15-50. 002）de Assemblé plénière du 3 juillet 2015.

（17）Le Figaro, le 23 decembre 2015.

（18）Arrêt Paradiso et Campanelli c. Italie, le 27 janvier 2015.　大法廷移送、le 1 juin 2015.

（19）国際私法における「国際的公序」については、早川真一郎「外国判決の承認と公序　外国人代理母が出産した子を代理出産を依頼した日本人夫婦が実子として届け出ることの可否」法律のひろば、vol. 61, no. 3, 五八頁、佐々木彩「国際シフにおける公序と基本権に関する考察」東京経営短期大学紀要、第一七巻（二〇〇九・三）五九頁。

対テロ戦争における手続的デュー・プロセス保障

――ポスト九・一一のアメリカ連邦最高裁判決における「裁判所へのアクセス」――

今井　健太郎
（早稲田大学・院）

はじめに

二〇〇一年の九月一一日にアメリカで発生した同時多発テロの衝撃は、その国の法状況に多大な影響を及ぼした。そこで台頭してきたのは、危機管理社会への対応として、緊急時には国家の安全を優先して個人の自由や権利を犠牲にすることが許容されうるとする議論である。こうした状況下では、司法府は執行府の判断に敬譲することが望ましいとされる(1)。

しかし、そのような場合でも、個人の権利や自由を基本的価値とする立憲主義を担保する装置としての司法権＝司法審査の積極的意義と存在妥当性を問うことは、危機管理社会における権利保障と立憲主義の貫徹を考慮するにあたって重要ではないか。本稿はこうした問題意識に立っている。

本稿では、二〇〇一年以降の「対テロ戦争（War on Terror）」に関するアメリカ連邦最高裁判決を取りあげる。そこから、人身の自由の手続的保障の判例法理である「裁判所へのアクセス」という法理を見出せるという、現代アメリカ憲法における手続的デュー・プロセスの一端を提示する。

一　二〇〇一年以降の対テロ法制をめぐるアメリカの状況

アメリカの「対テロ戦争（War on Terrorism）」政策は多岐にわたる。その中でも、本稿は敵性戦闘員の抑留と軍事委員会での審理に関する法制度および判例に焦点を当てていく。(2)

（一）AUMF決議と軍事命令

同時多発テロ直後、合衆国連邦議会は上下両院の合同決議において、「二〇〇一年九月一一日に生じたテロ攻撃を計画し、授権し、関係した、または援助したと大統領が判断する国家、組織または諸個人、あるいはそのような組織や諸個人をかくまった」と判断される者や組織に対して、合衆国への将来の国際テロ行為を防ぐために「必要かつ適切なすべての武力（all necessary and appropriate force）」を行使する権限を、大統領に授権した（以下、AUMF）。(3)これを受けてブッシュ大統領は、テロ組織に関係をもつ容疑者等——主に外国人——は軍事法廷（Military Tribunal）で審理されるとする軍事命令(4)を出し、容疑者は「敵性戦闘員（Enemy Combatant）として、キューバのグアンタナモ海軍基地で抑留することとした。

この軍事法廷の使用に対しては、上訴権や代理人による補助をはじめとする手続的保障の不十分さ等多くの批判がなされた。(5)しかし、ブッシュ政権は、第二次世界大戦中の先例であるEx Parte Quirin判決（317 U.S. 1 (1942)）を引き合いに出すことで、軍事法廷での審理の正当性を主張した。(6)これは、第二次世界大戦中、ナチスドイツの工作員が合衆国内での破壊工作を目的に潜入し、未然に発覚した事件である。そこで連邦最高裁は、工作員らを審理・処罰するためにルーズベルト大統領が設置した軍事委員会を合憲と判断し、その管轄権を認めた。

Quirin 判決自体は、最終的に時の政権に敬譲する結果となった。しかし、連邦最高裁は本案審理をあえて行うことで、被告人の「裁判所へのアクセス」を閉じなかった。この点で最低限の手続保障がなされていたといえる。また、一九四二年当時は第二次世界大戦の最中であり、連邦議会による公式の戦争宣言が行われていた。こうした状況が二〇〇一年以降の状況と異なる点は看過してはならない。そうであるならば、Quirin 判決がブッシュ政権の政策の先例として説得力を持つか否かについては、慎重な検証が必要といえよう。(7)

（二）連邦最高裁の判決とブッシュ政権による政治的対応

ブッシュ政権がすすめた対テロ戦争政策をめぐって、連邦最高裁は、二〇〇四年から二〇〇八年にかけて注目すべき判決を下した。(8)

Hamdi v. Rumsfeld 判決（542 U.S. 507（2004））は、アフガニスタンで敵性戦闘員として身柄を拘束され、その後サウスカロライナ州の軍事施設に収容されていた合衆国市民が人身保護請求を行った事案である。後述するように、連邦最高裁は、ＡＵＭＦ決議に基づく大統領の敵性戦闘員拘束権を承認する一方、限定的ながら、抑留者のデュー・プロセス保障を認めた。また、同日に下された Rasul v. Bush 判決（542 U.S. 466（2004））では、タリバンとの戦闘中に拘束されてキューバのグアンタナモ海軍基地に抑留されている外国人からの人身保護請求に対して、コロンビア特別区連邦地方裁判所が管轄権を有するという判決を下した。

これらの判決を受けてブッシュ政権は、敵性戦闘員の認定と抑留の可否を判断する戦闘員地位審査法廷（Combatant Status Review Tribunal：以下ＣＳＲＴ）(9)を設置した。また、二〇〇五年抑留者処遇法（Detainee Treatment Act of 2005：以下ＤＴＡ）(10)を定めてグアンタナモの外国人による人身保護請求を管轄する裁判所の権限を制限した[11]。ＤＴＡは発効と同時にすでに係属中の事案にも適用されるとした。しかし、二〇〇六年の Hamdan v. Rumsfeld 判決（548 U.S. 557（2006））では、ＤＴＡの遡及適用は認められなかった。本件は、タリバンとの交戦中に合衆国軍に拘束された後、テロの共謀を行った罪により軍事委員会で審理されることになった原告が、人身保護令状の発給を求めて提訴した事案である。連邦最高裁は、先の軍事命令による軍事委員会は議会制定法による授権がなされておらず、ジュネーブ条約にも違反するとして、違法判決を下した[12]。

これを受けて政権はさらなる対応として、二〇〇六年軍事委員会法（Military Commissions Act of 2006：以下ＭＣＡ[13]）を制定した。これによって、Hamdan 判決では認められなかった軍事委員会に対し、立法による連邦議会の授権という根拠を付与した。さらにＭＣＡ第七条は、「合衆国によって抑留されている外国人で、敵性戦闘員として適切に抑留されていると合衆国が判断した者、またはそのような判断を待っている者によって、もしくはその者のために申請されている人身保護令状に対して、いかなる裁判所、裁判官、判事も、聴聞または審理を行う管轄権を有しない」と規定した[14]。これは敵性戦闘員とされる外国人による人身保護請求を審理する裁判所の管轄権をすべて奪う規定であった。そのため、事実上、違憲な人身保護令状の停止であり、「人身保護令状の特権は、叛乱または侵略に際し、公共の安全上必要とされる場合のほか、停止されない」と定めた合衆国憲法第一条九節二項の特権停止条項に違反するという声が大きかった[15]。そして、連邦最高裁はＭＣＡ第七条を特権停止条項に反し違憲であるとする判決を下すのである。それが後にみる Boumediene v. Bush 判決（553 U.S. 723（2008））である。

二　対テロ事案にみる手続的デュー・プロセス保障

ここまで二〇〇一年以降のアメリカの敵性戦闘員に関する政策と、それに対する連邦最高裁判決の流れをみてきた。それによると、司法が毅然と対応する「驚くべき意欲」をみせているといえる(16)。以下では、特にHamdi判決とBoumediene判決に注目することで、対テロ戦争に関して連邦最高裁が示したと考えられる手続的デュー・プロセス保障を検討してみたい。

（一）Hamdi v. Rumsfeld判決が示したもの

ブッシュ政権の一連の対テロ戦争政策についてはじめての判断を行ったのが、Hamdi判決である。オコナー裁判官が相対多数意見を執筆した。

まず、敵性戦闘員を抑留する大統領の権限について、「AUMFは我々が説明する狭いカテゴリー内の個人の抑留に対する明白な議会による授権」であると述べる。ここでの目的は、捕獲された個人が戦場に戻り、再び武器を手にして合衆国に対抗するのを防ぐためであり、本件抑留は必要かつ適切な武力の行使であるという政府側の主張を認容した［Hamdi. 542 U.S. 597, 517–520（plurality opinion)］。

つづくデュー・プロセス保障については、修正第五条の手続的保障を確保するのに、政府の行為により影響を受ける私的利益と、より多くの手続を与えることで政府が直面する負担とを比較衡量する［Hamdi, at 528–529］。「十分な手続を欠いたなかでは市民の自由を誤って奪うリスクが極めて現実的」となりうる。そこで、敵性戦闘員に分類されたことを争う抑留者は、自身の分類に関する「実体的根拠の告知」と「中立的な裁定者の前で政府の事実の主張に反論する公正な機会」を与えられなければならない［Hamdi, at 533］。ただし、伝聞証拠は認容可能であり、挙証責任は請求者側に課せられるなど、完全な手続が保障されているわけではいないとした。[Id. at 533-544]。結論として、本件では人身保護令状は停止されておらず、上記の手続を審査する軍事法廷も—この時点では—設置されていない以上、敵性戦闘員から人身保護令状の請求を受けた裁判所が、「最低限のデュー・プロセスの要請」を達成することを保障しなくてはならないと判示した［Hamdi, at at538］。ここでオコナー裁判官が相対多数意見で示したデュー・プロセス理論には、二つの側面が指摘できる。それは妥協とコミットメントである。

まず、妥協とは、伝聞証拠の認容といったデュー・プロセス保障が修正第五条に基づく刑事審理手続から著しく逸脱している点である。Hamdi 判決に寄せられた批判の多くはこれに対するものである(17)。前述のように、オコナーは国家の安全という公的利益と自由剥奪に対する手続的要請という私的利益を調整するという判断枠組を示した。ここで彼女は、本来の修正第五条のデュー・プロセス論を一定程度希釈しながらも準用するという、まさしく妥協を図ったと考えられる。オコナーにとって、アフガニスタンでの戦闘が現に生じていることは見過ごせない事実であった。合衆国との戦闘に敵兵が戻らないようにすることは、対立する政府の利益の実現に、文字通り必要かつ適切であった。よって、デュー・プロセスの分析はその現実に目をつぶる必要はないと彼女は言い切る［Hamdi, at 531］。

しかし、オコナーは私的利益の重要性を軽視していない。その利益とは、政府による身体的抑留からの自由である［Hamdi, at 529］。これがコミットメントである。すなわち、誤って自由を剥奪するリスクが高い点も、オコナーにとっては見過ごすことのできない現実であった。だからこそ、「困難で不確かな時期にこそ、我が国のデュー・プロセスへのコミットメントは最も厳格に審査されるべき」であり、「その時代においてこそ、我々は国外で戦うにあたってその原理へのコミットメントを自国でも保持しなくてはならない」［Hamdi. at 532］。そのために必要なのが、「実体的根拠の告知」と「中立的な裁定者」の前で反論する「公正な機会」であった。判決について、「正義へのコミットメントをその正当性の基礎にすえる立憲主義国家が負わなければならない自己拘束」とするのは傾聴に値する評価といえる。(18)

ここで問題となるのが「中立的な裁定者」の意味である。この内実は、以下の Boumediene 判決を踏まえることでより明確に推論可能ではないかと考えられる。

（二）Boumediene 判決における人身の自由と裁判所へのアクセス

グアンタナモの抑留者からの人身保護請求事案の上告審である Boumediene 判決では、ケネディ裁判官が法廷意見を執筆した。ＭＣＡ第七条による裁判所の人身保護請求管轄権剝奪の問題を考慮するにあたって、まずＣＳＲＴをはじめとする法廷の事実判断に相当な誤りのリスクが存在する点を指摘する。その誤りの結果が一世代以上続くかもしれない戦闘期間にわたる抑留となりうることからすれば、無視できないほどの大きさのリスクとなる。この状況下では、人身保護令状やその他の代替手続が効果的かつ適正に機能する手段が要請される［553 U.S. 723, 785-786］。ＤＴＡの審査手続は、ＣＳＲＴ手続後に見つかった新たな証拠を示す機会を保障していないうえに、新証拠を認容し考慮することを控訴裁判所に認めるものとＤＴＡを解釈することもできない。そのことからすれば、当該審査手続は人身保護令状に対する憲法上の適正な代替には達しない［Boumediene, at 789］。よって、ＭＣＡ第七条は違憲な令状の停止であると判示した［Boumediene, at 792］。

判決に対しては、「自由と安全」の調整者として積極的な役割を連邦最高裁が示した、(19) あるいは「司法ミニマリズム的な立場からも本判決を積極的に評価することも不可能ではない」とする評価がなされている。(20) これらの議論は、立法府／執行府の政治機関と司法との関係といった三権の権限をめぐる議論として、裁判所のあり方を論じたものといえる。

しかし、Boumediene 判決は権力分立論ではなく、権利保障の観点から解釈すべきではないだろうか。判決では人身保護令状が問題となっているが、令状による救済は修正第五条のデュー・プロセスの十分な実現にとって不可欠なものである。[21] このことを示すように、ケネディ裁判官の法廷意見は手続的要素に強く依拠している。「政府の証拠が十分かの評価、初期の手続では導入されなかった弁明証拠の認容および考察、事後手続でも審理記録を補う手段」が憲法上要請される［Boumediene. at 785-786］。反論の機会の確保やCSRT手続後新たにみつかった弁明証拠の導入などに言及している点からも、ケネディが司法による審理の機会とその確保に注目しているのは明らかである。こうして実現される裁判所で聴聞される権利は、「裁判所へのアクセスという基本的な憲法上の権利[22]」といえるものであり、デュー・プロセスの本質的側面といえる。[23]

この「裁判所へのアクセス」の法理こそが「Boumediene 判決の Quiet Theory」なのである。[24] ケネディ裁判官の「人身の自由」と「令状へのアクセス[25]」の言説に、「裁判所へのアクセス」としての手続的デュー・プロセスの保障を読む込むことは十分に可能ではないだろうか。[26]

三 「中立的な裁定者」としての「裁判所へのアクセス」

Hamdi 判決では、限定付きではあるものの、手続的デュー・プロセス保障へのコミットメントが示された。このコミットメントは、その後の Boumediene 判決で、人身の自由の確保に資する「裁判所へのアクセス」としての手続的デュー・プロセス保障の契機へと展開するに至ったと評価できる。

こうした判例法理の展開を踏まえることで、改めて Hamdi 判決のいう「中立的な裁定者」の内実が特定可能となる。いうまでもなく、それは、人身保護令状による審査を行う裁判所、あるいは軍事委員会からの上訴審を受ける連邦司法府ということになる。アメリカの憲法装置のもとでは、「憲法上保障された権利を奪われるかの判断をする責任は連邦司法府がもつ」ことからすれば、当然の帰結といえる。(27) Hamdi 判決は、最高裁自らが描いたものよりも強力な結論への法的根拠を与えるものであった。(28) そこで示されたコミットメントは、Boumediene 判決における「裁判所へのアクセス」という手続的デュー・プロセス保障に展開したのである。(29)

おわりに

Boumediene 判決はアメリカの対テロ戦争政策に大きな影響を与えたが、その射程は限定的である。同判決が違憲としたのはMCA第七条のみであり、CSRTとDTAはそのままとなっている[Boumediene, at 795]。また、究極的に抑留者がいかなる権利を保障されているのかについても明言されていない。この点については、判例の蓄積を待つよりほかはないであろう。本稿で見てきた九・一一同時多発テロ以降のアメリカ連邦最高裁が果たした役割については、「〈戦争〉遂行システムの整序と強化」でしかないという指摘もある。(30)

しかし、対テロ戦争という先の見えない困難な時代の中であっても、守られなくてはならない観念が存在する。それは個人にとって核心的な権利、すなわち人権である。本稿で特に問題にしたのは、人身の自由についてである。そして、これを守護する立場にある裁判所の役割と動向を見守っていくことには大きな意味がある。テロリズムには、「より多くのプロセスと一層強固な司法の役割」を必要とするからである。(31)

Hamdi 判決において承認され、Boumediene 判決で「裁判所へのアクセス」へと展開した手続的デュー・プロセス保障の法理は、スティーブンス裁判官が述べるような、「圧政勢力による攻撃に対抗するためであっても暴君の手段を行使してはならない」、コミットすべきルールなのである。[32] これこそ、対テロ戦争に対峙する憲法学がアメリカ合衆国から受ける大きな示唆といえよう。

(1) Eric A. Posner & Adrian Vermule, *TERROR IN BALANCE: SECURITY, LIBERTY, AND THE COURTS* (OXFORD, 2007), p. 6.

(2) 本稿で提示する手続的デュー・プロセスの内実は、戦闘員の身柄拘束とその処分に関わる人身の自由に限定される。この議論が「対テロ戦争」に関わるその他の憲法問題(例えば、移民法制、行政の機密情報の取扱等)に対しても汎用性を有するのかという問題については——筆者は有すると考えるが——今後の研究課題とする。

(3) Joint Resolution: To Authorize the Use of United States Armed Against Those Responsible for the Recent Attack Launched Against the United States, 107 P.L. 40.

(4) Military Order of November 13, 2001; Detention, Treatment, and Trial of Certain Non-Citizen in the War Against Terrorism, 66 FR 57833.

(5) 阪口正二郎「戦争とアメリカの『立憲主義のかたち』」法律時報七四巻六号(二〇〇二年)、五三頁。

(6) Philbin, Patrick F., *Legality of the Use of Military Commissions to Try Terrorist*, 25 OPINION OF THE OFFICE OF LEGAL COUNSEL 1 (2001).

(7) Quirin 判決については、拙稿「アメリカ軍事委員会審理における手続的デュー・プロセスのミニマム保障——Ex Parte Quirin 判決における裁判所へのアクセス——」ソシオサイエンス第二十号一一五頁(二〇一四年)を参照。

(8) 二〇〇四年判決には他に Rumsfeld v. padilla, 542 U.S. 426 (2004) がある。これは合衆国内で拘禁されている合衆国市民による人身保護請求に対し、連邦最高裁は被告適格と管轄権を厳格に解釈したうえで、請求を却下した事案である。駒村圭吾「テロとの戦いと人身保護令状」アメリカ法（2006-一）四〇頁参照。

（9）See Memorandum, "implementation of Combatant Status Review Tribunal Procedures for Enemy Combatants detained at Guantanamo Bay Naval Base, Cuba", July 29, 2004.

（10）Detainee Treatment Act of 2005, Pub. L. No. 109-148, 119 Stat. 2739.

（11）28 U.S.C. § 2241（e）(2).

（12）Hamdan 判決については、横大道聡「Hamdan v. Rumsfeld 連邦最高裁判決が有する憲法上の意義」慶應義塾大学大学院法学研究科論文集第四七巻二一七頁（二〇〇六年）を参照。

（13）Military Commissions Act of 2006, Pub. L. No. 109-366, 120 Stat. 2600.

（14）28 U.S.C. § 2241（e）(1). MCA § 7（a). 120 Stat. 2600, 2635-2636.

（15）Alexander, Janet Cooper, *Jurisdiction-Stripping in a Time of Terror*, 95 CAL. L. REV. 1193, 1208（2007); Chemerinsky, Erwin, *Presidentioal Powers Including Military Tribunal in the October 2005 Term*, 22 TOURO L. REV. 897, 910（2007).

（16）クレイグ・グリーン／佐藤義明（訳）アメリカ法「行政的抑留に対する司法審査のあり方——対テロ戦争と第二次世界大戦」アメリカ法（二〇〇六-Ⅱ）一九二頁、二一一頁。

（17）Anderson, James B., *Hamdi v. Rumsfeld: Judicious Balancing at the Intersection of the Executive's Power to Detain and the Citizen-Detainee's Right to Due Process*, 95 J. CRIM. L. & CRIMINOLOGY 689（2005); Tobias, Carl, *The Process Due Indefinitely Detained Citizens*, 85 N. C. L. REV. 1687（2007).

（18）駒村（注8）、五三頁。

（19）大沢秀介「アメリカ連邦最高裁の役割と人身保護令状」大沢秀介・小山剛 編『自由と安全——各国の理論と実務——』（二〇〇九年、尚学社）。

（20）横大道聡「Boumediene v. Bush, __ U.S. __, 128 S. Ct. 2229（2008)」アメリカ法（二〇〇九-Ⅰ）。

（21）Shapiro, David L., *Habeas Corpus, Suspension, and Detention: Another View*, 82 NOTRE DAME L. REV. 59,

64（2006）.

（22）Bounds v. Smith, 430 U.S. 817（1977）.

（23）Chemerinsky, Erwin, *CONSTITUTIONAL LAW: PRINCIPLES AND POLITICS*（ASPEN, 2006）, p. 907–908; St. Joseph Stock Yards Co. v. United States, 298 U.S. 38, 84（Brandeis, J., concurring）（1936）.

（24）Vladeck, Stephen I., *Boumediene's Quiet Theory: Access to Courts and the Seperation of Power*, 84 NOTRE DAME L. REV. 2107, 2111（2009）.

（25）「安全は自由の第一原理に対する忠誠にも内在する。これらの中で主要なものは、恣意的で不法な抑制からの自由と、権力分立に対する信奉によって確保される人身の自由である。これらの原理から人身保護救済のために請求者を審査する司法の権限が生じる。……彼らの令状へのアクセスは、たとえ最終的に彼らが求める救済が手に入らないとしても、彼らの地位の合法性を判断するために必要である」[*Boumediene*, at 797]。

（26）拙稿「人身保護請求管轄権剥奪問題における手続的デュー・プロセスの保障――Boumediene v. Bush 判決を中心に――」社学研論集第二十号二二五頁（二〇一二年）。

（27）Fiss, Owen, *The War Against Terrorism and the Rule of Law*, 26 OXFORD. J. LEGAL STUD. 235, 244（2006）.

（28）Dworkin, Ronald, "What the Court Really Said", *The New York Review of Books*, Aug. 12 2004 Issue（2004）.

（29）拙稿「対テロ戦争における手続的デュー・プロセスの承認とその展開の基盤――Hamdi v. Rumsfeld 判決が示したもの――」ソシオサイエンス第二一号一〇九頁（二〇一五年）。

（30）塚田哲之「『対テロ戦争』を戦う合衆国最高裁――グアンタナモにおける敵性戦闘員の法的処遇をめぐる動向から」森英樹（編）『現代憲法学における安全』（日本評論社、二〇〇九年）。

（31）Hafetz, Jonathan, *HABEAS CORPUS AFTER 9/11: Confronting America's New Global Detention System*（New York University Press, 2011）, p. 141.

（32）Rumsfeld v. Paddila, 542 U.S. 447, 465（Stevens, J., dissenting）（2004）.

第六部　憲法学の先達との対話

憲法構成権力の概念
──トゥシュネットとネグリ──

浦　田　賢　治
（早稲田大学名誉教授）

序言

憲法理論研究会の今回集会のテーマは「憲法学の先達との対話」である。若い世代の憲法研究者のためにわたしが選んだ素材は、憲法構成権力である(1)。この選択は現在日本の憲法情勢に照らすと違和感を生むかもしれない。しかし遠回りでもよりラディカルに憲法構成権力概念についていま分析しておく必要がある。憲法構成権力は、地球時代世界の憲法学の最先端の論点でありまた思想問題でもある。この問題について、トゥシュネットとネグリという二人の憲法学者を選んで、比較検討することにした。以下、トゥシュネットの「憲法革命と憲法構成権力」を読み、ネグリの『構成的権力』を読んで、両者の肖像を描き、それぞれの学説を分析してみたい。

一　マーク・トゥシュネット「憲法革命と憲法構成権力」を読む

（一）トゥシュネットの肖像

トゥシュネットが三三歳ごろのことである。わたしは一九七八年春から滞在したロンドンで、「マルクス主義と法」といったタイトルのついた彼の雑誌論文を見つけた。彼はすでに、アメリカ発の批判法学研究運動 Critical Legal Studies Movement のリーダーの一人だった。この運動では、ヨーロッパの自由法運動からアメリカのリアリズム法学（一九二〇 - 三〇年代）に及ぶ潮流を研究し、これらを継承しつつ新たな試みがなされた。そこにはプラグマティズム哲学と並んで「マルクスとウェーバー」という思想問題に取り組むという共通の課題意識があった。

国際憲法学会ＩＡＣＬ[2]は、創設総会から二年後の一九八三年夏のベオグラードで第一回世界大会を開催した。米ソ両陣営にとって中立のユーゴスラビアから会長が選出された。この学会は民主主義と立憲主義を、二本柱にして創立されたかに見えたが、その後まもなく立憲主義に大きく傾斜し、自由立憲主義 Liberal Constitutionalism が主流化したように思われた。若きトゥシュネットは、自由立憲主義のジレンマを指摘していた[3]。だが、ある時期からトゥシュネットは、「ＩＡＣＬアメリカ」の活動にも協力していたようだ。そして二〇〇二年のこと、New York University Law School を中心にして、Oxford University Press から、この学会雑誌が発刊されるようになった。International Journal of Constitutional Law である。

（二）　トゥシュネット「憲法構成権力」の概念[4]

トゥシュネットは、論稿の冒頭でつぎのように要約している。

「憲法構成権力」の概念に訴えることは、いくつかのやっかいな難問をはっきりと説明する。例えば、ある憲法修正が違憲だと信じられている場合その憲法修正の憲法上の地位は何か、また違憲の憲法修正の法律上の地位は何か、といった難問である。そうした違憲の憲法修正は、ある状況においては、憲法構成権力の行使である。それは一国の憲法の同一性に関して革命的転換をもたらすものとして理解されなければならない。いわば憲法革命を生じさせるものである。けれどもその憲法革命は、しばしば適法性の形式をもってなされる。(p. 639)

トゥシュネットのこの主張を理解するのに役立つ事例を米合衆国憲法の場合に絞って紹介しよう。トゥシュネットの主張の特徴は、それが適切に妥当する領域があるというてんである。その領域は適度に民主的だが、しかし不完全にしか機能していない民主制に限られる。ここでは、この不完全性は法あるいは法的実践の中で強烈に硬性憲法化されている。そして法においては、この不完全性は修正できない場合であり、実践においては、憲法修正のルールにしたがうことが排除されている場合である。米合衆国憲法の修正不可能条項に立ち返ると、その条項は、連邦制の保持である［ケルゼンのいう根本規範］。つぎのとおり規定する。「どの州からも、その同意なしに、上院における平等の投票権を奪ってはならない。」［米合衆国憲法第5編］この理由からして、議員定数配分・選挙区割り画定のルールを変更する単一の修正が本来の憲法構成権力の行使と理解されうるか、あるいはその修正が関連する法的行為者の行動を変更することに成功するならば、そのかぎりで憲法革命と理解されうるか、いずれかだといえよう。(p. 654)

この問いについてトゥシュネットは、つぎのように説明する。米合衆国の修正ルールはきわめて厳格であるからして——四分の三の州による承認を要求しているので——そうした修正はこの修正のルールに従って採択されることはありえない。そこで、考えてみてほしい。人口の多い数おおくの諸州が共同行為によってそれら各州を代表するために上院に二名を超える議員を送り込むということである。これら新しい「上院議員たち」はワシントンに姿をあらわして投票しようと試みる。もちろん大騒ぎがおきて、したがっておおくの訴訟がおきるだろう。しかし最終的に混乱が収まったあとで、新しい上院議員たちが投票行動を行って、再構成された上院によって採択された立法が、ほとんどすべての法曹官僚たちによって法的に有効だと一般的に取り扱われたという場合を想像してほしい。[新ハート学派の承認のルールがたちあらわれた場合]。その場合には、憲法革命が起きたのであって、なぜならその革命が成功したからだ。トゥシュネットの憲法構成権力についての説明が、憲法革命が何故成功したのかという理由を釈明する手助けになるだろう、というのである。(p. 654)

なお、ジェファーソン Thomas Jefferson のいう人民の革命権［ケルゼンのいう根本規範］は米合衆国憲法の基礎であって、それゆえに修正不可能条項である。この事例についても、トゥシュネットの憲法構成権力が憲法革命を適法化することになる。(p. 640)

トゥシュネットの憲法構成権力の概念には二つの一般的な解釈がある。第一は、〝単なる〟概念であって、それは憲法の基礎づけの理論において概念上の問題を解決するために開発されたものにすぎない。ハンス・ケルゼンのいう根本規範 Grundnorm に類似したものだ。第二は、人民が構成する現実的な集団が憲法構成権力の主体だという説である。新ハート学派の承認のルール (rule of recognition) がたちあらわれた場合に類似する。こうのべてトゥシュネットは、二つをバランスをとって考えると、憲法構成権力の概念は、純粋に概念上の用語として理解すべきだ。これに替わる憲法構成権力の概念形成は難しく、したがって現実政治上のトラブルをふくむのだ、というのである。(P. 644-645)

（三）コメント

トゥシュネットのこの論稿の主題は「熊手をもった小作人たちとツイッターを使う労働者たち」である。南北アメリカを視野にいれて、とりわけラテンアメリカの憲法変動を、憲法革命という概念で記述する試みをおこなっている。例えばコロンビア共和国大統領の経歴（2002-10）を持つアルヴァロ・ウリベ Álvaro Uribe が任期四年のみと定める憲法条項を修正して憲法裁判所で敗訴した事例（August 2004）について立ち入った論述をしている。（p. 643）そのさいヨーロッパ大陸でよく論じられた憲法構成権力という概念をアメリカに輸入することが役立つという立場を表明している。したがって憲法構成権力概念のアメリカ的な特殊性を強調しているように思われる。

原理的な次元に立ち戻ると、トゥシュネットの主張は、以下の命題に依拠している。憲法理論化（作業）がある処で法に依拠することができなくなる場合がある。そこではわれわれは法ではなく、権力の行使について論じなければならない。こうした事例では、適法性の形式を通じて達成された違憲の憲法修正を良しとするのである。ただしそれは、物理的力をもちいることなく革命を達成する方策を提供することによって、その憲法革命が物理的力の直接的な行使にたいする不安を取り除こうと試みる、その限度において認められるということ、これである。（p. 654）

わたしにとって、二つの問題が浮かび上がる。ひとつは、純粋概念としての憲法構成権力が、現実を体現した人民としての憲法制定権力に優越するという主張の説得性である。憲法構成権力の概念に訴える憲法理論の力の限界を、なぜこのように限定しなければならないのか。二つ目は、憲法革命がしばしば適法性の形式をもってなされるという主張である。この場合、その適法性とはフィクションではないか、という疑問である。この疑問を解消してくれるのが、適法性の形式を提供してくれる立憲主義というイデオロギーではなかろうか。もっともトゥシュネットは、論稿では立憲主義という言葉で論述するところがないけれども。

なおトゥシュネットは、論稿脚注（14）のなかで、ネグリの憲法構成権力の分析を論じた研究があることに言及しており、彼の学識の広さを知ることができる。

二　アントニオ・ネグリの『構成的権力』を読む

（一）アントニオ・ネグリの肖像

ネグリは、イタリアのマルクス主義社会学者で政治哲学者。一九三三年八月一日出生、現在八三歳。共著の〈帝国〉とマルクス研究ならびにスピノザ研究で著名。このように紹介されるが、わたしの理解では、憲法構成権力や主権、あるいは政治的実質憲法といった概念の研究においてオリジナルな学説を発表してきた。この意味で憲法学者だといっても差し支えないだろう。彼は出生地であるイタリア・パドゥア Padua の大学で若くして政治哲学教授になる［一九五八（二五歳）］。この年「ヘーゲルの国家と法」を、また翌年には、「ディルタイとマイネッケ」［一九五九（二六歳）］を出版している。

一九六九年（三六歳）には、労働者の権力 the Potere Operatio（Worker Power）を創立した。彼は自律主義 Autonomism のもっとも代表的なイデオローグのひとりだった。彼は警察権力のフレームアップによって、「赤い旅団」によるテロの「秘密指導者」という嫌疑で逮捕された（一九七九年）。その後ほぼ二〇年近くにわたり、イタリアとフランスで警察・検察・裁判所との闘いを余儀なくされた。一九九七年、フランスから自主的に帰国し監獄に収監された。六年後の二〇〇三年に釈放となった。(5)

ネグリの主著『構成的権力』(6)も、この獄中で執筆された。

(二)　ネグリ『構成的権力』を読む

ネグリによると構成的権力は危機の概念である。以下要約するとつぎのとおり叙述している。

①法的概念・法的プロブレマティック

構成的権力は、全能的で拡張的な源泉とみなされる。また、それ自体が全能的で拡張的な活動とみなされてきた。構成的権力を法的・憲法的に規定するには、まずもって構成的権力を主体として定立して、立憲的諸規範を民主主義政治に付与しなければならない。しかし構成的権力はその異種混淆的性格のゆえに憲法的規範化に抗う。しかも民主主義もまたみずからの憲法的規範化に抗う。民主主義が完全な統治の理論であるのに対し、立憲主義は限られた統治の理論であり、したがって民主主義を制限する実践理論だから、ことはますます難しくなる。われわれの問題は、構成的権力を特徴づけるこの危機の核心部分において構成的権力の定義を見出そうとすることだ。この概念を、その基盤の根源性において、また民主主義と主権、政治と国家、力と権力というもののあいだでもたらされるそのすべての拡張された諸結果において、理解しようとつとめることだ。(一九–二〇頁)。

構成的権力とは無(ネアン)から出現し、諸権力のヒエラルキーを組織化する欠くべからざる行為である。この定義によって、実は極端なパラドックスの前におかれる。構成的権力は全能であるとしても、ある特別の権力として価値化するほかない。また構成的権力は拡張的ではあっても、時間と空間によっても制限されることによって価値を失う。そこで構成的権力は法を生産する規範に引き戻され、構成された権力に内化しなければならない。かくして、構成的権力の拡張的な力は、解釈の規範、合憲性の管理統制、憲法改正の活動、といったものにしか発現しなくなる。法学は、パラダイムの論理的な解剖手術をおこなう。(a)根源的なあるいは実働的な構成的権力と(b)狭義の憲法制定議会の権力(憲法制定権力）とが分離されて、(b)が(a)に対置される。かくして構成的権力は代表制機構のなかに吸収される。（二〇－二三頁）。

②絶対的手続き、憲法、革命

構成的権力の根拠を否定するような方向転換が起きると、構成的権力が主権の原理に従属させられる。構成的権力の全能的・拡張的な性格が立憲主義的な制限や合目的性に従属させられる。（二六－二八頁）。

ハンナ・アレントはアメリカ革命とフランス革命を比較して、構成的権力が自由の原理となったことを理解した。だが彼女は契約主義への反駁から持論を開始しながら、大西洋主義と立憲主義のあいだを漂流して、最後には構成的権力のラディカル性を忘れて自由主義の根拠を主張してしまう。ユルゲン・ハーバーマスは、「二つの革命のテーゼの方向転換」を、自然権のそれぞれ異なった解釈から派生するものとして容認する。両者とも、存在のなかに根をはった構成的権力のラディカル性を否定している。（三九－四五頁）。

だが構成的権力と絶対的過程との関係を再び奪回するなら、構成的権力があるところ革命があり、いずれもが終わりのないものとなる。構成的権力は絶対的手続きとして、出現する歴史をつくる人間的能力の革命的拡張として、根本的な刷新行為として概念構成される。法・憲法は構成的権力のあとからやってくるもので、法に合理性や形象を与える。（五二－五三頁）。

ここでスピノザから想起されるものは何か。構成的権力の始原的ラディカル性である。それを規定するものは、多数の糸のよりあわされた網状のものである。

憲法構成権力を論じたカール・シュミットも、この意味でスピノザに回帰していく。スピノザは、「閉ざされることのない全体」という発想、すなわち制限のない構成的権力という考えの最初の、そしてほとんど唯一の証人となっている。(五四頁)。

③主体の構造について

絶対的手続きにみあった「適応主体」を認定する問題の解は、法思想のなかで、国民、民衆、社会学的行為者という三者にしぼられている。だがわれわれにとって、フーコーによる「適応主体」再構築のための方法論が有益である。人間のなかにあって解放されるのは生そのものだと彼は言う。(五四－五八頁)。

マキャヴェリ＝スピノザ＝マルクスの政治哲学は、ホッブズからヘーゲルに至る超越論的な主権概念を生み出した形而上学でなく、ラディカルな民主主義概念を発展させた史的唯物論である。主体の時間性についていえば、ハイデガー的な時間は存在の形態であり、ある絶対的な創設と区別できないあいまいなものである。マルクスの時間は存在の生産であり、したがってそれはある絶対的な手続きの形態にほかならない。(六〇－六二頁)。

マルクスは、権力の批判と労働の批判が結びつく決定的な要点である。この理論的結び目が構成的権力の歴史におけるさまざまな対立の展開を統御している。だがマルクスにおける政治的主体の構築だけでは十分でない。生きた労働と死せる労働、構成的権力と構成された権力、この二極性こそがマルクス主義的分析の全モデルを貫き、まったく独創的な実践的・理論的全体性につうじる道である。

ここにマルクス主義的な資本の理論の核心が見て取れる。生きた労働は構成的権力を具現するものであり、一般的な社会的諸条件を提供する。構成的権力は、このような社会的協働を基礎として政治的に打ち立てられる。(六二－六六頁)。

マルクスは、構成的権力と「共産主義」という言葉とのあいだに存在する内的絆、これに対する応答をとらえる必要性を説いた。こうして構成的権力を用いた形而上学的図案が構想されて、その探求プランが示される。（六七 - 六八頁）。

以上で本書の第一章「構成的権力――危機の概念」の要約が終わった。

（三）コメント

構成的権力を用いた図案の探求プランは、さまざまな仮説を検証する。本書は第二章以下で(a)構成的権力の概念形成の特殊な相貌を分析するとともに、(b)そのつど特異な道をたどったその運命を分析する。まずマキャヴェリ的パラダイムでは、ルネサンス改革を分析して、力量（ヴィルトゥ）の問題をとりあげる。イギリス革命では、ハリントンの「構成」をとりあげ、大西洋モデルと反権力思想を分析する（第三章）。アメリカ革命では――帝国主義のフロンティア大陸での――自由というイデオロギーを論じる（第四章）。フランス革命で初めて、構成的権力を民衆階級の運動のなかに認めたこと（第五章）。ロシア革命で構成的権力はユートピア的時間で具体的に測定され、絶対的手続の中に体現されるように試みられたが、悲劇のうちに終わった（第六章）。そして「力の構成」（第七章）が本書の総括をしており、「マルティテュード［絶対的多数者］と力」、「構成的脱ユートピア」および「近代性を超えて」の三節でもって構成されている。ここでは世界革命のための「愛のプロジェクト」[7]も提示されており、スピノザの愛の概念とその含意を探りたいという意欲を掻き立てる。

「構成的権力――危機の概念」は、これら六つの章の序説となっている。この序説がとりあげた三つの問題群――構成的権力の法的概念・法的プロブレマティック、絶対的手続き・憲法・革命、および主体の構造について――は、仮説を検証したこれら六つの章を解読した後に、可能ならば吟味したいと感じている。

三　トゥシュネットとネグリ

①肖像について

トゥシュネット（一九四五〜）は、ハーヴァード大学ロースクールの法学教授となった。(8) ここは批判法学研究運動（ＣＬＳＭ）の原始リーダーたちが働いた場所でもある。というわけで、彼のアンガー Robert Unger とかかわりについて研究すること、この点にわたしは関心を持ち続けている。

トゥシュネットは一九七二年（二七歳）、最高裁で初のアフリカ系アメリカ人判事であるマーシャル Justice Thurgood Marshal のクラークとなり、彼を通じて Roe v. Wade（一九七三）の最高裁判決——妊娠中絶を禁止した州法を違憲とした——の形成に貢献したと自負している。(9) まもなく大学教師となり、ＣＬＳＭのなかで「社会主義の大義の前進」などの主張をした。

彼の業績は、合衆国の奴隷制の法制史に始まり、市民権の歴史やアメリカ法制史であり、他方、憲法および比較憲法の研究成果を蓄積している。(10) コロンビア大学のゲルホーン教授 Walter Gellhorn (1906–95) が率いて発足した国際憲法学会アメリカで、現在顕著な働きをしている。

他方で、ネグリ（一九三三〜）はトゥシュネットよりも一回り年配の世代に属する。ここにホーコート（体験を共有する同年生まれの集団）の違いがあるが、それ以上に重視すべきはネグリが革命運動の実践家であることである。彼の研究・執筆と政治闘争の経歴は、つぎのように紹介されている。

赤い旅団によるアルド・モーロ元首相誘拐暗殺を含む多くのテロを主導した嫌疑で逮捕（一九七九年四月七日）・起訴された（四六歳）。その後、事件への直接の関与や旅団との関係は無かったことが明らかになるが、一九六〇年代から逮捕に至るまでの言論活動や過激な政治運動への影響力の責任を問われる形で有罪とされた。裁判中の一九八三年、イタリア議会選挙に獄中立候補し当選した。議員の不逮捕特権により釈放されるが数か月後に特権を剥奪され、直後にフランスに逃亡・亡命した。フランスで活発な研究・執筆活動を続けていたが、一九九七年七月一日、刑期を消化するために自主的に帰国し、監獄に収監された。その後、数年をかけて処遇が緩和され、六年後の二〇〇三年四月二五日に釈放となった（七〇歳）[11]。

釈放後の一〇年余りの間に二〇冊を超える書物（単著と共著を含む）を出版している。なかでも英文のハートとの共著が、ネグリを世界的規模で著名な人物に押し上げた。『〈帝国〉――グローバル化の世界秩序とマルティテュードの可能性』（以文社、二〇〇三）である。

合衆国の大学教授として活動しつづけたトゥシュネットと、刑事犯罪者として収監され逃亡し、亡命先のフランスとイタリアの獄中で研究を持続したネグリとの体験の違い、この意味づけをするには正確な事実調査と深い学識を必要とする。

②学説について

トゥシュネットは、憲法構成権力の概念には少なくとも二つの一般的な解釈があるという。第一は、純粋概念としての憲法構成権力である。それは憲法の基礎づけの理論において概念上の問題を解決するために開発されたものにすぎない。ハンス・ケルゼンのいう根本規範 Grundnorm に類似したものだ。第二は、現実を体現した人民としての憲法構成権力という概念である。人民が構成する現実的な集団が憲法構成権力の主体だという説である。新ハート学派の承認のルール rule of recognition がたちあらわれた場合に類似する。

彼は二つを比較してバランスをとってみると、憲法構成権力の概念は、純粋に概念上の用語として理解すべきだ。これに替わる憲法構成権力の概念形成は難しく、したがって現実政治上のトラブルをふくむのだ、というのである[12]。

これを読むと、ネグリの学説と比較して着目すべき点が浮かび上がる。ハンス・ケルゼンのいう根本規範 Grundnorm と、新ハート学派の承認のルール rule of recognition に依拠して、憲法構成権力を定義している。これは、どういうことか。これは法制主義に依拠した思考ではなかろうかということである。

ネグリの憲法構成権力学説を詳しく解読することは、重複した作業にもなる。ただここでは、憲法構成権力について語ることは、民主主義について語ることである（『構成的権力』一九頁）と彼が述べた点を、強調するだけにしておこう。

ここでは、マキャヴェリ＝スピノザ＝マルクスの系譜に連なるというネグリの学説の本質を示したい。スピノザに焦点をあてると、それは反法制主義だと位置づけることになる。

ジル・ドゥルーズ Gilles Deleuze（一九二五〜一九九五）は、つぎのようにいっている。長いけれども、三項目を引用する。

スピノザは、「進歩主義的ユートピア」から「革命的唯物論」へと進化している。実体の力能は、それが活動領域として機能する諸態様のなかに折り込まれ、他方で、思考はわが身を世界に開き、物質的想像力として自らを定位する。

スピノザの根本的な思想は、諸力の自発的な発展という考え方である。つまり諸力に対応する諸関係を構成するための媒介は原理的に必要ないということである。反対に、媒介の必然性という考えは、本質的に法的な世界観に属していて、ホッブズ、ルソー、ヘーゲルによって精錬されていったものである。

ネグリによると、スピノザの哲学はマキャヴェリからマルクスにいたる反法制主義の伝統に組み入れることができる。法的な契約に対置されるのは、存在論的な「構成」という考え、あるいは自然学的・力学的な「合成」といった概念である。[13]

キーワードは、「革命的唯物論」、法的な世界観、そして存在論的な「構成」という考え、この三つである。法制主義による反法制主義批判あるいは反撃・打倒の伝統が学説史の主流であるとしても、思想水脈の底流に反法制主義の伝統が傍流として存在することも歴史的な事実である。ネグリは、確かに「スピノザは異形 anomalie である」と書いた。[14] 他方「学問とはつねに未来の発見である」とも書いている。[15]

未来を発見していくために、反法制主義言説の含意を探求したいとおもう。

結　語

憲法構成権力の概念について、トゥシュネットの適法性説やケルゼン＝ハート学説への依拠にみられる言説を知った。これは立憲主義と法制主義の系譜に属するものではなかろうか。これと対照的に、ネグリの言説は、憲法構成権力が全能的で拡張的な源泉または活動であって、しかも法的秩序との矛盾を内在するものだとすることも知った。これは民主主義と反法制主義の系譜に属するものではなかろうか。

この思想問題の構図は、単純化すればつぎのように構成されるかもしれないという見通しもたった。一つには立憲主義と民主主義の対抗があり、二つ目には、法的世界観（法制主義）と存在論的構成主義（反法制主義）の対抗がある。これら両者の対置によって問題の構図が構成される。

トゥシュネット概念の特徴は、南北アメリカの憲法革命と憲法構成権力の関連を問うたことにある。

そこで、空間的な広がりが民主的領域に限られ時間的な長さが現在に限られた法的世界観に属する。これに較べてネグリの哲学言説は、無に始まり無限に広がる存在論的構成主義の世界観である。若い世代の憲法研究者へのわたしの願望は、この結語で要約したイデオロギー論に主体的にかかわることを通じて未来を発見していってほしいということである。

*本稿に貴重なコメントをしてくださった大内要三氏に謝意を表したい。

（1）芦部信喜教授の論文集『憲法制定権力』（東京大学出版会、一九八三）には、一九六一年公刊の同名論文が収録されている。その冒頭に「憲法制定権力はすなわち憲法を作る力」という記述があって、constituent power, verfassungsgebende Gewalt, pouvoir constituant という英・独・仏の用語がしめされている。本稿でわたしが用いた憲法構成権力という用語はこれら欧文用語を念頭においている。しかしネグリの「構成的権力 Le pouvoir constituant」という用語から示唆されて命名した憲法構成権力という概念は、憲法制定権力論を単に不要として消去するものでなく、これと対決しこれを克服しようとする本稿の意図を凝集している。ネグリによると、憲法制定権力は憲法構成権力から分離された、狭義の憲法制定議会の権力である（本書二九三頁）。

（2）国際憲法学会〈http://www.iacl-aidc.org/en/about-the-iacl/statute-of-the-iacl〉

（3）Mark Tushnet, "The Dilemmas of Liberal Constitutionalism," 42 Ohio State Law Journal 411, 424 (1981).

（4）Mark Tushnet, "Peasants with pitchforks, and toilers with Twitter: Constitutional revolutions and the constituent power", International Journal of Constitutional Law, Oxford University Press: I-CON (2015), Vol. 13 No. 3, 639-654.

（5）Antonio Negri, Le pouvoir constituant: essai sur les alternatives de la modernité, Paris, Presses Universitaires de France, coll. « Pratiques théorique », 1997.

（6）アントニオ・ネグリ『構成的権力——近代のオルタナティブ』杉村昌昭・斉藤悦則訳（松籟社、一九九九）。以下、ネグリの本訳書を要約する場合、憲法構成権力でなく、構成的権力という用語を用いる。Antonio Negri, Le pouvoir constituant: essai sur les alternatives de la modernité,（Paris, Presses Universitaires de France, coll. « Pratiques théorique », 1997). Potere costituente. English: Insurgencies: constituent power and the modern state translated by Maurizia Boscagli. Minneapolis:（University of Minnesota Press, 1999). El poder constituyente. Ensayo sobre las alternativas de la modernidad,（1994).

（7）前註（6）『構成的権力』五四頁。

（8）マーク・トゥシュネット〈https://en.wikipedia.org/wiki/Mark_Tushnet〉〈http://hls.harvard.edu/faculty/directory/10906/Tushnet〉

（9）Mark Tushnet, *Origins & Scope of Roe v. Wade: Hearing Before the Committee on the Judiciary, U.S. House of Representatives.* DIANE Publishing. 1996. p. 119.

（10）前註（8）。

（11）アントニオ・ネグリ〈https://en.wikipedia.org/wiki/Antonio_Negri〉〈https://fr.wikipedia.org/wiki/Toni_Negri〉

（12）*Supra* Note 9.

（13）ジル・ドゥルーズ「序文」、ネグリ『野生のアノマリー　スピノザにおける力能と権力』（作品社、二〇〇八）一二－一六頁所収。なお参照、ジル・ドゥルーズ『スピノザ　実践の哲学』鈴木雅大訳（平凡社　一九九四／平凡社ライブラリー　二〇〇二）。

（14）ネグリ『野生のアノマリー　スピノザにおける力能と権力』（作品社、二〇〇八）三五頁。

（15）前掲書四一頁。

憲法と教育法の研究五〇年

永井憲一
（法政大学名誉教授）

すでに傘寿の年令を超え、これまで自分が歩んで来た憲法と教育法の研究の足跡を回顧し、記録に残し、これを若い研究者志願の後輩諸君にも伝達したい、と願望するようになった。

一　憲法理論研究会（略称、憲理研）の創設

憲理研は、一九六三年に京都大学に於いて日本公法学会（略称、公法学会）が行われた夜、『政治学叢書』（勁草書房）執筆の憲法学と政治学の研究者有志の集会があり、その開会挨拶の中で鈴木安蔵先生が「今や近年の日本政府の改憲動向をチェックする研究者の結集が必要となっている」と強調され、それが端緒となった。

その背景には、一九五〇年の朝鮮戦争勃発後、直ちに占領軍から日本の再軍備が要求され、警察予備隊が発足、日米安全保障条約が締結された。国内では、一九四九年に団体等規制令、一九五二年には破壊活動防止法、警察官職務執行法などの、いわゆる反動的弾圧政治態勢が形成されていた。そのような

政治体制の整備後、日本国憲法の改正を党是とする自由民主党が結成され、その目的実現のために内閣に憲法調査会が設置され、報告書を提出するまでに至っていた。

一方、そうした政治状況に抵抗し反対する労働者、弁護士、研究者達が集った青年法律家協会や憲法擁護国民連合、民主主義科学者協会法律部会なども個別に憲法擁護の活動をしていた。それらが結集して日本民主法律家協会を結成し、その中に憲法委員会（鈴木安蔵委員長）が設置され、政府の憲法調査会の動向を批判するなどの研究を行っており、その成果が「今日の憲法問題」（労働法律旬報五〇五号）である。鈴木委員長は、弁護士が日常当面する憲法裁判等にも厳しく対処している姿勢を高く評価し、それに学びつつ、今後は憲法研究者が主体となって、そこに弁護士等も参加し、憲法学の今日的あり方などを継続的に研究する学会を創設したい、と提唱された。そして一九六四年一月一一日に、勁草書房の会議室に関係者が招集され、憲理研は誕生した[1]。

憲法研究者が主体となり、憲理研が自立して、活動するとなれば、事務は、憲法研究者自身に委ねられることになる。何故か、その責任者に私が指名された。私が鈴木安蔵教授還暦祝賀論文集『憲法調査会総批判―憲法改正問題の本質』（日本評論社一九六四年）に「鈴木安蔵戦後の略歴および著作目録」を作成するため、度々、先生の御自宅の書斎に通い、親しい関係があったからであろう。その頃、東京大学社会科学研究所（略称、東大社研）に留学中だった鈴木先生の教え子の影山日出彌君（当時愛知大学助手）を同伴して、わざわざ拙宅に来訪され、そうした憲法状況に対応する研究組織としての憲理研を結成・創立するのに必要な同じ志しをもつ会員を全国的に集め、憲理研が既成学会と連携し、公開シンポジウムを実施、また会員の合宿などを実現できるようになるまでの初代の事務局長の役割を担って欲しいとの要請を受け、即座に、私は快諾した。

しかし、こうした仕事を実際に行うとなると、影山君と二人だけでは荷が重すぎた。誰か手伝いをお願いできる方はいないかと三人で相談し、一人は当時東大社研で影山君が世話になっていた隅野隆徳君（当時は大学院生で、間もなく専修大学の専任講師になった）と、ちょうど東大社研に国内留学中の鈴木先生とは同郷（宮城県）で親交のあった針生誠吉さんにお願いし、四人で創立準備の事務体制を組むことになった。

早速、結成の準備を開始し、先ずは憲法学研究に興味ある若手研究志願者のための研究会や、すでに同様な目的で活動していた京都政治・憲法学研究会（憲法研究所）の田畑忍会長（同志社大学教授）、門弟の上田勝美君や土井たか子さん達と京都まで出向き懇談し、協力し合う同意を得ることができた。

その結果、憲理研の当初メンバーには、『政治学叢書』の執筆者集会に出席していた黒田了一、一円一億、横越英一、和田英夫、星野安三郎、小林孝輔の諸先生、憲理研の創立当日に、出席した上野裕久先生、また隣接法研究者の小川政亮、渡辺洋三両先生が名を連ねた。早速、小林孝輔先生の配慮で青山学院大学法学部会議室を定例研究会に使用することが可能となったので、翌二月、浦田賢治君の小林直樹著『日本における憲法動態の分析』についての研究報告が行われ、それを皮切りに、頻繁に月例研究会が開催された。早くから参加したのが、事務局担当者の他、佐藤司、山崎真秀、野中俊彦、岩間昭道さん達であり、短期間に多数の新会員も参集し、活況を呈するようになった。(2)

そうした活況をバックとして憲理研は対外的な実践として、法律時報の「憲法記念日、その前後」の欄を私が担当した。同誌では、憲理研主催の公開シンポジウム「教科書裁判と憲法」の記録を中心に『教科書裁判』（一九六九年八月号）を発刊し、編集責任を負ったりした。また公法学会の報告予定の会員を事前に憲理研の月例研究会に招き、その事前報告をお願いしたり、公法学会の理事の半数を選挙制にすること、研究テーマに関する会員からの要望を認め制度化することなどを求めた。これらは憲理研の創設以来、事務局を担当し、外交官的仕事を続けていた私の役割で、当初からの憲理研会員であった芦部信喜先生や小林直樹先生は、私の願いを気軽に認め、協力、実現して下さった。この私の足跡は、憲理研の重要な歩みとして、会員の記憶にも留めてほしい。

ところで一九六五年には、議会政治の監視役として機能した「憲法問題研究会」を継承することを目的とした全国憲法研究会（略称、全国憲）が設立された。(3) その際奥平康弘教授は、それまで憲理研の事務局を担当していた針生誠吉さんと隅野隆徳君の二人を同会の事務局総括責任者として強引に連行してしまった。時を同じくして、影山日出彌君は国内留学を終えて愛知大学専任講師となり東京から離れ、憲理研の事務局に携わることが困難となり、月一度は上京するが、日常の事務は他に依頼せざるを得なくなった。そこで大須賀明君と吉田善明君とにバトンタッチせざるをえなくなり、以後、大須賀事務局体制となり、今日の活力を発揮する土台となる。(4)

全国憲と憲理研とは、会員がほぼ共通していたので、合同合宿などが行われた。思い出すのは一九六八年の「水上合宿」だ。これには、鈴木安蔵先生をはじめ、星野安三郎・上野裕久・山下健次・針生誠吉・樋口陽一・野中俊彦・岩間昭道・山崎真秀・佐藤司・杉原泰雄・吉田善明・大須賀明・影山日出彌・隅野隆徳・横田耕一の諸君と私が参加した。その合宿の際、鈴木先生は「これからの憲理研も全国憲も、今日の日本の改憲動向と真正面から対決する実践的な憲法理論を創造していく集団となるのだから、政府からの弾圧を受ける危機を伴うので、それに向けて早く平素から家族同士が援助し合えるような関係を持ち保って置くことが必要だ」という旨の話をされた。そのことを契機とし、同年七月には、珍しい家族同伴の合宿が行われた。その「草津合宿」を懐かしく思い出す。

二　研究生活の中で

一九五三年三月に早稲田大学法学部を卒業し、その年の四月に大学院に入り、有倉遼吉先生に師事し、憲法学を専攻することになった。(5)有倉先生は若手で、入学者は私一人だった。先生は法学部の「副手」に推挙下さり、研究室に同居することが認められた。そして殆ど毎日、必要と思われる新聞の〝切り抜き〟や先生がお書きになる論文に必要と思われる論文を集め、論点整理をしたり、いわば研究者となるための職人的な修業を命じられ、大変勉強になった。

先生は、「オーソドックスな法律学は、今日的な解釈論が中心になっている。したがって君も憲法の勉強の初歩は、既成の憲法解釈学の勉強から入りなさい」といわれ、修士論文も、その成果を纏めたものにしなさいと教示された。その頃は、長谷川正安先生と小島和司先生との「衆議院の解散権」論争の時期だった。衆議院の解散は、六九条（内閣の不信任の国会議決）の場合に限定されるのか、もっと広く七条の「内閣の助言と承認」があれば、いつでも可能なのか、が主な争点とされた。しかし私には、勉強を進めても、何とも〝気乗り〟がしなかった。(6)

三年がかりで修士論文として提出したのが「参議院の緊急集会制度に関する研究」で早稲田法学会誌に登載された。(7)二四歳だったが、直ぐに新制玉川大学に法学・憲法学専攻の専任講師として赴任した。

玉川大学には五年間在任したが、論文発表の場がなく、また早稲田大学も学外へ出た者には『早稲田法学』への論文掲載が認められなかったため、論文発表の場がほしくて、有倉研究室の先輩の小林孝輔先生が青山学院大学へ移籍された後釜として、立正大学経済学部へ一九六一年に移籍した。憲法解釈学に留まらず、動的な憲法現象の研究を目指す「被疑者の刑事補償」や「請願権に関しての社会科学的研究」への道を切り拓くことのできる場を求めたのである。後に法政大学法学部に移籍した。

（一）被疑者の刑事補償

一九六一年に、銀座通りのタバコ屋の老女が殺害・現金を強奪される事件が起った。この事件の犯人が長期にわたって見つからず、慌てた警察は、山谷地区のホームレスを片っ端から逮捕した。ところが、その後に真犯人が自首した。実際は犯人でなかった者が、逮捕された間に受けた留置などの損害の賠償を国に求める裁判を起した。判決は「公権力の行使は、結果的に間違っていても、それ自体が違法ではない」と言い、起訴後なら国家賠償の対象となるが、起訴前に真犯人が名乗り出たような場合には、被疑者として逮捕、留置されても、国家賠償の対象とはならない、とした。

それでは人権無視ではないか、と考え、「国家賠償と被疑者保障」（立正大学経済学季報一一巻一号）と「行政法における訓令の法的性格」（同上）を執筆した。内野正幸君が「早くも永井憲一は、このことの問題性を指摘し、これからの研究の必要性を提言していた」（「幸福追求権と補償請求権」法律時報七四巻一号）と紹介してくれた。この頃から私の研究関心は、憲法解釈学から、次第に離脱して行った。

（二）請願権の法的性格

大学院時代に「衆議院の解散」に関して勉強していた頃は「衆議院の解散は、それに伴う選挙を通じて、新しい民意を国政に反映するために行われるのだから、しばしば行われてもいい」と多くの識者から言われていた。しかし、実際はそうではない。何故国民主権の国なのに国民の政治要求は、常に国政に活かされることに結びつかないのか、と考え続けていた。

選挙後も、必要な場合、国民の意思が国政に反映させるための手段として、憲法一六条の請願権が、より積極的に評価されるべきではないか、と思い立った。その思いを込めた論文が「請願権の現代的意義――これを補充的参政権として評価する試論」(立正大学経済学季報一〇巻二号一九六〇年八月)だった。それまで請願権は、それを行使する〝自由〟を認められたものとして、自由権に位置づけられていた。[8]

小林直樹先生は、この論文に注目して下さり、著書『憲法講義(上)・新版』(東京大学出版会一九八〇年、六〇三頁「註」)に「請願権の意義について永井憲一『憲法と政治現象』(早稲田大学出版部一九六六年)は、請願権の意義について、積極的に評価」と書いて、ご紹介下さった。[9]

この考え方は、例えば、渡辺久丸『請願権』(新日本出版一九九五年)などに継受され、それまで一般的な憲法概説書では、請願権が自由権に位置づけられていたが、その後は、受益権あるいは政治的権利として位置づけられるようになった。学会への貢献の一つである。

(三) 教科書裁判などの護憲運動

一九六五年に、「教科書裁判」が提起された。当時東京教育大学教授だった家永三郎先生執筆の高校用社会科教科書『新日本史』(三省堂)が、文部省検定で「戦争を暗く表現し過ぎている」という理由で不合格処分となった。家永先生は、教科書検定の実態を広く国民に知らせ、できれば、文部省による教科書の検定をやめさせるため、みずから原告となり国を相手どっての訴訟を提起したのだった。この裁判では、教科書の検定を行う国に教育権(教育内容の決定権能)があるのか、それとも憲法二六条は、教育権を国民に認めているのか、つまり「国家の教育権か、国民の教育権か」を争点の主軸とする裁判となった。

顧みれば、この俗称〝家永訴訟〟は、第一次が「国家賠償請求訴訟」であり、第二次が「不合格処分取消請求訴訟」だったが、裁判では第二次訴訟の方が先行し、それに対する〝杉本判決〟が先に出された。この判決は「現行の教科書検定は、憲法第二一条が禁止している検閲に該当し、教育基本法第一〇条にも違反する」といい、教育の私事性論を基調として「教育は、国民各自の個性的〝人格の完成〟を目的とするものであるから、それを個別に実現するためには、一般の政治と同じように議会制の多数決によって決せられることに本来的に親しまず、日常子どもと接している親や教師を中心とする国民に教育内容の決定権能が認定されなければならない」と、いわゆる〝国民の教育権〟を正面から支持した。(10)

また「最高裁学テ事件判決（一九六七六年五月二一日）」も、杉本判決とほぼ同じ論理を基調とする〝国民の教育権〟を是認する判決であった。

（四）子どもの権利条約の研究

常に戦争は、相手国の国民との〝殺し合い〟となる。その際、無防備な女性と子どもも無分別に殺害される。しかし「子どもの居ない地球に未来はない」。第一次大戦後、国際連盟は、この自覚を基礎として一九二四年に、ジュネーブ宣言を採択した。そして一九四八年に「世界人権宣言」、一九五九年に「児童の権利宣言」、一九六六年に「国際人権規約」、一九七九年に「女性の差別撤廃条約」が制定された。また一九七九年を〝国際児童年〟とし、条約の作成準備を開始し、一九八九年に「子どもの権利条約」を制定した。日本では、一九九四年、これを「児童の権利に関する条約（同年条約第二号）」として批准し公布した。その際、政府は、この条約は「子どもの権利条約」という呼名で流布されても良い、とわざわざ公布の際の通達に書いている。

「子どもの権利条約」については、都道府県・市区町村の教育委員会などからの講演の依頼やテレビなどの解説出演で多忙となった。沼田稲次郎先生の助言で、日本教職員組合は、この条約の普及活動を実施すべく、「子どもの人権を保障する全国連絡会」を結成し、私はその代表委員となり、全国を遊説して歩いた。

(五) 内申書裁判の支援

一九七二年に、「内申書裁判」が提訴された。麹町中学の生徒だった保坂展人君（現世田谷区長）はML派と称する活動グループに加入し、学校内で〝造反運動〟を行っていた。何故か高校入試は悉く不合格となったので調べたら、中学から高校への内申書に「この生徒危険」と記載されていたのが原因と判り、憲法が保障する「思想・信条の自由」に違反すると訴えたのである。

この裁判では、「たとえ中学生でも、憲法が保障する「思想・信条の自由が保障されなければならない」との東京地裁判決（一九七九年三月二八日）が下された。中学生にも憲法が保障する人権が適用され、保障されなくてはならないという画期的な判決で、「内申書裁判の東京地裁判決」（Law school 五月号）で紹介した。

(六) 学校事故に関する研究活動

大宮市（現在の〝さいたま市〟）の中学に入学した大谷立君という生徒が学校事故で、植物人間化し、大宮病院に預けられる箏となった。病院長は、不慮の事故に対する国の対策がないことに驚き、強い関心を持ち、全国の学校事故に関する新聞記事を収集し、原因別に分類するなど研究し、事例を網羅的に収集、分類していた。私は、倉庫一杯に資料が山積みにされているのを見て驚き、あらためて「研究」というものは、けっして大学の図書館や大学の研究室だけで行われているのではないことを訓えられた。

学校事故に関する問題解決のために、大宮市議会は条例制定の準備委員会を設置し、私を委員長に任命した。月例の研究会を二年間に亘り開催し、大宮市学校災害救済基金条例の原案を作成し、一九八一年に市議会で成立させた。

私は「常に危険を侵しながら成長し、発達する子ども」には、無過失責任の事故補償制度を確立し、安全に教育を受ける権利がある、というキャンペーンが必要だと思い、「学校事故救済の立ち遅れる現行法制」(朝日新聞夕刊一九七五年五月二〇日)、「学校事故に万全の補償を」(季刊教育法二〇号)、「学校事故法制に関する現行法制と問題点」(法と民主主義一九七七年一〇月)、「学災法制定の必要性と学校安全の問題」(ジュリスト『臨増』号「教育――理念・現況・法制度」一九七八年)などを書き、講演やテレビ・ラジオに出演した。

一九七七年の教育法学会で『学校事故損害賠償法(案)』と『学校災害補償法(要綱案)』を公にした際、新聞記者が私を取り囲み「専門学会が立案したような立法案は、国会でも尊重すべきだ」と書いてくれ、衆議院の文教委員会に一九七七年に「学校災害に関する小委員会」(木島喜兵衛委員長)が設置された。頓挫してしまったが、原因は、主に「学校事故の救済の際にだけ無過失責任を採用することには問題がある」との理由からだった。結局、学校保健安全法の僅かな改訂で、死亡の場合三〇〇〇万円、廃疾の場合四〇〇〇万円だった見舞金が、死亡の場合一二〇〇万円、廃疾の場合一五〇〇万円に引き揚げられるに留まった。(11)

(七)義務教育の無償性――永井・奥平論争

一九八〇年代に憲法学界では、義務教育の無償性に関する、「永井・奥平論争」と呼ばれた義務教育の無償性に関する論争が展開された。奥平教授は、基本的には、憲法二六条の「教育を受ける権利」は、〝就学〟の無償を意味するから、教科書代は有償で、親が負担する必要がある、というのに対して、私は、教科書代を含めて〝修学〟までの費用の全額とする趣旨だという点の理解の違いから発していた。(12)

(八)『日本国憲法なのだ』の刊行

この頃、漫画家の赤塚不二夫さんと共著の『日本国憲法なのだ』（草土文化一九八三年：改訂新版二〇一三年）を出版した。彼の住んでいた下落合のアパートを訪ね、一時間ほど私が憲法を章別に条文を読みながら解説した。メモも取らずに聞いていて、これで大丈夫なのか、と心配していたところ、一週間後には本の原稿に適切に纏められていた。素早いスピードと憲法の全体を要領よく仕上げてしまわれ、その的確さにも驚いた。

三　定年後の研究と実践の課題

法政大学定年後、国士舘大学大学院の客員教授として誘われ、「スポーツ学研究科」を新設した。[13] また愛知学院大学の法科大学院の「憲法」担当の専任教授として、5年間奉職した。

（一）今こそ主権者教育権の合唱を

「最近の〝憲法問題〟についての見解を聞かせてくれ」という依頼が多くなった。[14] 文部科学省は「主権者教育」が必要と全国の地方教育委員会などに〝通知〟を出しているので、きちんとした抵抗が必要だと思うのである。

日本国憲法は、九条で戦争と軍備を放棄し、平和で民主的な国の主権者となるための「主権者教育権」を国民のすべてに人権として保障している（九条・二六条）。これは、すでに広く知られている「平和的生存権」と共に、いつでも誰に対してでも、その保障を要求し、提言できる権利である。いまこそ国民すべてが、このような権利を共有していることを自覚し合い、合唱すべき時期に来ていると思う。

（二） 今後の理論的な研究課題

周知のように、条約の締結の際には、国会に参考資料として条約の承認案が提出される。それと関連し次の問題点が、確信の持てる段階になっていない。四一条の「国会は国権の最高機関であって、国の唯一の立法機関である」という規定と七三条の「条約を締結すること。但し、事前に、時宜によっては事後に、国会の承認を経ることを必要とする」（三号）の規定との関係について、である。

具体的に言えば、①なぜ国会に提出される条約の訳文は参考資料なのか。なぜ参考資料としての条約の訳文は、国会審議の対象とはならないのか。②それなのに政府による条約の訳文（政府案）が官報にそのまま「条約何号」として告示されると、それが公式訳として法的効力をもつものとされるのは何故か。政府による条約の訳文が、国会の審議の対象とならないのならば、なぜ「国会は唯一の立法機関」と言えるのか、という疑問である。

従来の憲法学界では、憲法上の規定により、条約の締結権は内閣にあり、条約には相手国があるのだから、日本の国会の意思だけで、その内容を修正し変更することは認められない。したがって国会の承認は、いわば手続的な承認に過ぎない、という見解が通説と思われる。その「国際的に拘束されるのは、条文の正文だ」と言い切っている点に注目する必要がある。もし条約が正文であるのならば、あくまで政府訳は仮訳に過ぎないわけである。その正文というのは、「この条文の正文は、アラビア語、中国語、英語、フランス語、ロシア語およびスペイン語に依るものとする」との例で、その中のいずれかの国語による条約の正しい訳になっているかどうかについての審議はなされなければならない筈である。国会が審議し、もし誤訳であれば、それをただす修正が行われるのは当然ではないか。条約は正文だということが国会の審議や修正を否定する根拠や理由にならない。もとより条約の「告示」化は、一種の〝立法〟である。したがって国会の条約（政府案）の審議権を認めることこそ、憲法四一条の本質ではないか。要するに「国会の条約に関する審議権」の問題である。

これに関して、国会の取り扱いを調べると、内閣の見解は、「条約の締結権が憲法により内閣に認められている以上、条文の政府訳が公式訳なのであって、その公式訳に変更をもたらすような国会の権限はない。したがって、そうした前例もない」という応答だった。一九九三年五月一一日の衆議院外務委員会で政府委員は、「条約の締結の当否を審議するのが国会の承認手続きであり、当然のことながら具体的な条約の内容を十分に審議する必要があり、条約の政府訳は、そのテキストとして提出していると いう前提で、わが国が国際的に拘束されるのは条約の正文でございますけれども、その正文もできるだけ正確に訳したものとして日本語訳を提出しておりますが、……国会が条約を締結するか否かを判断していただくための審議を行う際の参考とその資料でございます（同日、同委員会会議録七号一七頁以下）」と言っている。ところが、日本の憲法学界には、国会における条約審議権という視座からの所論が少ない。

この点に関して、憲法学者の戸波江二君は、国会における条約の審議権ないし修正権について、多数国間条約の場合には、①すでに条約は国連総会で成立しており、その意義は客観的に確定しているのであって、その訳文を修正しても、条約本体の成否とは関係がなく、修正を否定する実質的な理由がないこと、②国内法として通用し、国民を拘束するのは、法的には条約の正文であるとしても、事実上は条約の訳文であり、したがって条約の訳文の確定は、一種の〝立法〟なのであり、それは国会に委ねられるべきこと。③条約の承認が「承認案件」であるとしても、承認のためには条約の内容が日本文として確定していなければ審議はできず、条約の訳文は審議の対象とならざるをえないこと、などの理由からしても国会が条約の訳文の修正権を持つことは否定されえないと解されるとする。政府が立法するような、一括承認か、一括否定しかできない、とする論理は、多数国間条約で条約文が既に確定しているものについてはさらに妥当しない、という見解も示されている(15)のは心強い。

＊本稿は、二〇一五年一二月一九日に行われた憲理研一二月例会「憲法の基本原理の探求と現代～憲法学の先達との対話～」のために準備された原稿を基に、長谷川憲の責任で編集した。紙幅の関係で大幅に削減したため、著者の意図が損じられた箇所が有り得る。編集者の責任である。

(1) 詳細は、永井憲一「憲法理論研究会の創設の目的」(法学志林第一〇巻第二号) 七五頁以下参照。

(2) 憲理研創設後の月例研究会は、憲理研事務局編「憲理研30年のあゆみ」(一九九四年) に記録されている。補って隅野隆徳「憲法理論研究会の設立と恵庭事件裁判 (専修大学法学研究所紀要38『公法学の諸問題Ⅷ』二〇一三年三月) を必読されたい。

(3) 池田正章「憲法問題研究会の〝遺言〟」(全国憲法研究会編『日本国憲法の継承と発展』三省堂二〇一五年、七頁以下) 参照。

(4) 大須賀明「憲理研30年によせて」(法律時報六六巻六号) に詳しい。

(5) 憲法の研究をしながら、何故に「教育」の問題について特に強い関心をもつようになったのか、という経緯などについて、詳しくは、雑誌『教育』(一九七三年四月号)「戦後教育と私」参照。

(6) 有倉先生も、その頃「衆議院解散の所在」(早稲田法学二七巻) を書かれた。私の眼からは、有倉憲法学の特徴は、解散論を土台としながらも、現実の憲法現象を分析し、法政策学的提言をしていくという手法を採られたところにあったと思える。その現れが先生の書かれた「憲法の崩壊過程」(法律時報二五巻一号) であり、その後に一躍、新進憲法研究者として注目されるようになり、御活躍された。
（7）永井憲一「参議院の緊急集会制度に関する一考察」（早稲田法学会誌第七巻一九四七年一月）。
（8）我妻栄「基本的人権」国家学会編『新憲法の研究』（一九四七年、八五頁）など。
（9）請願権の歴史的意義や再評価の必要性などについて、詳細は、永井憲一「請願権の再評価」（綜合法学五巻三号一九六二年三月号）参照。
（10）詳細は、永井憲一「憲法・教育法と教科書裁判――杉本判決を中心に――」（家永三郎生誕１００年記念実行委員会編『家永三郎生誕１００年――憲法・歴史学・教科書裁判』（日本評論社二〇一四年三月）参照。
（11）こうした問題に関して、永井憲一編『学校事故の法制と責任』（総合労働研究所一九七七年）、同『学校事故の事例と裁判』（同上）、および、私と兼子仁・伊藤進との共編『必携学校事故ハンドブック』（同上一九七八年）を発表した。この体験を通して私は「権利」というものは〝口さき〟で主張するだけでは実現しない、保障されないのであり、「権利」は、それを要求し、運動として表現し、制度として認められて初めて実現、保障、前進することを学んだ。〝象牙の塔〟に籠って、人権を自由権と社会権などと分類して、その相異は何処にあるか、など理論だけを説明する学者・研究者という人達の人権教育には、疑問を感じ、苛立つことさえあった。そんな思いから「大学における人権教育」（書斎の窓一九九七年一〇月号）を書いた。
（12）永井憲一「高等教育における学習権保障と義務教育の無償性」（季刊教育法一二〇号）参照。
（13）詳しくは、永井憲一「スポーツ文化の潮流――本学が先頭に立つ」（国士舘法学三九号二〇〇七年一一月）、同「憲法学と教育法学の軌跡――研究関心の推移」（国士舘大学法学部創設40周年記念論文集二〇〇七年一二月）参照。
（14）「今こそ〝主権者教育権〟を叫ぼう」（朝日新聞「読者の声」）。「教育の危機に立ち上る会（再興）」（専修大学二〇一五年九月一九日：憲法研究所機関紙『憲法研究所ニュース』三四号再掲）。
（15）戸波江二「条約の修正」（法学セミナー一九九四年三月号）。

書評

岡田順太『関係性の憲法理論　現代市民社会と結社の自由』（丸善プラネット、二〇一五年）

小　沢　隆　一
（東京慈恵会医科大学）

法律雑誌の学界回顧欄に紹介された本書のタイトルに目を留めた。それは、評者が、かつて「公共圏」と憲法学に関する共同研究の所産たる論稿で、「つながりあう権利」という言葉を用いたものの、その後、怠惰にも放り投げていたことを突然想起させてくれた（拙稿「民主主義と公共圏」森英樹編『市民的公共圏形成の可能性』日本評論社・二〇〇三年三八頁以下）。そんな折、山元一編集長から書評の話をいただいた。まさに「渡りに船」とはこのことである。

本書は、そのタイトルとサブタイトルが表しているように、人と人との関係性に照準を合わせた憲法学の構築を、結社の自由およびその近接諸領域をめぐる日米の判例、学説の分析の中から目指すものである。巻末の「あとがき」には、本書各部の元をなす初出論文が掲示されているが、一五年近くにわたって公表されたそれぞれ独立した論文が、再構成を経てとはいえ、四部構成で一一の章（ローマ数字ⅠⅡ…で表示）からなる統一された一書に凝集、整理されているのは、著者の持続的でゆるぎない問題意識の賜物であろう。

そうした本書の統一性の基軸をなしていると思われるのは、「人間のつくる社会的組織の中に存在する信頼、規範、ネットワークのようなソフトな関係」（本書七九頁、以下カッコ書きの頁の摘示は同じ）としての「社会関係資本」（social capital）論の視点の導入である。「市民的公共圏」論と相通ずる視点をもち、民主主義論についても魅力的な視座を提示するR・パットナムのこの論には、私もかねがね気になってはいた。憲法学が市民社会のありようを正面からかつ包括的に論じようとする時、「社会関係資本」論からの視座を土台に据えて、市民社会における人々の関係性の「場」そのものである結社とその自由をめぐる問題領域にせまることがまさに「正攻法」であることを、本書は教えてくれる。

その意味では、本書の方法論上の核を形成している部分は、「社会関係資本」論について詳述する「第二部　結社の自由の新地平—社会関係資本と関係性の再分配」といえよう。そこで、評者としても俄然関心を寄せざるを得ないこの部分に分け入ってみたい。第二部の最初を飾る第Ⅳ章「新たな分析の視点〜社会関係資本・序説」の冒頭では、次のように述べられている。

「社会関係資本（social capital）論に言及しつつ、結社の自由概念の再構築を試みたい。…そこからは、個人主義を損ねない範囲での関係性を構築しうる理論について示唆を得られるだろう。これにより、行き過ぎた個人主義に対して警鐘を鳴らす共同体主義的な思想に対し、リベラリズムの観点から個人主義に立脚した『関係性』の再構築を模索したいと考える。…個人主義というパズルの忘れられた最後の一ピースである『結社の自由』の内に、個人主義に向けられた批判を解決する糸口が隠されていることを示す一助としたい」（七七頁）。

ここに著者の問題関心と方法論的視角が凝縮されて示されている（と私は読んだ）。ここでの視角は、「結社の自由の独自の価値」（七八頁）の検討と理解、「結社に対する哲学の貧困」（同）の克服を求めて

「社会関係資本」概念に着目し、それを、「経済学における方法論的個人主義のみからは説明できないような現象の説明を目的としている」（七九頁）と把握しつつ、それでもなお、本書が「方法論的個人主義」に立脚する法学方法論の基底性を前提にしているように思われる。「社会関係資本に関する議論をそのまま結社の自由の概念にあてはめることはできない」（八二頁）、「実証的な方法論を不可欠なものとする社会関係資本論を、事実が規範を生み出さないとする法学に直接導入することは、多くの困難に直面せざるをえない」（八二―三頁）などの指摘からは、筆者が、「社会関係資本」論への依拠につき、きわめて抑制的かつ慎重であることがうかがえる。読み進めているうちに、その「根拠は何処に」という想念が生じたが、それは、前掲の引用に示された筆者の方法論的個人主義への配慮と無関係ではないように思われたが、いかがだろうか。

　さて、そうした視角からの「社会関係資本」論への接近は、果たしてこの論の意義と射程を十全に活かすことができるであろうか。第Ⅴ章「社会関係資本論の憲法的意義」のなかでの、「正面から社会関係資本の存在を受け止めて、その憲法的な価値を評価し人権論や統治論として再構成していくことが憲法学の役割となる」（一一一頁）という認識を示した後に続く、「社会関係資本と憲法学」（同頁以下）の項目で論じられている結社の自由論は、「社会関係資本」論、とりわけ「結束型」の社会関係資本と「架橋型」のそれとの区別にも触れながら展開されてはいるものの、そこで用いられているのは、「結束型社会関係資本」への公権力の介入禁止と「架橋型社会関係資本」への積極国家的介入の正当化というオーソドクスな憲法学の方法である。こうした方法と、「自由意思や任意性ではなく、社会関係資本を基準として結社・関係性の機能を評価することが、新たな結社の自由の理論を構築することになろう」（一一七頁）という斬新な方法とが、どのように統合されているのだろうか。

本書は、「社会関係資本」を導きの糸として、第二部から三部にかけて、格差社会論、社会統合、治安・秩序など広範な領域の多様な問題へと読者を誘ってくれる。これこそは、「社会関係資本」への着眼のなせる業であり、それによって憲法理論の再構成を志向する本書の価値を高からしめている。この概念の主唱者たるパットナムの問題意識も、有名な代表作『孤独なボウリング』(Bowling alone 柴内康文による邦訳が二〇〇六年に柏書房から刊行)が示すように、そうした市民社会やコミュニティの内部の諸相と民主主義との関係をめぐるものである。

もっとも、本書のここでの論述も、「社会関係資本」論の幅広く長い射程を全面的にとらえたものになっているか。なお限定的な導入に止まっているような印象を、私は受けた。この「印象」の根拠を評者なりに探ってみて想うことは、(資本主義社会をとりあえず念頭に置いての)社会の全体構造の中での「社会関係資本」の位置づけについて、本書の独特のとらえ方が関係していないかということである。「社会関係資本」概念は、経済的資本、人的資本と並ぶ資本主義社会の構成要素として措定されているのではないだろうか。社会の関係構造は、これらの資本の(階級的な)領有関係こそがその基底、真奥にあること、国家権力などの上部構造の性格と機能は、こうした階級的社会関係に規定されつつ、これに反作用的影響を及ぼすものであることは、かの「資本」(Das Kapital)についての一般理論を著して、資本主義(Capitalism)という社会体制と「方法論的個人主義」というイデオロギーへの仮借なき批判を展開したK・マルクスが論じたところであった。パットナムが、その著書で、「社会関係資本主義者」(social capitalist 「社会関係資本」に注目する者ないし学派という意味か)という言葉を用いてはいるものの、「社会関係資本主義」(social capitalism この語は本書一四二頁で「標榜されてしかるべき」とされている)という表現を使っていないことや(前掲『孤独なボウリング』邦訳四九七頁以下)、「社会関係資本」の分配における階級間の偏りを論じている(パットナム編著・猪口孝訳『流動化する民主主義』ミネルヴァ書房・二〇一三年・三四一頁以下)のは、そうしたマルクスの先行業績を踏まえての「方法論的自覚」ゆえのことと思われるが、どうだろうか。著者の「社会関係資本主義」論についても、それが展開される直前の論述で、「ベーシックインカム論」につき、「個人の自立に追い立てられる状況をしのぐ一服の清涼剤となりえても、その空気を取り払うだけの意義は見出せない。個人勘定の取引的合理性の思考枠組みに依拠するかぎり、結局、方法論的個人主義に基づく自己責任論に向かわざるを得ないのではなかろうか」(一三七頁)と適切にも指摘していることとの間の方法論的整合性を尋ねてみたく思う。

学界にとって極めて貴重な著者による「社会関係資本」論を踏まえた憲法学のさらなる発展を切に期待する次第である。

茂木洋平『Affirmative Action 正当化の法理論　アメリカ合衆国の判例と学説の検討を中心に』（商事法務、二〇一五年）

吉　田　仁　美
（関東学院大学）

本書は、Affirmative Action を正当化する法理論を批判するものなので、書名をもとに本書を手にした読者は驚くかもしれない。

Affirmative Action は、平等保護の領域で、一九八〇年代以降、その正統性が激しく議論されている。その実施の経緯や変質、修正一四条・修正五条の解釈、合衆国連邦最高裁判所の諸判例、支持、不支持の両面からの法理論などを扱った書籍やロー・レビュー掲載の論文は、毎年数千を数え、今や、数万本の蓄積がある。主要な著作を追うにもかなりの労力を要する。

そうした領域ゆえに、アメリカの諸研究をどのように日本の研究者に呈示するかには、かなりの巾があり得る。この領域には、多くの先行研究があり、その時々のアメリカでの議論を分析・紹介し、見識を示してきた。

筆者は、本書の中で私の先年出版した著作を紹介し、それに関する見解を示してくださっているが、(1)その解説は若干ミスリーディングである。筆者は、「Affirmative Action は格差を解消する一つの方法にすぎず」、「グループ間の格差の解消」ではなく、「個人の救済」を重視すべきだ、との立場に立つ。「グループ間の格差の解消」を重視すべきでないかどうかについては、筆者と意見が異なるが、Affirmative Action の合憲性は大きな社会的文脈の中の小さい論点であるという点では、認識は同じである。多くの社会福祉立法・救済施策は、様々な区分を用いて人をグループ化し、給付や、具体的な助力など様々な方法で優遇する。しかし、それが、平等保護の領域の、特に人種を区分に用いたAffirmative Action のように圧倒的な労力を費やしてヒートアップする議論となったことはない。他の社会福祉施策や救済施策については、民主過程に一定の信頼が置かれ、一定の選択の幅が肯定されるであろう。歴史学者、川島正樹は、「『性別／ジェンダー』と並んで明らかな統計的格差が見られる『人種』が、本人に責任のない『生まれながらの条件の差』と見なせない合理的理由を、筆者はどうしても見出せない」としている(2)。私も認識を同じくし、法理論の点では、救済施策の合憲性が（背後の政治的対立をうつして）過度に焦点とならない平等権解釈をめざし、一方で、より問題のある差別事案の解決に力を注ぐべきだと論じた。

本書は、Affirmative Action を、「人々の状況が異なることを認識したうえで、ある区分に属する者に積極的に機会を与える」ものとし、さらに、その検討対象を、広範な施策を含みうる Affirmative Action の中でも、教育機関の入学者選抜、雇用判断、政府契約に絞って正当化理論を検討している。そのため、筆者は、本書の中では、未だ、民主過程による施策と平等権による統制のバランスがどうあるべきかについての、一般的な見解を示してはいない。この点、今後の研究の展開をまつことになろう。

アメリカ合衆国の平等保護の条文の原意や意義については、修正一四条の成立以来、諸説入り乱れる混沌とした理論状況である。そのため、第一章で筆者の取り上げた、ハーラン裁判官の「カラー・ブラインド」(3)を本歌取りし別物にしたカラー・ブラインド理論、イエール学派の反従属理論、国内での安西文雄の先行研究に強い影響を受けたと思われるスティグマ論は、不可避的に選択的である。第二章の司法審査基準をめぐる、連邦最高裁の諸判例の紹介には、その長い議論と、本書では直接扱われない、背景にあるアメリカ社会の動向に、改めて感慨を抱かせられる。

本書の読みどころは、アメリカがいかに人種に、または主にそれを理由として実施されてきたAffirmative Action に神経をとがらせ、議論してきたかを示す第三章から第六章までであろう。筆者は、第三章「差別の救済による正当化」では、グループ内での経済的格差が拡大し、優位な状況にある者が受益者となり、Affirmative Action が救済の必要な者を助けられない、補償的正義論による正当化が難しい、第四章「将来志向の Affirmative Action」、については、社会的効用論によると認められやすいが、結果の予測は難しく、また、マイノリティーは、権利として Affirmative Action の利益をうけとれるわけではなく、マイノリティーを排除する可能性があり、結局、補償適正議論に訴えることになる、第五章「多様性に基づく Affirmative Action」では、Affirmative Action が永続する危険があり、個人の救済という点からは、やはり、真に救済の必要な者が救済されない、第六章「階層に基づく Affirmative Action」については、直接の受益者が潜在能力を有し、不利な社会的・経済的状況が資質形成に悪影響を及ぼすという回答は評価でき、上位の高等教育機関への入学を許可することは公正だが、指導的な職種への採用は、資質形成に不利な状況にないため、やはり公正でない、また、資質形成に不利な状況になくても、不公正な評価体系のもとにある者は救済されない、等の批判を紹介する。

筆者は、その「あとがき」で、「グループ間での格差を放置してよいとは考えておらず、不利な状況にある人々を救済する施策は積極的に行われるべきである」としている。しかし、真に救済を必要とする者をより明確に特定し、救済すべしという本書の Affirmative Action に対する主な批判は、いかなる福祉施策・救済施策にも多かれ少なかれあてはまる。真に救済すべき者にピンポイントの施策をむけられないことを理由に、施策の改善の余地を論ずるのはともかく、即、憲法的に正当化できないと考えるのは飛躍である。また、本書は、しばしば法哲学的な分析にその批判を依拠する。しかし、社会福祉施策・救済施策はすべて憲法適合的であることを要するが、そのことは、必ずしも法哲学的な分析によって支持されることと直結しない。法哲学は、有益な分析の視点を提供するが、民主過程での政策形成には、そこに取り込まれる考慮要素やダイナミクスにおいてそれ自体のありかたがあるし、裁判所による事後の合憲性審査においても同様である。

筆者が、本書での考察を踏まえ、また、本書には未だ取り上げられなかった諸研究をふまえ、どのような救済施策ならば憲法的に是認しうると考えるのかは、今後の研究を大いに期して待つことにしたい。政治活動が通常は立法によるなどの救済施策に結実することを考えれば、ある種の矛盾だが、多くの活動家がこれまで実施された Affirmative Action をそれほど評価しないことを申し添える。悩みは同じである。

（1）茂木洋平『Affirmative Action 正当化の法理論』（商事法務、二〇一五年）二八二頁。
（2）川島正樹『アファーマティブ・アクションの行方　過去と未来に向き合うアメリカ』（名古屋大学出版会、二〇一四）一九二頁。
（3）紙谷雅子・英米法判例百選〔第三版〕五六、五七頁。

憲法理論研究会活動記録活動報告
（二〇一五年六月〜二〇一六年五月）

一　研究活動

(1)　概観

憲法理論研究会は、二〇一五年六月からの年間テーマを、前年度に引き続き「対話と憲法理論」として研究活動を行ってきた。特に今年度は、憲法学内部で異なる準拠国あるいは異なる分野の研究者の間での「対話」を通じて、従来の憲法理論の理論枠組を超える新たな可能性を探ることを目指した。そのために、前年度に引き続き、各研究会はできる限り右のような視点から報告内容を交差させ比較検討しうるように、原則として複数の報告者を立てた。

(2)　七月ミニ・シンポジウム　「ヘイトスピーチと憲法〜ヘイトスピーチ問題における『対話』の可能性〜」（二〇一五年七月一八日、早稲田大学早稲田キャンパス）

【報告者】冨増四季氏（ゲストスピーカー・京都弁護士会）「京都朝鮮第一初等学校威力業務妨害事件〜ヘイト『クライム』からの教訓・示唆」／毛利透会員（京都大学）「ドイツ憲法から考えるヘイトスピーチ規制」／奈須祐治会員（西南学院大学）「アメリカにおけるヘイトスピーチ規制の歴史と現状〜『特殊』なモデルの形成と変容〜」

(3)　夏季合宿研究会（二〇一五年九月一日〜三日、静岡県熱海市・レクトーレ熱海桃山、【幹事】茂木洋平会員（桐蔭横浜大学））

【報告者】松本賢人氏（現地報告者・第二東京弁護士会・東海大学）「神奈川県臨時特例企業税条例事件」／今井健太郎会員（早稲田大学・院）「対テロ戦争と手続的デュー・プロセス保障〜ポスト九・一一のアメリカ連邦最高裁の判例法理を中心に〜」／水谷瑛嗣郎会員（慶應義塾大学（現・帝京大学））「討議空間の均一化と『プレス』の『内部規律』〜ロバート・ポストとその周辺の議論を参考に〜」／實原隆志会員（長崎県立大学（現・福岡大学））「インターネット上での公的機関による情報収集活動の法的位置づけ」／西土彰一郎会員（成城大学）「トランスナショナル憲法の可能性〜ドイツにおける『民間憲法』論を手がかりにして〜」

(4)　月例研究会

二〇一五年

《六月研究会》「連邦国家化と憲法をめぐるベルギー

とイタリアとの対話」（六月二〇日、日本大学法学部三崎町キャンパス）

【報告者】芦田淳会員（国立国会図書館）「イタリア共和国憲法における『地域国家』と連邦制」／武居一正会員（福岡大学）「ベルギーの第六次国家改革（二〇一二年―二〇一四年）と連邦化のゆくえ」

《一〇月研究会》（一〇月一六日、京都産業大学むすびわざ館）

【報告者】建石真公子会員（法政大学）「生殖補助医療の法的判断における『公序』と『権利の対立』〜自民党PT法案・フランス生命倫理法・代理出産をめぐるヨーロッパ人権裁判所との対話〜」

《一一月研究会》「現代フランス憲法における二つの政治制度変容論」（一一月二八日、法政大学市ヶ谷キャンパス）

【報告者】岩垣真人会員（一橋大学・院〔現・東京学芸大学〕）「第五共和制におけるフランス財政法制の転回」／三上佳佑会員（早稲田大学・院）「フランスにおける執行権の政治責任原理とその『刑事』化〜」

《一二月研究会》「憲法の基本原理の探求と現代〜憲法学の先達との対話〜」（一二月一九日、工学院大学新宿キャンパス）

【報告者】浦田賢治会員（早稲田大学名誉教授）「憲法学断章：憲法構成権力、そしてトゥシュネットとネグリ〜」／永井憲一氏（法政大学名誉教授）「憲法と教育法の研究五〇年」

二〇一六年

《三月研究会》「立法的関与と司法的関与をめぐる対話的検討」（三月一九日、立正大学品川キャンパス）

【報告者】入井凡乃会員（椙山女学園大学）「法律制定後における立法者の義務〜事後的是正義務を中心に〜」／川口かしみ会員（早稲田大学・院）「憲法二四条におけるジェンダー差別是正の可能性〜最高裁夫婦別氏訴訟の検討を通じて〜」

(5) 春季研究総会「立憲主義の多義性と普遍性」

二〇一六年五月八日、中京大学名古屋キャンパス

【会場校幹事】横尾日出雄会員（中京大学）

【報告者】赤坂幸一氏（ゲストスピーカー・九州大学）「ドイツと日本における立憲主義の過去・現在・未来〜帝政ドイツと明治憲法下の日本における立憲主義の意味〜」／成澤孝人会員（信州大学）「イギリスにおける不文の立憲主義〜政治的立憲主義の格闘〜」／大河内美紀会員（名古屋大学）「アメリカ

における『立憲主義』の現在」／山元一会員（慶應義塾大学）「世界のグローバル化と立憲主義の変容」【司会】植村勝慶会員（國學院大学）・濱口晶子会員（龍谷大学）

(6)憲法理論叢書二三号『対話と憲法理論』が二〇一五年一〇月、敬文堂より出版された。本号には、二〇一四年六月より二〇一五年五月までの研究報告、書評、本会の活動記録が収められている。

二　事務運営

(1)　概観

二〇一五年度中、二〇一五年六月からの企画及び事務運営は、二〇一四年一〇月に発足した運営委員会と長谷川憲運営委員長（工学院大学）、大津浩事務局長（成城大学）によって行われている（任期は二〇一六年一〇月まで）。二〇一六年五月八日に運営委員選挙が行われた。二〇一六年一〇月からの事務局運営は、新執行部によって行われる。

(2)　事務総会

通常事務総会（二〇一六年五月八日・春季研究総会時、中京大学名古屋キャンパス）

事務総会に先立って開催された運営委員会の議決に基づき、次の案件が承認された。

①二〇一六年度年間テーマは「立憲主義の理念と展望」。

②二〇一五年度決算報告と承認：柳瀬昇会計担当事務局員（日本大学・以下略記）より決算報告が行われ、岡田順太会員（白鴎大学）による会計監査の結果、適正に会計処理がなされている旨の報告がなされ、承認された。

③二〇一六年度予算案の承認：柳瀬事務局員より予算案の説明が行われ、原案通り承認された。

④二〇一六年度中の企画について：六月一八日実施予定の六月研究会、七月九日実施予定の関西ミニ・シンポジウム、八月二三日～二五日実施予定の宮崎夏合宿研究会、一〇月九日実施予定の一〇月研究会、一一月一九日実施予定の一一月研究会、一二月一七日実施予定の一二月研究会のそれぞれの企画や概要について事務局長から説明がなされ、承認された。

⑤「憲理研推薦運営委員の選考手続に関する内規」及び「憲理研執行部の交代の手順に関する内規」が運営委員会において制定されたことが報告された。

⑥新入会員の承認と退会者の報告（別項参照）

⑦事務局員の交代：任期満了に伴い、柳瀬昇会員（日

本大学）の後任として水谷瑛嗣郎会員（帝京大学）が、山本真敬会員（下関市立大学）の後任として根田恵多会員（早稲田大学・院）が、それぞれ事務局員に就任することの承認が運営委員会においてなされた旨が報告された。

⑧憲法理論叢書編集委員の交代：任期満了に伴い、石川裕一郎会員（聖学院大学）から茂木洋平会員（桐蔭横浜大学）に交代したことが報告された。

臨時事務総会

二〇一五年度は臨時事務総会を開催していない。

二〇一六年度は一〇月研究会の際に開催予定である。

(3) 運営委員会

一 運営委員会の構成

二〇一五年度の運営委員会は二〇一四年一〇月に発足した以下の運営委員によって構成されている（敬称略、五十音順、所属は二〇一六年六月現在）。

愛敬浩二（名古屋大学）、青井未帆（学習院大学）、新井誠（広島大学）、市川正人（立命館大学）、江島晶子（明治大学）、大河内美紀（名古屋大学）、大津浩（成城大学）、岡田信弘（北海道大学）、小澤隆一（東京慈恵会医科大学）、木下智史（関西大学）、栗田佳泰（新潟大学）、小山剛（慶應義塾大学）、阪口正二郎（一橋大学）、志田陽子（武蔵野美術大学）、鈴木秀美（慶應義塾大学）、只野雅人（一橋大学）、塚本俊之（香川大学）、西原博史（早稲田大学）、糠塚康江（東北大学）、長谷川憲（工学院大学）、水島朝穂（早稲田大学）、南野森（九州大学）、毛利透（京都大学）、本秀紀（名古屋大学）、山元一（慶應義塾大学）

（任期は二〇一六年一〇月まで。二〇一六年一〇月以降の運営委員会は、二〇一六年五月八日に行われた選挙によって選出された委員および同年六月一八日に開催される推薦運営委員候補者選考会議にて選考された委員によって構成される。）

二 運営委員会の活動

(a) 二〇一五年度第二回運営委員会

二〇一五年一二月二〇日、工学院大学において開催された二〇一五年度第二回運営委員会において、以下の議案について事務局長より発案・報告がなされ、審議の結果、以下のように決定・了承された。

①今後の活動について

・三月研究会（前掲・研究活動報告中、月例研究会の項、参照）

・春季総会（前掲・研究活動報告中、春季研究総会の項、参照）

・六月研究会は、六月一八日に牧野力也会員（筑波大学・院）と上田宏和会員（創価大学）を報告者として、成城大学で開催する。
・七月ミニ・シンポジウムは、関西以西在住の会員の研究会参加の促進と会員の拡大のために、今後定期的に関西で研究会を開催することを展望しつつ、本年は七月一六日に、関西大学で木下智史会員（関西大学）を会場校幹事として開催する。テーマと報告者は未定。
・夏の合宿については、八月二三日〜二五日の二泊三日、宮崎市近辺で開催する。現地幹事は成瀬トーマス誠会員（宮崎大学）にお引き受けいただく。報告者は会員四名と現地報告者一名を予定する。
②入会の承認と退会者の報告（別項参照）
③運営委員の改選について
・次期運営委員会委員の選挙を二〇一六年五月八日の憲理研春季研究総会時に中京大学名古屋キャンパスにて行う。永山茂樹会員（東海大学）、菊地洋会員（岩手大学）、手塚崇聡会員（中京大学）に選挙管理委員を委嘱する。
・推薦運営委員候補者選考会議は例年、七月ミニ・シンポジウムの開催日に招集していたが、今年度はミニ・シンポジウムが関西で開催されるため、参加者の便宜を考えて六月研究会の開催日に招集する。会場は研究会と同じく成城大学とする。
④次年度年間テーマについて
・次年度年間テーマは「立憲主義の理念と展望」とする。
⑤内規の整備について
・推薦運営委員選考手続に関する内規と執行部交代の手順に関する内規の整備について原案が示され、審議が行われた。過去の執行部経験者の意見を踏まえた修正を行い、二〇一六年五月の運営委員会にて決定されることとなった。

(b)　二〇一六年度第一回運営委員会

二〇一六年五月八日に中京大学名古屋キャンパスで開催された二〇一六年度第一回運営委員会において、以下の議案について事務局長より発案・報告がなされ、審議の結果、以下のように決定・了承がなされた。
①内規の整備について
・「憲理研推薦運営委員の選考手続に関する内規」及び「憲理研執行部の交代の手順に関する内規」が決定された。

②今後の研究活動スケジュールについて

・六月研究会の詳細について

【日程】六月一八日、【会場】成城大学三号館三階大会議室、【報告者と個別テーマ】牧野力也会員（筑波大学・院）「『患者の自己決定権』の憲法上の定位について（仮）」／上田宏和会員（創価大学）「同性婚をめぐる合衆国最高裁判例の『論理』的展開～Lawrence, Windsor, Obergefell 判決～（仮）」

・七月関西ミニ・シンポジウムの詳細について

【日程】七月九日、【会場】関西大学千里山キャンパス以文館二階二五教室、【開催校幹事】木下智史会員（関西大学）、【共催】関西憲法判例研究会、【全体テーマ】「司法審査制と民主主義論の現在」、【報告者と個別テーマ】市川正人会員（立命館大学）「わが国における『司法審査と民主主義』論の経緯と展望（仮）」／金澤孝会員（早稲田大学）「『反多数決主義という難問』の存在意義に関する若干の考察（仮）」

・夏季合宿研究会の詳細について

【日程】八月二三日～二五日、【開催地】宮崎市近辺、【合宿地幹事】成瀬トーマス誠会員（宮崎大学）、【報告者】阿部純子会員（宮崎産業経営大学）「拷問の禁止について～憲法と国際法の視点から～（仮）」／清水潤会員（崇城大学）「一九世紀後期アメリカの憲法論に対するコモン・ローの影響について～コモン・ロー、憲法、市民的自由～（仮）」／金原宏明会員（関西大学・院）「厳格審査の基準の適用方法についての一考察～青少年保護目的の表現規制を中心に～（仮）」／菅谷麻衣会員（慶應義塾大学・院）「低価値言論と内容規制（仮）」、現地報告者「川内原発訴訟について（仮）」

・一〇月研究会について

【日程】一〇月九日、【会場】慶應義塾大学三田キャンパス、【報告者とテーマ】未定

・一一月研究会について

【日程】一一月一九日、【会場】日本大学法学部三崎町キャンパス、【報告者とテーマ】未定

・一二月研究会・忘年会について

【日程】一二月一七日、【会場】交渉中、【報告者とテーマ】未定、【忘年会】一二月研究会に引き続き、会場付近で開催する。

③会計（決算・予算・提案）について

・二〇一五年度決算報告：柳瀬昇会計担当事務局員（日本大学、以下略記）より、岡田順太会員（白鴎大学）による会計監査の結果、適正に会計処理がなされている旨の報告がなされた。

・二〇一六年度予算案：柳瀬事務局員より、予算案の提案と説明が行われ、承認された。

④新入会員の承認と退会者の報告（別項参照）

⑤事務局員の交代：任期満了に伴い、以下の事務局員について交代が承認された。柳瀬昇会員（日本大学）の後任として水谷瑛嗣郎会員（帝京大学）、山本真敬会員（下関市立大学）の後任として根田恵多会員（早稲田大学・院）（いずれも任期二〇一六年五月～二〇一八年五月）。

⑥憲法理論叢書編集委員会：山元一編集委員長（慶應義塾大学）の代理として事務局長より、別紙資料に基づき、次号憲法理論叢書（二四号）のタイトル『対話的憲法理論の展開（仮題）』と目次について報告がなされた。

(4)　選挙管理委員会

二〇一五年一二月二〇日の第二回運営委員会の決定に基づき、永山茂樹会員（東海大学）、菊地洋会員（岩手大学）、手塚崇聡会員（中京大学）が、次期運営委員会委員選出選挙の選挙管理委員の委嘱を受けた。後日、互選によって、永山委員が委員長に選出された。

事務局と選挙管理委員会の共同作業により、①選挙管理規定の確認、②選挙執行方法の確認、③選挙公示文書の確定、④有権者名簿の作業手順の確認、⑤郵便投票の事務所を選挙管理委員長の所属大学とすることの確認がなされた後、二〇一六年四月一〇日に、「憲法理論研究会運営委員選挙・被選挙人名簿（二〇一六年）」の確定と選挙の公示がなされた。同月一一日、選挙公示文書と前記名簿は共に会報に同封する形で会員に告知された。

同年五月八日、中京大学において選挙が実施された。投票終了後、直ちに開票が行われ、得票者の順位が確定した。続く五月一一日、選挙管理委員会が一三名の当選者一覧表を含む「憲法理論研究会運営委員選挙結果報告書」を確定し、同月一三日に運営委員長宛てに送付した。なお、規約では選挙選出運営委員は一四名とあるが、今回の選挙では一四位に複数の者がいたため、執行部との協議の結果、選挙管理委員会は一三位までを選挙選出運営委員当選者とし、一四位の扱いについては、今回の当選者を招集して後日開催される推薦運営委員候補者選考会議の判断に委ねることとした。

(5)　憲法理論叢書編集委員会

憲法理論叢書二三号の編集は、山元一会員（編集委員長・慶應義塾大学）、志田陽子会員（武蔵野美術大学）、石川裕一郎会員（聖学院大学）、小池洋平会員（早稲田大学・院）の四名によって行われた。その後、石川裕一郎会員の任期満了（二〇一五年一〇月）に伴い、茂木洋平会員（桐蔭横浜大学）が編集委員に就任した（任期二〇一五年一〇月〜二〇一七年一〇月）。

現在、二四号の編集は、山元一会員（編集委員長）、志田陽子会員、小池洋平会員、茂木洋平会員の四名によって行われている。

山元編集委員長の下、二〇一六年二月一日に持ち回りで編集委員会が開催され、タイトル『対話的憲法理論の展開（仮題）』、「構成案」、「執筆要領」および執筆の締切が定められた。

(6)　執行部および事務局の構成

今年度の執行部は、前年に引き続き、長谷川憲運営委員長（工学院大学）と大津浩事務局長（成城大学）によって構成されている（いずれも任期二〇一六年一〇月まで）。

事務局は、前記運営委員会記録に記載の事務局員異動により、二〇一六年六月現在、以下の通りの構成となっている。

大津浩事務局長（任期・前掲）、馬場里美事務局員（書記・広報担当、立正大学、任期二〇一七年五月まで）、水谷瑛嗣郎事務局員（会計・名簿担当、帝京大学、任期二〇一八年五月まで）、鎌塚有貴事務局員（通信・庶務担当、明治大学・院、任期二〇一六年一〇月まで）、根田恵多事務局員（HP・庶務担当、早稲田大学・院、任期二〇一八年五月まで）。

三　会員の異動

二〇一五年六月から二〇一六年五月までの間の申し込み・申し出に基づき、二〇一五年一二月と二〇一六年五月の運営委員会で報告され、二〇一六年五月の事務総会で承認された新入会員と報告された退会者は以下の通り。

(1)　新入会員（敬称略）

檜垣伸次（福岡大学）、松田浩道（東京大学）、塚林美弥子（早稲田大学・院）、與那嶺尚吾（中央大学・院）、松倉聡史（名寄市立大学）、青木誠弘（宮崎産業経営大学）、今井良幸（中央大学）、岩元恵（一橋大学・院）、二本柳高信（専修大学）、春山習（早稲田大学）、吉川智志（慶應義塾大学・院）、萩原貴司（中央大学・院）（申し込み順）

⑵　退会者

足立英郎氏、村山正晃氏、小川正亮氏、青木宏治氏
（申し出順）
※長年にわたる学会へのご協力に心より感謝を申し上げます。

（氏名の後の所属は当時のもの、または当時の名簿登録内容に基づいて記載し、さらに一部は二〇一六年六月末日段階で事務局が把握している情報に基づいて補足しています。助教・助手については、実態が多様なため、所属大学名のみ記載しています。また、所属として非常勤講師先を申告しておられる方についても、大学名のみを記載しています）。

以上

憲法理論研究会規約

（一九九二年七月二〇日決定
一九九二年八月二〇日施行
一九九七年五月一一日改正
二〇一〇年五月　九　日改正）

（名称）
第一条　本会は、憲法理論研究会（Association for Studies of Constitutional Theory）と称する。
（目的）
第二条　本会は、次のことを目的とする。
一　日本国憲法の基本理念の擁護
二　総合的で科学的な憲法理論の創造
三　会員間の、世代を越えた自由で学問的な交流と協力の促進
（事業）
第三条　本会は、前条の目的を達成するため、次の事業を行う。
一　学術研究総会の開催
二　研究会の定期的開催
三　研究成果の公表
四　前条第一号及び第二号に掲げる目的を共有する内外の学術機関・団体との交流の促進
五　その他必要と認められる事業
（会員）
第四条　次に掲げる者は、会員二名の推薦に基づき、事務総会の承認により、本会の会員となることができる。
一　憲法を研究する者であって、本会の目的に賛同する者
二　本会の目的に賛同し、本会の事業に協力する者
（会費）
第五条　会員は、別に定めるところにより、会費を納入しなければならない。
（事務総会）
第六条　本会の運営に関する基本方針を決定する機関として、事務総会をおく。
二　事務総会は、原則として毎年一回、運営委員会委員長（以下「委員長」という。）が招集する。ただし、必要と認められる場合は、随時開催する。
（運営委員会）
第七条　本会に運営委員会をおく。
二　運営委員会は、事務総会の決定を受け、本会の運営に関する事項を審議する。
三　運営委員の定数及び選出方法は別に定める。

四　運営委員の任期は二年とし、再任を妨げない。
五　運営委員会に委員長をおく。委員長は、運営委員の互選による。
六　委員長は、運営委員会を招集し、その議長となる。
七　委員長は、本会を代表する。

（事務局）
第八条　本会の事務を処理するため、事務局をおく。
二　事務局は、事務局長及び事務局員をもって構成する。
三　事務局長は、運営委員会の推薦に基づき、事務総会で選出する。
四　事務局員は、会員のなかから、事務局長が委嘱する。委嘱に際しては、運営委員会の承認を必要とする。

（会計年度）
第九条　本会の会計年度は、毎年四月一日から翌年三月三一日までとする。

（会計監査）
第一〇条　本会の会計につき監査を行うため、会計監査をおく。
二　会計監査は、委員長の推薦に基づき、事務総会において選出する。
三　会計監査の任期は2年とし、再任を妨げない。
四　会計監査は、毎会計年度末に監査を行い、その結果を事務総会に報告するものとする。

（改正）
第一一条　本規約は、事務総会において、出席会員の過半数の賛成により改正することができる。

附　則
本規約は、一九九二年八月二〇日より施行する。

附　則
本規約は、一九九七年五月一一日より施行する。

附　則
本規約は、二〇一〇年五月九日より施行する。

Constitutional Theory Review

No.24 October 2016

The Development of Dialogical Constitutional theory

Contents

Ⅰ

A struggle for a political constitutionalism in the UK…………………Takato NARISAWA

Die Bedeutung der "Konstitutionalismus" des 19. Jh. in Deutsch und Japan ……………………………………………………………………………Koichi AKASAKA

The Confusing Image of Constitutionalism in U.S.……………………Minori OKOCHI

Transformation of constitutionalism in the globalizing world………Hajime YAMAMOTO

Ⅱ

The forcible obstruction of business case against the Kyoto Dai-ichi Korean Elementary School ……………………………………………………………………………Shiki TOMIMATSU

Regulation of Hate Speech in Germany…………………………………………Toru MORI

Hate Speech Laws in the United States…………………………………………Yuji NASU

Ⅲ

The homogenizing deliberative space and the "Press discipline" ………Eijiro MIZUTANI

Zum rechtlichen Charakter der "Cyber-Streife" ………………………Takashi JITSUHARA

Ⅳ

Zu den transnationalen Zivilverfassungen………………………………Shoichiro NISHIDO

Die verfassungsrechtlichen Pflichten des Gesetzgebers nach dem Erlass des Gesetzes ……………………………………………………………………………Namino IRII

The tranceformation of French finance system and identity……………Masato IWAGAKI

Le principe de la responsabilité des ministres et sa criminalisation en France ……………………………………………………………………………Keisuke MIKAMI

Analysis of the Italian regional state—based on comparisons with federal states ……………………………………………………………………………Jun ASHIDA

Sixème Réforme de l'État et l'avenir du fédéralisme de Belgique ……………………………………………………………………………Kazumasa TAKESUE

Tax cases for temporary provisional businesses in Kanagawa………Kento MATSUMOTO

Ⅴ

Realizing Gender Equality in the Family…………………………………Kashimi KAWAGUCHI

Le rôle du droit en matière de la procréation médicalement assistée…Hiroko TATEISHI

Securing of the Procedural Due Process in the War on Terrorism…………Kentaro IMAI

Ⅵ

Concept of Constituent Power…………………………………………………Kenji URATA

My research of 50 years for Constitution and educational laws……………Kenichi NAGAI

Association for Studies of Constitutional Theory

編集後記

二〇一四年七月に従来の集団的自衛権に関する憲法九条の解釈の変更を行った安倍政権は、本年七月に行われた参議院選挙でも勝利を収め、常に厳しい批判に対峙しながらも、安定的な政権運営を続けている。

この参議院選挙では、各種メディアにおいて参議院でも改憲の発議に必要な三分の二の議席を「改憲勢力」(自民党・公明党に加えておおさか維新、日本のこころを大切にする党の四政党を指す) 確保できるかが、選挙結果の中で最も注目すべき点である、と活発に報じられた。結果としては一議席足りなかったが、その後保守系無所属議員が自民党に入党したために、三分の二に達した(一六二議席)。

しかし、憲法学から見れば、自民党・公明党・おおさか維新・日本のこころを大切にする党の四党をどのような意味において「改憲勢力」として位置づけることができるのかが、深刻に問われなければならない。Bruce Ackerman のいう、いわゆる「通常政治」の時期において、安倍政権に協力的なのがこの四党であることは理解しうるとしても、それをそのまま憲法改正問題にもあてはめて、憲法改正に関わる「憲法政治」の時期においても、四党をひとまとめにするのは全く適当ではない。例えば、公明党と日本の心を大切にする党の基本的な憲法構想が共通しているとは考えにくいし、野党の民進党の中でも、少なくとも統治機構改革の問題であればおおさか維新と同様に考える議員も少なくないのではなかろうか。さらに憲法改正は、国民との「対話」が重要である。すなわち国民が直接賛否を表明する憲法改正国民投票を想定すれば、賛成多数を獲得する見込みのある憲法改正案としてどのような成案を得るのか、現時点では全く不透明である。このような問題について学問的な見地から憲法改正をめぐる状況を理性的に読み解くのは、まさに憲法理論の役割である。本研究会の研究活動は今後ますます重要性をもつ、と断言しうる。

本号は、「対話的憲法理論の展開」と題して、前号「対話と憲法理論」の課題意識を引き継いで、生きた憲法における対話の諸相を明らかにするものであり、憲法理論研究会の二〇一五年六月から二〇一六年五月の研究成果を取りまとめたものである。本号の編集作業は、小池洋平(早稲田大学)、志田陽子(武蔵野美術大学)、茂木洋平(桐蔭横浜大学)の各会員と、山元(慶應義塾大学)が行った。

最後に、出版事情が悪化している状況にもかかわらず、本叢書の刊行を支えて下さってきた(株)敬文堂と同社の竹内基雄社長に心よりの感謝を申し上げたい。

(文責:山元　一)

対話的憲法理論の展開〈憲法理論叢書24〉

2016年10月15日　初版発行　　定価は
カバーに表示してあります

編　著　憲法理論研究会
発行者　竹　内　基　雄
発行所　㈱　敬　文　堂
東京都新宿区早稲田鶴巻町538 平成ビル1F
電話（03）3203-6161㈹
FAX（03）3204-0161
振替 00130-0-23737
http://www.keibundo.com

印刷・製本／信毎書籍印刷株式会社
ISBN 978-4-7670-0219-4　C3332

憲法理論叢書①

議会制民主主義と政治改革

本体二七一八円

憲法理論叢書発刊にあたって吉田善明／「代表」の再発見？樋口陽一／議会制民主主義の憲法問題杉原泰雄／議員立法のあり方中村睦男／議会制民主主義論と「責任」の概念吉田栄司／「国民内閣制」の理念と運用高橋和之／「政治改革」と財界・労働組合・自民党塚本俊之／小選挙区制と憲法第九条大宮武郎／日本における政治倫理制度の現状と問題点清水英夫／「政治改革」と小選挙区制導入問題隅野隆徳／フランス第五共和制と政党永山茂樹／イギリスにおける選挙区制改革論議の歴史と現段階小松浩／アメリカ憲法における政党越路正巳／ドイツにおける政党への公的助成加藤一彦／選挙制度と代表制只野雅人／アメリカ合衆国の予算制度の特質とその変動佐藤信行／サッチャーリズムと地方制度改革妹尾克敏／ドイツ連邦議会防衛監察委員水島朝穂／ロシアの法文化と議会制民主主義竹森正孝／書評・岩間昭道／藤野美都子

憲法理論叢書②

人権理論の新展開

本体二七一八円

人権類型論の再検討のために北川善英／人権主体としての個人樋口陽一／権力と人権笹沼弘志／「外国人の参政権」再論浦部法穂／外国人の人権樋口和彦／女性と人権武田万里子／子どもの人権丹羽徹／最近のドイツの基本権論について栗城壽夫／イギリスにおける「市民的自由」の保障と「国会主権」倉持孝司／「アジア型」人権論の試み安田信之／中国型人権の深層構造針生誠吉／ユーゴスラヴィア憲法と人権工藤繁裕／人権の国際的保障をめぐる理論問題横田耕一／国際人権保障の観点からみた国際人権条約と憲法の関係江島晶子／EUの超国家的性質とフランスにおける欧州市民権の位置づけについて大藤紀子／人権は一つ？ それとも二つ？萩原重夫／書評・市川正人／浦田一郎／岡田信弘

憲法理論叢書③

人権保障と現代国家

本体三〇〇〇円

現代人権保障における国家の関与大須賀明／法人と「人権」芹沢斉／それでも基準は二重である！長谷部恭男／国の「基本権保護義務」小山剛／反啓蒙思想あるいはもう一つの啓蒙思想の憲法学に向けて阪本昌成／人権の基本原理としての「個人の尊厳」根森健／ドイツにおける胎児の生命権と妊娠中絶判決嶋崎健太郎／教育情報の開示とプライバシーの権利内藤光博／現代国家と自由右崎正博／表現の自由の守備範囲内野正幸／青少年保護（健全）育成条例における「有害図書類」規制と表現の自由清水睦／教育人権の権利性永井憲一／教育と宗教に対する国家の関与小泉洋一／大学審議会と大学の自治青木宏治／現代の平和と人権太田一男／沖縄における憲法訴訟金城睦／アメリカ支配下の自治権と人権保障井端正幸／那覇市米軍用地違憲訴訟と平和主義・地方自治永山茂樹／書評・長岡徹／久保健助／野中俊彦／畑尻剛

憲法理論叢書④

戦後政治の展開と憲法

本体二七一八円

議会制民主主義と政権交代吉田善明／議会と民意岩間昭道／議会制の原点と現点糠塚康江／「多数派」民主主義の再検討近藤敦／戦後における政党と憲法上脇博之／財政議会主義の五〇年小沢隆一／宗教法人法と課税問題笹川紀勝／地方分権と沖縄基地問題仲地博／戦後五〇年と地方自治緒方章宏／憲法改正手続と司法審査久保健助／アジア太平洋地域の人権憲章構想稲正樹／「人権」と「市民的自由」の間植村勝慶／ドイツにおける国家目的論の再考石村修／「法治国家」論から「立憲主義的民主主義」論へ山元一／書評・元山健／吉田栄司／小野善康／長谷川憲／福岡英明

憲法理論叢書⑤

憲法五〇年の人権と憲法裁判

本体二八〇〇円

わが国違憲審査の五〇年—総論的概観小林武／憲法裁判の五〇年植野妙実子／憲法裁判所案の系譜と問題点畑尻剛／憲法訴訟論の問題と課題戸松秀典／最高裁判決における憲法訴訟要件論の問題点渋谷秀樹／憲法訴訟論の展開と裁判実践諸根貞夫／外国人の参政権と国籍条項後藤光男／〈社会権〉の保障と個人の自律西原博史／教育裁判における教育人権論の展開成嶋隆／平等権論の問題点と課題安西文雄／アメリカ司法審査制の連邦的特質森山弘二／討議理論による人権の基礎づけについて渡辺康行／九〇年代のフランス憲法院今関源成／朝鮮開化期における人権思想の継受國分典子／書評・岡田俊幸／横坂健治／矢口俊昭

憲法理論叢書⑥

国際化のなかの分権と統合

本体二八〇〇円

地方自治の五〇年について思うこと杉原泰雄／統合と分権のなかの公共性鳥居喜代和／グローバリズム立憲主義下の地方自治権論の課題大津浩／地方分権推進委員会の勧告と市町村合併小林博志／統合の手段としての日本のODAと憲法の平和主義清水雅彦／リゾート法満一〇年藤原信／イギリスにおける「地方分権」松井幸夫／フランスにおける地方分権と住民投票福岡英明／ベルギーの連邦化武居一正／ヨーロッパ地方自治憲章の一〇年廣田全男／欧州統合とドイツ憲法岡田俊幸／欧州統合とフランス憲法学南野森／「ヨーロッパ人権基準」の確立における主権と人権建石真公子／阪神・淡路大震災と憲法論の課題浦部法穂／『こだわり』から『かかわり』へ孝忠延夫／ボランティアと日本国憲法近藤真／学問の自由・大学の自治の保障からみた大学教員の任期制根森健／書評・鴨野幸雄／緒方章宏／柳井健一

憲法理論叢書⑦

現代行財政と憲法

本体二八〇〇円

新ガイドラインと日本の軍事化**岡本篤尚**／行政機構の改革と憲法**宮井清暢**／市場、規制、憲法**中島徹**／ドイツ宰相の基本方針決定権限の由来**毛利透**／平和・福祉憲法と行財政**北野弘久**／フランスにおける国家による経済介入**多田一路**／ドイツにおける税務訴訟の現実と税務行政**三木義一**／社会保険制度の改革・再編と行財政**坂本重雄**／社会権の今日的課題**中村睦男**／財政構造改革と生存権**柳眞弘**／財政からみた社会保障**藤野美都子**／臓器移植における脳死の憲法問題**柏﨑敏義**／四日市反公害と私**澤井余志郎**／「盗聴立法」について**倉持孝司**／書評・**本秀紀**／**小林武**／**角替晃**

憲法理論叢書⑧

憲法基礎理論の再検討

本体二八〇〇円

近代個人主義と憲法学**中山道子**／憲法学と思想史の対話**愛敬浩二**／レッセ・フェール憲法学への新たな視座**飯田稔**／僕らの生き苦しさと人権論**石埼学**／アファーマティブ・アクションと正義**穐山守夫**／宗教に対する便宜供与**山崎英壽**／意見表明の自由の限界としての個人的名誉保護**上村都**／下級教育における個人情報保護**伊藤良弘**／放送の自由―その理念と制度**鈴木秀美**／アメリカにおける人種差別的ヘイトスピーチ**長峯信彦**／中国の「市民社会」研究について**古川純**／ＥＵ／ＥＣの民主主義はどこまで可能か**鈴木眞澄**／ウェストミンスター・モデルの動揺**小松浩**／統治構造から見た日本国憲法史**横尾日出男**／憲法社会学的考察による沖縄県民投票の意義と問題点について**中富公一**／憲法運動の今日的課題**奥野恒久**／文化財保護法と松代大本営**大日方悦夫**／書評・**武藤健一**／**立山紘毅**

憲法理論叢書⑨

立憲主義とデモクラシー

本体二八〇〇円

国家・国民・憲法**栗城壽夫**／憲法規範の私人間適用と、私法規範の「憲法化」**樋口陽一**／イギリスの憲法改革**元山健**／人権保障における Bills of Rights の意義と役割**江島晶子**／現代フランスにおける憲法裁判と立憲政治**蛯原健介**／フランス革命期における「国民主権」原理と外国人参政権**菅原真**／優生政策と憲法学**村山史世**／日本国憲法の『原点』と『現点』**横田耕一**／平和主義をめぐる「改憲」と「護憲」の論理**澤野義一**／改憲と「改革」の底流と憲法学の課題**小沢隆一**／戦争非合法化論と日本国憲法**河上暁弘**／韓国の大統領制政府形態の進化と展望**鄭永和**／議院内閣制と大統領制**近藤敦**／日本の地方自治と「自治体憲法学」**大津浩**／韓国地方自治制の現況と課題**李憲煥**／朝鮮半島の統一の展望と課題**閔炳老**／書評・**池端忠司**／**小山剛**／**江藤英樹**

憲法理論叢書⑩

法の支配の現代的課題

本体二八〇〇円

現代イギリスにおける「法の支配」論**植村勝慶**／違憲審査制の活性化**市川正人**／変容する法の「支配」**大藤紀子**／ドイツにおける「憲法裁判権の限界」論**岡田俊幸**／アメリカにおける住民投票制の現況と民主主義論**木下智史**／アメリカ合衆国における妊娠中絶法理の現在**小竹聡**／学校図書館のパブリック・フォーラム性**前田稔**／最近のイタリア共和国憲法改正の動向**高橋利安**／国家・家族・セクシュアリティの間**齊藤笑美子**／法科大学院と憲法教育**戸松秀典**／法曹一元と非常勤裁判官制度**石村修**／教育基本法改正問題と《法の支配》**成嶋隆**／改憲への今日的潮流と「教育」像**寺川史朗**／政府の平和主義議論**浦田一郎**／日米地位協定の立憲的統制**高作正博**／書評・**隅野隆徳**／**高見勝利**／**河上暁弘**

憲法理論叢書⑪

憲法と自治

本体二八〇〇円

「憲法的自治」の今日的課題（覚え書き）**小林武**／コミュニティと「自治」**糠塚康江**／「地方自治の本旨」の再検討**岡田信弘**／不文憲法の基本的構造**成澤孝人**／「国民」概念の限界と「市民」概念の可能性**佐藤潤一**／刑部荘と「国民による憲法改正」の技術**高見勝利**／学問の自由と大学の自治の新たな課題**中村睦男**／憲法の教育自治に対する先行性**坂田仰**／「大学の自律」と「教授会の自治」**松田浩**／司法制度改革と弁護士自治**今関源成**／マスメディアの自主規制と透明な社会**池端忠司**／「表現の自由」とポルノグラフィー**田代亜紀**／地方自治の憲法的基礎**杉原泰雄**／国家と自治体**仲地博**／国家と地方間の紛争解決システム**桑原勇進**／日韓シンポジウム韓国側報告・要約**金英千・玉武錫・崔承元・金南澈**／有事関連三法の批判的検討**山内敏弘**／にもかかわらず護らなければならないこと**馬奈木厳太郎**／書評・**愛敬浩二**／**本秀紀**／**平地秀哉**／**齊藤正彰**

憲法理論叢書⑫

現代社会と自治

―憲法理論研究会四〇周年記念号―

本体二八〇〇円

メディアの規制と自律―「市民社会の自治」の可能性**田島泰彦**／報道の自由と「ジャーナリストの自治」**内藤光博**／私学助成と大学の自治**石川多加子**／地方分権論と自治体再編論の異同**妹尾克敏**／生活保護と「個人の尊重」**押久保倫夫**／憲法における制度と人権**柏﨑敏義**／愛媛玉くし料訴訟について**草薙順一**／受任者名簿とプライバシー**奥島直道**／日本国憲法の平和主義と財政の諸原則**隅野隆徳**／有事法制と無防備地域条例制定の意義**澤野義一**／「セキュリティ」と憲法学**石川裕一郎**／ギールケのアルトジウス研究‥『共生と人民主権』から学ぶもの**笹川紀勝**／大臣の「責任」に関する覚え書き**佐藤修一郎**／憲理研四〇周年を迎えて**吉田善明**／憲理研四〇年に寄せて**山内敏弘**／研究会がなければ、研究できる？**浦田一郎**／ロースクール憲法の意義と可能性**棟居快行**／書評・**斉藤小百合**／**佐藤潤一**／**佐々木弘通**／**上脇博之**／憲法理論研究会四〇年小史

憲法理論叢書⑬

〝危機の時代〟と憲法

本体二八〇〇円

人類生存の憲法論覚え書浦田賢治／憲法にとって、何が「危機」なのか水島朝穂／松川事件伊部正之／危機の時代の「表現の自由」大石泰彦／アメリカにおける「アイデンティティの危機」？志田陽子／「国家による自由」の特質と問題点榎透／公安警察の暴走と脅かされる言論社会内田雅敏／ヒトゲノム・遺伝子解析研究の現場から竹之下誠一／「安全・安心」イデオロギーと統治の「危機」清水雅彦／司法の閉塞状況と裁判官制度改革宮本康昭／「マニフェスト選挙」論の背景と問題点小松浩／ヴァイマル憲法崩壊期の憲法救済的改憲論植松健一／今日の改憲問題の起源金子勝／今日における改憲論の諸相結城洋一郎／カナダにおける憲法改正とカナダ権利自由憲章三三条佐藤信行／書評・市川正人／諸根貞夫／大藤紀子

憲法理論叢書⑭

〝改革の時代〟と憲法

本体二八〇〇円

現代改憲論と憲法学横田耕一／グローバルな立憲主義のかたち君島東彦／憲法改正国民投票制をめぐる現況井口秀作／スイスにおける国民投票の現状と問題奥田喜道／なぜ政教分離なのか長岡徹／憲法裁判の『壁』を越えた亀川裁判津留雅昭／合祀はいやです浦部頼子／障害のある人の権利保障植木淳／「公私区分」再考巻美矢紀／政党政治の変容上脇博之／内閣法制局の憲法学は高度な政治学である中村明／プロフェッションの危機の時代と法律家小沢隆一／委任立法への事後的議会統制田中祥貴／財政の危機？新村とわ／書評・西原博史／倉田玲／河上暁弘／江藤英樹／稲正樹／麻生多聞

憲法理論叢書⑮

憲法の変動と改憲問題

本体二八〇〇円

日本国憲法六〇年と改憲論議の問題点山内敏弘／防衛省昇格問題と憲法九条青井未帆／ロシアの国民投票法竹森正孝／ポスト「冷戦」・EU統合時代におけるイタリア憲法体制の変容高橋利安／教育基本法の「改正」とその法的問題／今野健一／教育基本法改正問題への一視点寺川史朗／緊急事態と憲法川岸令和／ドイツの憲法変動小山剛／対テロ法制と不文憲法の「変動」柳井健一／障害者自立支援法と障害をもつ人の人権武川眞固／単独の個人以外の権利高木康一／ドイツにおける名誉保護をめぐる憲法論議と人格的尊厳濱口晶子／法の下の平等と格差社会岡田順太／信教の自由と選択的助成問題福嶋敏明／外国人の身柄収容とデュープロセス大野友也／えん罪の構図水谷規男／書評・加藤一彦／佐藤修一郎

憲法理論叢書⑯

憲法変動と改憲論の諸相

本体二八〇〇円

議員定数不均衡訴訟の過去と現在**野中俊彦**／ステイト・アクション法理の根底にあるもの**宮下紘**／多文化社会における「国籍」の憲法学的考察／**栗田佳泰**／J・ルーベンフェルドの憲法解釈方法論に関する覚書**佐々木くみ**／司法審査の可能性と現代行政国家**尾形健**／ドメスティック・バイオレンスをめぐる法政策**小島妙子**／アメリカにおける市民権法と表現的結社の自由との相克**金澤誠**／カナダにおける多文化主義**菊地洋**／フランスにおける国家の非宗教性原則の運用と共和主義**江原勝行**／現代フランスにおける「裁判権力」論と権力分立**阿部智洋**／第一回ミニ・シンポジウム　国家の基本権保護義務**小山剛**／「国家の基本権保護義務論」とは何か？**根森健**／日本国憲法における基本権保護義務論の可能性**玉蟲由樹**／「個人に優しい改憲論」と立憲主義**西原博史**／民主主義という観点からみた統治構造改革と憲法改正手続法**川﨑政司**／「立憲主義」論からみた現在の日本における憲法改正論議**山元一**／書評・**石川裕一郎**／**浦田一郎**／**木下智史**

憲法理論叢書⑰

憲法学の最先端

本体二八〇〇円

EU憲法論の困難・可能性・日本との関連**中村民雄**／「セックスワーク」・性的自己決定権・人格権**中里見博**／遺伝子プライバシー論――「遺伝情報」は例外か？　**山本龍彦**／基本権の間接的侵害理論の展開――**斎藤一久**／アメリカ合衆国における保護義務論とその含意**松村芳明**／裁判員裁判の合議体の公共的討議の場としての特質**柳瀬昇**／イギリス人権法における議会主権と憲法的対話**岩切大地**／合衆国の公教育における政府権限の限界**中川律**／フランスにおける病院の非宗教性**中島宏**／憲法の ratio **福島涼史**／いわゆる“Gewaltmonopol”について**岡田健一郎**／韓国併合――憲法と国際法の問題に即して**笹川紀勝**／書評・**麻生多聞**／**只野雅人**／**三宅裕一郎**

憲法理論叢書⑱

憲法学の未来

本体二八〇〇円

科学より哲学へ――憲法学の発展？**愛敬浩二**／〈自由の条件としての国家〉と現代憲法学**小貫幸浩**／憲法解釈における比較憲法の意義**新井誠**／信教の自由と政教分離原則の衝突？**神尾将紀**／公務員の内部告発と修正第一条**牧本公明**／アメリカ連邦最高裁における「政府言論の法理」についての覚書**横大道聡**／ドイツ憲法抗告と「憲法」の観念**鵜澤剛**／環境国家と環境憲法の理論**藤井康博**／インターネットにおける「有害」情報規制の現状**小倉一志**／第二院の憲法保障機能**木下和朗**／「最高裁・国籍法違憲判決を考える」・報告①**近藤博徳**／報告②**木村草太**／コメント**戸波江二**／志布志事件**野平康博**／憲法理論研究会小史**金子勝**／書評・**渡辺康行**／**青井未帆**／**斎藤一久**

憲法理論叢書⑲

政治変動と憲法理論

本体二八〇〇円

天変地異と憲法高見勝利／福島第一原発事故後の政治システムのあり方奥田喜道／民主党政権下における政治主導実現のための改革について曽我部真裕／「政治主導」と憲法――「国会中心」構想の可能性本秀紀／二院制研究の今日的課題岡田信弘／民営化における多元的行政の民主的正当化高橋雅人／市民立法の意義と課題大江洋／フランス憲法改正による議会手続の変容徳永貴志／刑事裁判への「国民参加」とは何か？今関源成／刑事裁判は変わったか？石塚伸一／「国民の司法参加」「裁判員制度」の教育をめぐる課題渡邊弘／刑事的正義と共和主義成澤孝人／司法という名の公共性の空間柳瀬昇／公務員の政治的自由と政治活動禁止規制の広汎性船尾徹／公務員の政治的自由――コメント石村修／憲法上の間接差別法理に関する予備的考察白水隆／イジメの憲法学中富公一／身近にある憲法問題山村晋／書評・毛利透／藤井樹也

憲法理論叢書⑳

危機的状況と憲法

本体三〇〇〇円

憲法学とリスク棟居快行／アメリカ憲法とリスク――テロのリスクとテロ対策のリスク大林啓吾／国家の環境リスク事前配慮と個人の権利――〈3・11〉後の原子力藤井康博／リスク社会と実定法としての憲法土方透／国家・賭け・個人蟻川恒正／貧困からの自由とは何か遠藤比呂通／「生存」権を超えて――二五条へのひとつの視座遠藤美奈／貧困からの自由と生存権――国際人権法の観点から申惠丰／ポジティヴ・アクションの合憲性辻村みよ子／「意味の秩序」と平等駒村圭吾／人権（論）の分岐点佐々木允臣／公教育の中立性と客観法的統制棟久敬／「靖国合祀取り消し訴訟」判決を問う菅原龍憲／合衆国判例における「動機審査」・覚書黒澤修一郎／比例原則における事実と価値淡路智典／日米における司法権発動の具体的要件の背景と枠組み成瀬トーマス誠／憲法解釈論としての四段階責任論と責任追及制論の提唱吉田栄司／中国の民事裁判における憲法の間接適用とその課題呉東鎬／スペインにおける憲法改正の実質的限界論野口健格／憲法の言語と社会の言語髙橋基樹／書評・浦田一郎／西原博史

憲法理論叢書㉑

変動する社会と憲法

本体二八〇〇円

ステイツ・オブ・デモクラシー――ポピュリズム・熟議民主主義・アーキテクチャ吉田徹／立法過程の法的統制――立法裁量・立法目的・立法事実木村草太／「政府の憲法解釈」の論理構造とその分析横大道聡／福祉・「平等」・憲法葛西まゆこ／大阪都構想と大阪維新上山信一／大阪都構想と地方政府の形態岡田順太／地方自治保障の憲法原理と大都市特別制度大津浩／象徴天皇制と憲法学横田耕一／原発と憲法草薙順一／日本とドイツにおける国籍概念の比較中村安菜／列挙されていない権利の保障は何を意味するのか中曽久雄／「人間の尊厳」対「人間の尊厳」押久保倫夫／多元化・重層化する表現規制とその規律――表現の自由・アーキテクチャ・パブリックフォーラム成原慧／受刑者の権利保障――国際人権の可能性河合正雄／イギリス障害者差別禁止法（DDA）における平等取扱原則の意味杉山有沙／EU食品安全分野の予防原則における健康権の保障土屋仁美／アメリカ連邦最高裁における「保護されない言論」の考え方城野一憲／書評・岡田健一郎／岩切大地

憲法理論叢書㉒

憲法と時代

本体二八〇〇円

ドイツ基本法とその周辺―公論による正当化三島憲一／人権理論における「科学的方法」と本質主義の縛り西原博史／Leben und leben lassen!―平和の「科学」、自由の「哲学」西村裕一／戦後憲政史における主権・代表制・選挙権論辻村みよ子／実名報道の自由／知る権利？榎澤幸広／個人の尊厳原理から見た実名犯罪報道、及び、その憲法学上の位置づけ井上知樹／実名犯罪報道と無罪推定の原則飯島滋明／「少国民」世代の憲法研究者の願い杉原泰雄／参議院改革から立法府改革へ大山礼子／現代フランスの刑事法改革にみる法と政治の相互作用石川裕一郎／政治的意思決定における女性参加をめぐる議論彼谷環／適用違憲と違憲審査基準内野正幸／憲法の正統性の時間論的分節化吉良貴之／現代社会と主権―政治体の結合から門輪祐介／企業の社会的責任と人権尊重芹沢斉／イタイイタイ病裁判・裁判後の住民の闘い青島明生／イギリスにおける在外選挙制度宮内紀子／書評・福嶋敏明／實原隆志

憲法理論叢書㉓

対話と憲法理論

本体二八〇〇円

大学自治・制度的保障論・客観的価値決定論小貫幸浩／フランスにおける大学の自治と「憲法ブロック」南野森／アメリカの大学自治と制度理論中林暁生／市民・公務員・教育公務員安原陽平／学問の自由と「中央集権」堀口悟郎／公共領域における「地位の平等」の象徴的宣言巻美矢紀／家族、出自、ジェンダー問題をめぐる領域での平等吉田仁美／今回の風営法改正問題、実際の動き、これからの方向性斉藤貴弘／ＮＯＯＮ摘発の状況と弁護団の主張水谷恭史／ダンス営業規制をめぐる憲法論新井誠／復興事業としての用地取得と憲法菊池優太／フランスにおけるBaby Loup事件とライシテ原則適用拡大の試み中島宏／奴隷的拘束禁止の憲法上の意義小池洋平／多様性の価値とAffirmative Action茂木洋平／死刑・被害者・基本権千國亮介／マスメディアの情報操作の弊害藤井正希／書評・高橋雅人／尾形健

（＊価格は税別です）